30 LECTURES OF REAL ESTATE MARKETING

房地产营销30讲

汪吉 汪豪 ◎著

企业管理出版社
EMPH
ENTERPRISE MANAGEMENT PUBLISHING HOUSE

图书在版编目（CIP）数据

房地产营销30讲 / 汪吉，汪豪著. —北京：企业管理出版社，2019.11

ISBN 978-7-5164-2037-9

Ⅰ. ①房… Ⅱ. ①汪… ②汪… Ⅲ. ①房地产市场—市场营销学 Ⅳ. ①F293.352

中国版本图书馆CIP数据核字（2019）第217630号

书　　名：房地产营销30讲
作　　者：汪　吉　汪　豪
责任编辑：张　羿
书　　号：ISBN 978-7-5164-2037-9
出版发行：企业管理出版社
地　　址：北京市海淀区紫竹院南路17号　　邮编：100048
网　　址：http://www.emph.cn
电　　话：总编室（010）68701719　发行部（010）68701816　编辑部（010）68701891
电子信箱：80147@sina.com
印　　刷：河北宝昌佳彩印刷有限公司
经　　销：新华书店
规　　格：170毫米×240毫米　16开本　17.75印张　300千字
版　　次：2019年11月第1版　2020年10月第2次印刷
定　　价：78.00元

前言
Foreword

画一张你的房地产营销蓝图

房地产的下半场，这是融创中国董事长孙宏斌 2018 年 3 月 1 日在亚布力论坛闭幕式上主题演讲的标题。同年 9 月 28 日，万科集团秋季例会在深圳大梅沙举行，万科董事长郁亮高呼“活下去”，从其会场传出的满屏红底白字“活下去”的图片，刷爆了业内外人士的朋友圈。

不管是下半场，还是白银时代，都说明了一个现实，那就是房地产行业的转折点已经到来。链家集团董事长左晖在接受《财新时间》采访时说到，当前的房地产有三个核心特点：一是从增量到存量，二是从开发到运营，三是从线下到线上。毫无疑问，房地产营销面临着巨大的挑战。

有专业人士做过分析总结，与其他行业相比，房地产营销有 12 个鲜明的特征：

1. 不可移动性，土地成本极高；
2. 大宗商品，高总价，购买谨慎；
3. 受政策影响巨大；
4. 期房销售，建设周期长，购买到交付时间长；
5. 可以按揭贷款支付；
6. 兼具使用功能和保值增值功能；
7. 重购率低，信息不对称强；
8. 每套房子都有唯一性，每个客户都有唯一性；
9. 所有渠道都不属于自己；
10. 行业品牌多，但鲜明特点少；

11. 销售额巨大，销售人员最少；

12. 营销费用不低，但所占销售额比率极低。

中国的房地产营销，是从 1998 年才开始蓬勃发展的。这一年国家宣布取消福利分房制度，全面开启住宅商品化，伴随着这个新形势，营销开始被重视，并逐渐成为房地产开发经营的主角之一。

过去 20 年中，各个城市的房价都是一路攀升的。房价的高涨，掩盖了房企在产品研发、工程建设、市场营销、售后服务、经营管理等各个环节的种种缺陷和问题。

但在政府调控力度增加、企业规模扩张、产品同质化、互联网当道、客户主权意识加强的房地产新现实下，传统粗放式、野蛮式的营销手段与经验，在红海竞争中越来越难以为继，市场销售难度直线上升。

房地产未来的竞争，是从产品的竞争，到生活方式的竞争；从线上线下的整合，到品牌的运作；从地产化当道，到去地产化运营。在不断竞争的过程中，房地产营销人将面临更多的挑战，必须进行体系化的训练，真正掌握系统化的营销技能。

好的营销是什么，无非就是找对的客户，建对的房子，做对的价格，用对的渠道，最终完成好的销售。这其实也就是营销的 4P 原则，即产品、价格、渠道和促销。

彼得·德鲁克说过：企业只有两个基本职能，创新和营销。对于房企经营来说，这两者的意义是不言而喻的。从本质上来说，创新和营销的目的都是创造客户，创造客户价值。

在“现代营销学之父”菲利普·科特勒的《营销管理》一书中，他从客户让渡价值和客户满意度来阐释客户价值的定义，客户让渡价值是指客户从产品或服务中获得的总价值与客户为之付出的总成本之间的差额。客户价值包括两个方面，一个是站在客户的角度，即客户从企业的产品和服务中得到的需求的满足；一个是站在企业的角度，即从客户购买中所获得的企业收益。

笔者在 1999 年开始接触房地产，是国内最早的一批全国注册房地产经纪人和物业管理师，在近 20 年的房地产从业经历中，做过甲方，也做过乙方，先后参与和操盘了 70 多个不同类型的项目，积累了一定的营销经验。面对房地产的新现实，营销应该如何突破、如何提升，是我们一直在思考的问题。

基于营销大师菲利普·科特勒的客户价值理论，我们从客户价值的理解、创造、传播和交付，以及营销节奏五个维度，绘制了一张房地产营销蓝图，把房地产营销细分成 30 个核心动作，如图 1 所示。

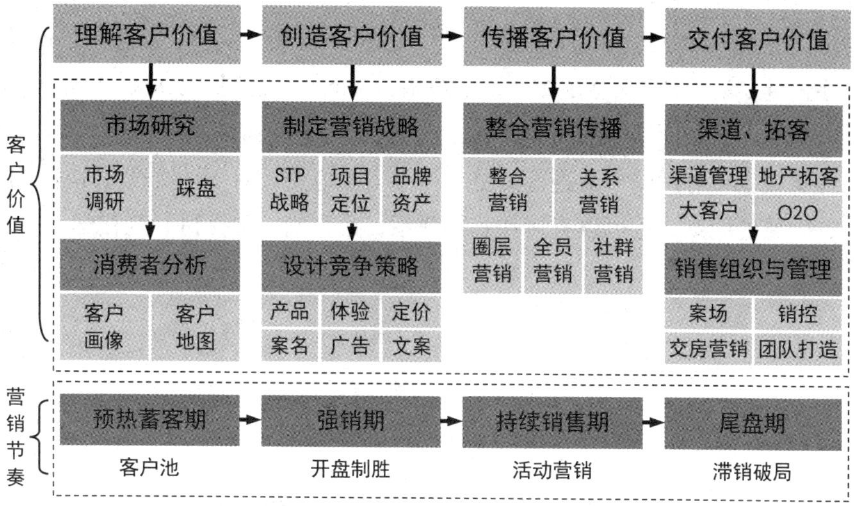

图 1　房地产营销蓝图

本书分为市场研究、消费者分析、制定营销战略、设计竞争策略、整合营销传播、渠道 / 拓客、营销节奏、销售组织与管理八个部分，共 30 讲。通过深度剖析标杆房企的营销动作技法，系统讲解营销体系要点，旨在帮助建立房地产营销的底层思维，形成系统完善的营销知识体系。

十几年前，人们心心念念的是让辛苦赚来的每分钱发挥最大效用。如今，随着收入的快速增长，消费者对品质高、价格高的产品开始青睐有加，并且越来越舍得在服务上花钱。不过，钱包鼓了意味着选择就多了，如今消费者的选择范围比以往任何时候都大。在麦肯锡 2017 中国消费者报告中，“90 后”正成为消费新引擎，追求品质、价值和服务是关键趋势。

一招鲜吃遍天的时代已经过去了，房地产已经进入精细化、大运营时代。画一张你的房地产营销蓝图，指引新征程的方向，已经刻不容缓。可喜的是，碧桂园、恒大等标杆房企，早已开始着手营销标准化工作，那些优秀的房地产营销人，也都在积极进行体系化的知识构建。

严格来说，房地产营销在国内还是个年轻的领域，其发展壮大也就这 20 来年的时间。本书是我们在市场一线摸爬滚打的经验总结，其中的理论和观点难免有偏颇之处，欢迎大家批评指正。本书的创作当中，参考和引用了万科、碧桂园、融创、恒大、保利、绿城、中海、龙湖、星河湾、华润、新城、金科、华远、富力、绿地、旭辉、孔雀城、阳光城、金地、普罗、东原、鸿坤、中建等品牌房企，世联、中原、易居、合富辉煌、明源、赛普、成全、博思堂、奥美、揽胜、乐居、网易房产等品牌服务商，以及闵新闻、陈利文、唐安蔚、吴昊、路应刚、倪哲迟、王忠等大量专家学者的著作文献，限于篇幅，未能一一注明，在此深表谢意。

本书30讲的内容是自成一体，完全分开的，大家不必按顺序阅读，可以选择自己喜欢或觉得有用的章节进行浏览，指导实操应用。对于认真读完本书，但还觉得有困惑的朋友，也可以直接和我们联系，让我们一起探讨、互相学习、共同成长。

目录
Contents

第一部分　市场研究

第 1 讲　房地产市场调研的“点线面体”框架　/ 2
第 2 讲　踩盘，这才是正确的打开方式　/ 13

第二部分　消费者分析

第 3 讲　客户画像：你想把房子卖给谁　/ 22
第 4 讲　客户地图：如何快速找到你的客户　/ 31

第三部分　制定营销战略

第 5 讲　如何运用 STP 理论制定营销战略　/ 40
第 6 讲　房地产项目定位的痛点与解决之道　/ 49
第 7 讲　品牌资产：从贩卖产品到贩卖美好生活　/ 56

第四部分　设计竞争策略

第 8 讲　销售流的泪，都是产品设计时脑子进的水　/ 66
第 9 讲　卖什么都是卖体验，体验好才是真的好　/ 75
第 10 讲　微笑价格：卖疯了的房地产定价秘籍　/ 85
第 11 讲　案名发想：给你的产品起个好名字　/ 95
第 12 讲　如何做出有生命力的房地产广告　/ 102
第 13 讲　文案说话：如何写出有营销力的文案　/ 112

第五部分 整合营销传播

第 14 讲 传播有道，整合营销传播才是王道 / 124
第 15 讲 关系营销：构建与客户关系的强连接 / 135
第 16 讲 圈层营销：圈子对了，房子就卖了 / 144
第 17 讲 全员营销：做好营销的内功与外功 / 152
第 18 讲 社群营销：房地产营销的新商业逻辑 / 161

第六部分 渠道、拓客

第 19 讲 如何建立灵活高效的渠道管理体系 / 172
第 20 讲 房地产拓客：如何决胜于售楼处之外 / 180
第 21 讲 大客户营销：如何发展你的 20% 核心客户 / 188
第 22 讲 O2O 营销：如何打通线上线下的营销链 / 196

第七部分 营销节奏

第 23 讲 客户池：如何快速积累意向客户 / 206
第 24 讲 开盘制胜：如何打响营销的第一炮 / 215
第 25 讲 活动营销：如何让你的案场人气爆棚 / 226
第 26 讲 滞销破局：如何成功解套滞销楼盘 / 233

第八部分 营销组织与管理

第 27 讲 赢在案场：如何提升案场销售转化率 / 244
第 28 讲 要利润更要销售速度，来看销控怎么做 / 252
第 29 讲 入住才是营销的开始，交房也需要营销 / 260
第 30 讲 如何打造一支执行力超强的营销团队 / 268

参考文献 / 275

PART 1

第一部分

市场研究

| 第1讲 |

房地产市场调研的“点线面体”框架

一切的房地产营销活动，都是在充分了解目标市场和消费者需求的基础上进行的。

今天大家都在讲“洞察”，洞察的本质是一种思维模式，对于房地产营销来说，洞察应该是每个营销人员最底层的思维模式。所谓洞察，就是当你在制定营销战略和竞争策略的时候，必须站在目标客户的角度去思考问题，比如客户是谁，他们喜欢什么样的产品，能承受的价格，接收信息的方式，购物的习惯，等等。企业只有真正有效地发现消费者需求，才有可能跑赢市场和竞争对手。

作为资金密集型行业，房地产项目通常投资数额巨大，动辄几千万甚至上亿元。同时，房地产项目往往建设周期长、工程项目多、涉及面广，盲目投资和随意决策不仅不能获得预期的经济回报，反而会给投资者带来无法挽回的巨大损失。随着房地产宏观调控的力度越来越大，房地产行业正在进行新一轮的洗牌，房地产企业如果想在激烈的市场竞争中生存和发展，就必须重视和加强房地产的市场调研，在投资决策的各个阶段，进行全面、扎实、深入的市场调查和分析，不断发现新的市场机会，进而设计产品和营销策略，解决面临的问题，规避市场风险。

房地产开发商在每一个房地产项目过程中，都会经历决策拿地、规划设计、项目施工和销售服务四个阶段，如图 1–1 所示。

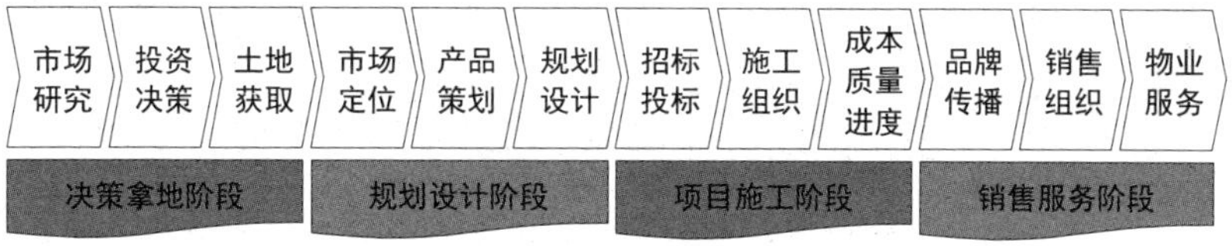

图 1–1　房地产项目开发过程

可以说，市场调研是房地产项目开发的第一步，也是每个新员工接触房地产营销的第一课。即使是资深的营销人员，市场调研也是他们即时了解市场最为直接和有效的途径。

知己知彼，方能百战不殆。在如今的商业时代，谁能吃透市场，谁就拥有发言权。房地产市场调研，就是把房地产作为特定的商品对象，对相关的市场信息进行系统的收集、整理、记录和分析，从而对房地产市场营销和策划提供有力的支撑。

链接　房地产开发的每一个环节，都需要扎实的市场调研和分析来指导和帮助决策，如表 1–1 所示。

表 1–1　房地产调研的主要内容

阶段	调研主要内容
地块选择	政治环境；经济环境；文化环境；投资环境
可行性研究	市场可行性；项目本身可行性；经济可行性
土地获取	区域政策法规；土地成交分析；二、三级市场
项目定位	目标客户；产品、价格、渠道和促销 4P 策略
项目策划	区域市场动态跟踪；案名及概念测试；产品测试
产品销售	线上、线下销售策略；传统、数字销售策略
物业服务	业主满意度；物业费用

市场调研通常分为两个过程：一是调查，二是总结。在市场调研中，首先要做的就是从多层次、多角度去进行调查研究，确保资料信息的全面性和普遍性；其次就是根据调查的目的选择一些实用的方法工具，这样才不会做很多的无用功。

要做好市场调研，需要从宏观、中观和微观三个层面展开。

· 宏观层面：城市调研；

· 中观层面：区域市场调研；

· 微观层面：地块调研、竞争项目调研、消费者调研。

在房地产市场调研中，最大的困局是调研团队通过各种途径、各种方法在一个城市展开大范围的市场调研，结果是信息资料堆积如山，却很难从中得出有意义的结论，甚至发现调研的90%以上的数据是没有价值的。因此，进行正确的市场调研非常重要。

大家都知道，房地产是一种特殊的商品，房地产产品最大的特点就是每一个产品都是不同质的。同时房地产市场又是一个不完全竞争市场，具有信息不对称、相对垄断、供给调节滞后等特性。

都说房地产是不动产，房地产市场调研和其他行业市场调研有一个最大的不同，那就是房地产市场调研具有非常明显的区域特征。要真正把握市场的脉搏，做深做透房地产市场调研，需要依据项目所在区域形态，从项目本体到竞争产品，从区域市场再到宏观环境进行调查研究，我们把这称为房地产市场调研的“点线面体”框架，如图1-2所示。

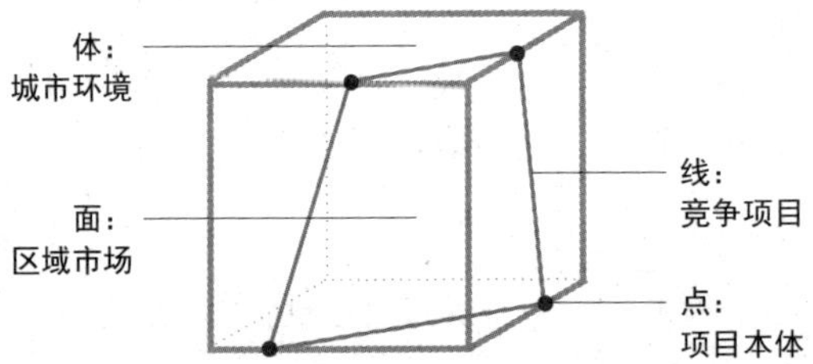

图1-2　“点线面体”的市场调研框架

“点线面体”框架，实际上就是从微观（本体、竞品、消费者）、中观（区域市场）和宏观（城市）三个视角对房地产市场进行调研，因此能够保证调研的完整性和可靠性。一个好的市场调研，要从“点”“线”“面”到“体”，然后再从“体”“面”“线”到“点”，就这样不断循环往复，直至完全融合贯通。

一、“点”：项目本体

所谓的“点”，就是对本项目自身的审视，包括项目四至、属性及价值分析。在拿地和规划设计前，项目本体调研主要做的是地块分析。而进入项目施工和销售阶段，项目本体调研还需要加入对项目自身的建筑立面、户型及配比、景观绿化、交通组织、配套设施等的研究。

1. 项目四至

四至范围指的是项目东、西、南、北四个方向的边界。项目四至一般都有一定的标志性，并得到当地百姓的认可，比较容易找到。

通常情况下，“三图一表”是用以描述项目地块的基本资料。

· 项目在城市中的区位图；

· 项目在区域的位置关系图；

· 项目用地图（含周边道路、建筑物等）；

· 项目主要经济技术指标表（含用地面积、建筑面积、容积率、限高等）。

2. 项目属性

属性指的是项目的外化特征，包括项目现状、区域特性、历史沿革、地形地势、可视性、规划限制等。其中，对于项目本体内有无待拆迁房屋，有无需保护的古树、古迹，有无高压线，有无高差、陡坎，有无水系、防洪沟，地下的地层岩性和地质构造，项目周边有无日照遮挡，有无油库、垃圾中转站等，这些有利或不利的影响因素要重点调查。

通过项目地块及周边现状的详细解读，可以对项目用地有个客观的认识，掌握项目开发的基本条件。

3. 价值分析

一个项目地块的价值，除了它自身的价值外，更多时候却要取决于外部的综合配套，它们是项目至关重要的促进和影响因素。要做好地块价值分析，为产品设计和规划设计提供依据，就需要对内外部的因素进行详细调查、对比和分析。

· 自然景观：公园、绿地、水系；

· 交通状况：公交、地铁、高架、轻轨；

· 教育文化：中小学、幼儿园、图书馆、体育场馆；

· 医疗环境：大型医院、社区医院、连锁药店；

· 生活配套：金融机构、购物中心、集贸市场、餐饮、影剧院；

· 市政配套：给排水、电、气、通信、加油站。

和其他商品不一样，地理位置是项目不可分离的关键因素，它的优劣与否，往往直接决定了项目的大部分价值。因此，李嘉诚才说："决定房地产价值的因素，第一是地段，第二是地段，第三还是地段。"

价值分析的结论，可以从居住和商业（商务）等方面，对地块的价值进行排序，从而指导后续的产品定位和规划原则。

4. 本体认知

通过对项目四至、属性和价值的详细调研，就可以形成对项目本体的初步认知。

在实际应用中，可以使用SWOT模型来进行辅助分析，从项目优势（Strength）、劣势（Weakness）、机会（Opportunity）和威胁（Threat）四个方面综合分析，从而更直观地把握大局。

案例链接　某开发商准备竞拍一个地块，于是安排市调小组进行项目本体调查分析。市调小组从项目概况、项目区位、项目道路与交通、商圈人口、项目物业条件、商业环境等方面展开调查，最终形成了项目分析小结，对项目发展机会提出自己的意见。

图1-3是市调小组对项目所做的SWOT分析。

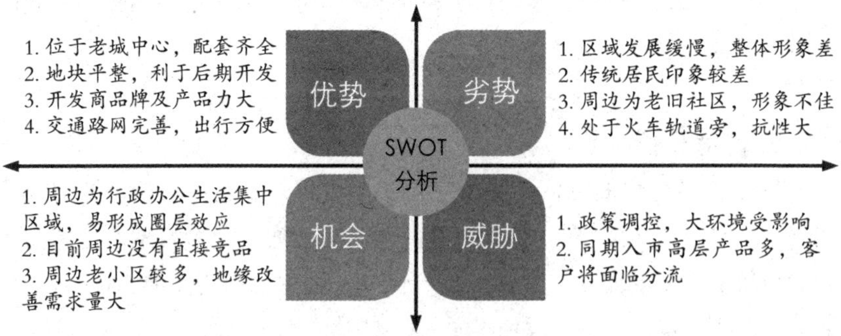

图1–3　某项目SWOT分析

二、“线”：竞争项目

以项目本体为原点，延伸到项目的竞争产品，会形成很多的“线”，这些“线”，更多时候是表现为在建或已交房的楼盘形式，因此通常需要做竞争性楼盘调研。每个营销人员都需要时刻关注竞争环境的变化，通过对竞争项目的调研分析，了解它们的综合实力，从而充分认识自己的竞争地位以及与对手的优劣对比。

做竞争项目调研，可以分为两类：一类是在项目区域内的竞争楼盘，包括一级辐射区域和边缘区域的在售楼盘与即将入市的楼盘；另一类是不在项目区域内，虽然没有直接竞争关系，但与项目有相关可比价值，项目定位、产品设计相近，可以进行学习和借鉴的楼盘。这也是从应对竞争角度出发，寻找可借鉴案例的常用做法。

对楼盘的调研也称为“踩盘”，关于“踩盘”技巧和“踩盘”中的有关注意事项，在本书第 2 讲中会进行深入阐述，这里主要介绍调研的主要内容。对竞争性楼盘的调研，可以从位置、产品、价格、渠道和推广这 5 个“P”的角度展开。

1. 位置（Position）

从宏观方面讲，就是分析楼盘的区域特性、交通状况、公共配套、人文环境等。从微观方面来说，就是分析项目所处位置、区域、地块形状、经济指标、出入道路、是否临街等。

2. 产品（Product）

这是楼盘调研的主体部分，首先是了解楼盘的基本情况，比如用地面积、土地使用年限、建筑面积、容积率、绿化率、外立面材质颜色、建造成本、项目分期、开发商、规划设计、策划代理、物业服务公司等；其次是调查楼盘的产品力，比如产品类别与规划、主力产品、建筑设计与外观、面积配比、户型格局、建材标准、房屋质量、智能化系统、公共配套设施、会所设施、施工进度、交房时间、销售去化情况等。

3. 价格（Price）

在价格调研中，主要包括单价、总价、折扣、付款方式和促销活动。在房地产营销中，很多的促销活动都是围绕价格展开的，但万变不离其宗，最终都归结于单价、总价和付款方式这三个要素的组合上。比如起价、均价、最高价、一次性付款、分期付款、组合贷款等价格调查，剖析价格组合背后的营销策略，往往是市场调研最吸引人的地方。

4. 渠道（Place）

在淡市营销中，渠道成为营销的主战场。一方面是调研竞争对手的销售模式、销售点的布局、人员的配置、拓客的方式、业务的执行；另一方面则是研究什么样的户型最好卖、什么样的总价最为市场所接受、吸引客户最主要的价值点是什么、购房客户群体有什么特征等。

5. 推广（Promotion）

主要调研竞争对手的广告策略、推广方式、广告的主要诉求点、媒体选择、广告密度、传播效果、样板展示区、促销活动、公关措施等。

三、“面”：区域市场

对项目本体和竞争对手详细了解后，就可以着手于“面”，也就是对区域市场的调研。区域市场调研就是通过对需求、供给和竞争的调查分析，掌握真实的市场数据，评估项目所处的市场环境，对区域市场进行界定，并从其中寻找潜在的市场机会，挖掘尚未满足的需求。

1. 区域市场界定

结合项目所在区域的总体规划，对该区域的历史文化、发展水平、交通条件、景观、人口构成、就业中心、商圈、开发现状及未来定位等进行调查分析，从而对区域市场进行整体的评估界定。

2. 土地出让情况

对近期已经挂牌成交，以及即将上市的宗地项目进行调研，包括土地规划用途、出让数量、出让方式、土地价格以及出让金收缴情况等。除了国土部门公开招拍挂的土地外，对通过市场转让、市场抵押的宗地也需要进行调研。

3. 市场容量

市场容量是指在当前价格条件下，供需双方愿意而且能够成交的房地产商品量。要对市场容量进行准确研判，就需要对区域市场的供给量和需求量进行分析（见图 1–4）。

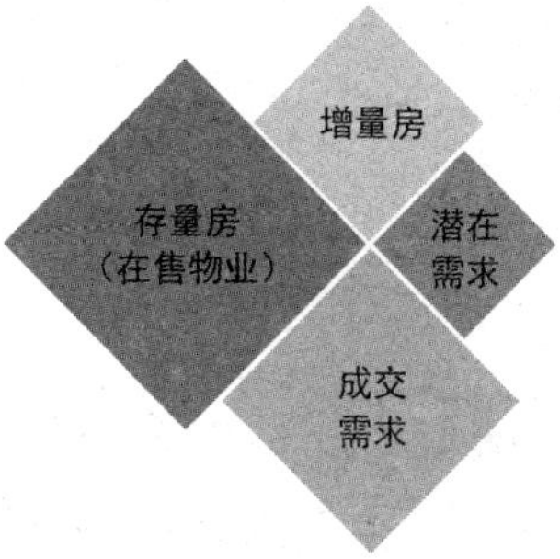

图 1–4　房地产市场容量分析

供给量包括存量房和增量房，根据在售物业的数据统计出存量房（现有供给量），再根据主管部门审批项目所形成的各种数据得到增量房（潜在供给量），两者相加就可以得到整个区域市场的总供给量。在对区域市场进行供给量分析时，一般按照片区和物业类型两方面进行。

研究需求量则相对要复杂得多。通常首先是对已经成交的需求量进行分析，包括成交数量、时间、区域、物业类型、房屋年限、建筑面积、价格等，从而估算出区域市场的月、季度和年成交量；其次是运用人口和收入统计资料对潜在需求量进行分析，包括区域人口增长、年龄结构、家庭结构、就业状况、交通方式、工资收入、可支配收入、居民储蓄等。

4. 房地产价格走势

调研内容主要包括商品房销售价格、房屋租赁价格、物业管理价格以及相关税费等。这些信息可以通过对各级政府房地产主管部门、不动产登记中心、交易中心、房地产企业、地产经纪公司、物业服务等单位，以及当地居民进行调查得到。

5. 现有商品房调查

调查分析区域市场的商品房施工面积、竣工面积、销售面积、销售金额及结构，不同物业类型的价格情况，主要开发商销售情况，包括开发量、竣工量、销售面积、销售金额、销售速度、主要产品以及存量情况。常见物业包括普通住宅、公寓、花园式洋房、酒店式公寓、商住两用、别墅、写字楼、商铺等。

6. 三级市场交易情况

三级市场是指购买房地产的机构或个人再次将房地产进行转让或租赁，也就是通常说的二手房。这里需要调查区域中二手房市场出售情况、挂牌价格，以及二手房市场租赁情况、租赁价格。

四、“体”：城市

房地产是一个对宏观环境非常敏感的行业，房地产的市场调研，还需要对“体”（城市）的深刻理解，这样才有可能将调研做得更透彻。房地产市场调研的“体”，包括城市的政治社会、经济发展、行政法规以及国内外状况等各方面的宏观因素。

在对宏观环境的分析中，PEST 模型是用得比较多的。所谓 PEST，即政治环境（Politics）、经济环境（Economy）、社会文化环境（Society）和技术环境（Technology），如图 1–5 所示。

P（政治） 土地制度、住房制度、贷款政策 发展战略、城市规划、特殊政策 政治安定状况、社会治安程度	E（经济） 社会经济结构（产业、分配） 经济发展水平、当前经济状况 宏观经济政策
S（社会文化） 文化传统、宗教信仰、风俗习惯 价值观、审美观念、道德风尚 人口因素（总数、结构、教育）	T（技术） 新技术、新材料、新工艺 产品质量、人性化、节能环保 体验营销、社群营销、O2O 营销

图 1–5 房地产 PEST 分析模型

1. 政治环境

政治环境包括政府运作体制、政治安定状况、社会治安程度、对企业的监管等。国家和地区的制度、方针政策、法律法规等因素，常常制约、影响着企业的经营行为，比如城市土地制度、住房制度、税收政策、贷款政策、招商政策、城市发展战略、城市规划等。

2. 经济环境

经济环境是城市国民经济发展的总状况，调研一个城市的经济环境，可以从社会经济结构（产业结构、分配结构、消费结构等）、经济发展水平、宏观经济政策、当前经济状况、其他一般经济条件等方面展开。对于一个城市来说，财政收支与物价、人口数量与消费、居民收入与储蓄等经济因素直接决定着房地产市场的发展。

3. 社会文化环境

社会文化环境是指整个社会发展的一般状况，包括文化传统、民族分布、宗教信仰、风俗习惯、生活方式变化、价值观、审美观念、社会道德风尚、社会流动性，以及人口的总数、年龄结构、教育水平、家庭户数和结构的变化等。尤其是对人口因素的深入调研，了解他们对房地产商品的需求及其趋势，对房地产调研至关重要。

4. 技术环境

技术环境是指社会技术总水平及变化对企业的影响，以及对政治、经济、社会文化环境的相互作用。房地产是受技术环境影响比较大的，比如工程口，新技术、新材料、新工艺的出现不只是降低了产品的成本，更让产品的质量、舒适度、节能环保等不断提升。新技术不断涌现也让营销的传播、分销、沟通等渠道不断翻新，体验营销、社群营销、O2O 营销、数据营销等新型营销层出不穷。

链接

房地产市场调研的 6 个步骤

通常，房地产市场调研可以分为确定问题和调研内容、编制调研计划、收集信息、分析信息、展示调研结果、制定营销决策这 6 个步骤来具体实施，如图 1–6 所示。

图 1–6　房地产市场调研的 6 个步骤

数据收集方法

在房地产市场调研中，可以通过原始数据和二手资料方式收集调研所需的资料。

原始数据是指第一手数据，属于直接来源，需要使用询问法、观察法和实验法专门收集。比如与国土、规划、住建部门的政府人员访谈；与设计、营销等房地产专业人士访谈；现场调查；目标客户调查（问卷、访谈）。

二手资料属于间接来源。任何市场都有一些可参考的已有资料，比如各地方统计年鉴、统计公报、经济发展月报、地方经济信息网、地方政府网站、中房指数、国房指数、地方房地产年鉴，同区域其他项目的定位、设计规划、营销推广方案等。

需要特别注意的是，房地产市场是变化的，因此市场调研应贯穿于整个项目开发全过程，根据市场的变化及时调整战略。

同时，在房地产市场调研中，要保持客观，用数据说话，用图表说话。在形成结论性意见时，要避免偏重对二手资料和宏观资料的应用，每个项目都有差异，大环境看好，不见得项目的小环境也好。过去卖得好的、别人卖得好的，不一定就适用于现在的项目主体，切记分析中不能犯经验性的错误。

第2讲

踩盘，这才是正确的打开方式

甲项目说自己卖得好是因为位置好，配套完善，可你不知道的是他们在规划设计上精打细磨，90平方米硬是做出了紧凑型的三居产品。

乙项目说自己卖得好是因为绿化景观做得好，真的是如此吗？等你去了现场才发现，明明是因为搞价格促销。

丙项目开盘总是“日光”，听说他们是挤压式销售，小众开盘。其实他们在平时就把客源引导分布好了，开盘只是走走形式，整个流程不超过一个小时。

丁项目车位很好卖，大家都说他们的项目针对的是高端客群，购买力强。而实际上他们是进行了策略细化，在做好车位品质的同时，推出买车位赠送储物空间，车位贷款，以及车位融资的“车位宝”。

以上这些，你在报刊电视、各类网站和管理部门的报告中是看不到的，但是你到他们的售楼中心去走走，假装成置业的客户现场体验一下，就能发现真实的原因了。

这就是所谓的“踩盘”。在房地产市场调研中，对区域市场的典型项目、对手楼盘和竞争产品进行调研是最为常见的，专业术语叫作“踩盘”，也称“跑盘”。之所以叫踩盘，是因为需要进行实地踏勘走访，通过“眼见为实”，对调研目标进行彻底、深入的调查研究。

房地产市场调研是一门博大精深的学问，调研方法复杂多样，调研内容包罗万象。而踩盘，就是调研中最常用的方法，属于微观层面的调研，是房地产市场调研的“点线面体”框架中的“线”（针对竞争项目或典型项目进行调研）。

在房地产营销中，了解一个项目最简单直接的途径就是踩盘，这比在什么地产交流群等问到的数据直观千百倍。踩盘是每一个房地产营销人的基本功，无论是进入一个新的市场环境，还是实时掌握竞争对手状况，踩盘都是获取信息的最佳手段。尤其对于营销新人来说，不只是了解市场状况，更是一个学习和成长的最佳机会。

链接　**踩盘的两种方式**

踩盘一般有“明踩”和“暗踩”两种方式，根据营销需要常常会进行定期踩盘和专项踩盘。

1. 明踩

直接告知市场调研者的身份，与调研对象进行沟通，获取调研需要的信息。

明踩的优点是调研对象接受程度高，能够询问一些较为宏观的问题，比如销售的去化情况，但数据准确性难以控制。

2. 暗踩

装扮成调研项目的潜在客户，询问项目有关信息。

暗踩的优点是能够获得销售人员的认真接待，获取到较为真实的信息，但容易被专业销售人员识破，造成不好的影响。

一、踩盘“踩”什么

调研竞争项目或典型项目，需要获取的信息是非常庞杂的，大到项目定位，小到案场人员的销售技巧。踩盘就要像戴着放大镜去观察一样，充分搜集信息，吃透对方项目，为营销提供有效的决策支持。

在第1讲中，介绍了可以从“5P”（位置、产品、价格、渠道、推广）角度对竞争项目进行调研。

通常，项目的基本情况，比如用地面积、总体规划、户型图、配套设施、交房标准、物业费用等信息都可以比较容易地通过互联网、DM宣传单页等方式获取到。而产品配比、产品创新、项目卖点、销售价格、客户来源、营销策略、广告传播、拓客渠道、房源去化情况等属于商业机密，想得到它们需要一定的踩盘技巧，同时这也是踩盘的重点内容。

不同的项目，调研的侧重点是不一样的，如表 2–1 所示。

表 2–1　不同物业的踩盘要点

属性		住宅	商业	办公
产品	资源	地段资源 天然景观资源 人造景观、园林	地段资源 区位研究	地段资源 区位研究
	规划与产品创新	总平面布局 户型及配比 产品创新 商业配套、会所	交通组织 人流路线安排 划铺	外立面 标准层 公共空间 电梯、空调
	展示	售楼处 看楼通道 样板房、示范区	售楼处 看楼通道 商业氛围营造	售楼处 看楼通道 样板层
客户	置业目的	自用客户 投资客户	自用客户 投资客户 了解经营者和消费者	自用客户 投资客户 了解最终使用者
	客户来源	工作或居住片区	来源区域 特殊客户群体	重点行业
	客户特征	客户属性 价值观等	客户属性 核心客户	企业属性 成交特征
营销		各种营销方式的效果 拓客渠道	商业规划 招商情况 运营管理	商务化营销推广

除表 2–1 所示的踩盘要点外，项目开发战略、规划核心价值、项目卖点、主力产品优缺点、价格建立体系、历史成交数据、业主愿景与信心、产品增值、运营管理、案场人员销售技巧等也是需要重点调研的。

链接　　**新人踩盘的 6 个建议**

对每一个刚入行房地产的新人来说，踩盘都是一件很痛苦的事，要接受良心和自尊心的双重考验。首先是太“嫩”，一看就不是来买房的；其次是专业性不够，不知从何问起；三是不自信，比较畏惧工作人员的目光。很多新人最后不得不“逃”出对方的售楼中心。

1. 明确踩盘内容

都说不打无准备的仗。踩盘前必须要做足功课，通过搜索引擎、房产网站、开发商官网、项目网站、公众号等途径先初步了解项目的一些情况，然后再制订计划，明确踩盘要搜集的内容，最好拟一个提纲或自制一份调查表。

2. 选择正确的踩盘方式

虽然会伤害到销售人员，但假扮购房者是最有效的踩盘方法。如果能和真正的购房者“搭伴”最好，前提是要先博得购房者的信任。一般来说，最好是一男一女假扮成情侣或夫妻，这样不至于引起很多“事故”。注意不要穿行政装，不要问得太专业，也不要问得太多，要引导销售人员讲。

3. 错峰踩盘

一般售楼部早上9点以前要开例会，整理卫生；中午要就餐或午休；下午5:30后要填写各种报表，开分析会或培训。尽量要错开这三个时间段去踩盘。另外在销售高峰时期也要避开，销售人员会忙于接待客户而对你敷衍了事。

4. 自备小礼品

如果没有直接竞争关系，最好明踩。建议自备小礼品（如笔），送给为你介绍的人员，一来可以增进感情，二来可以获得更为准确的信息。

5. 腿脚要勤快

既然是踩盘，那就要“踩”到位。切忌守株待兔，要看过所有范围，包括售楼部各角落、样板间、示范区、已交房入住区域、工地现场等。

6. 好记性不如烂笔头

踩盘搜集到的信息最好当场记录下来，也可以借助于录音笔、手机等工具进行痕迹记录（宣传资料、照片、笔记等）。踩盘结束后记得互留一下联系方式，以防信息遗漏时可以进行二次补调。

二、实地踩盘标准动作

大家都知道，医诊病人时，望、闻、问、切四诊是搜集临床资料的主要方法，朴素而直观，在感官所及的范围内，直接获取信息，即刻进行分析综合，并做出准确判断。

在踩盘过程中，望、闻、问、切也是搜集项目信息最有效的手段，是实地踩盘的标准动作。

1. 望

踩盘的最基本动作就是“望”，通过观察对项目形成直观的感性认识。无论是项目户外围挡、售楼部包装、沙盘、销控表、看房通道、示范区、景观园林、样板间，还是已交房区域都需要细心地观察。尤其是营销类的功能布局、VI 及导示系统、营销物料、道具种类、内容表达、客户量等需要重点关注。

除了公开的宣传资料，还可以用手机等工具对好的展示细节进行拍照，比如精装标准的公示、科技 / 健康系统的展示、工艺工法的展示、样板间内生活化场景的营造等，以用于踩盘后的分析使用。

2. 闻

眼观六路，耳听八方。旁听销售人员与客户、客户与客户的谈话，也是一种搜集信息的方法。旁听时要表现出自己对项目也很感兴趣，同时还可以插话了解想要的信息，比如产品的优缺点、客户反映等。

在销售人员的说辞中，可以很方便地了解到项目想要表达的核心卖点和价值主张。对于房地产营销新人来说，听销售人员讲解，更是一个学习和提升服务意识和销售技巧的好途径。

3. 问

询问自然是最直接和高效的方法。在踩盘中，置业顾问、物业保安、保洁人员、购房客户、附近二手房中介、现场工人师傅等都是调查询问的最佳对象。

对于敷衍了事的工作人员，可以把想调查的问题拆分为一个个小问题，用层层逼问的方式进行询问。而对于那些滔滔不绝的工作人员，不妨就提一些关键问题，然后让他们尽情发挥，反而容易获得更多想要的信息。

4. 切

踩盘不能只凭眼、耳和口，还需要广泛撒网，从不同角度来判断和佐证信息的准确性与合理性，而不是仅听销售人员一面之词。

通常，看待问题要从客户角度和专业人员角度两个方向来进行。从客户角度，要找出我喜欢或不喜欢这个项目 / 产品的原因，比如区域、产品品质、价格、户型、业主圈层、销售人员的服务态度等。从专业人员角度，则要发现产品创新之处和卖点，畅销或滞销原因，对营销手法、客源构成等进行研究，找出项目 / 产品的优缺点，以及可以借鉴的地方。

链接 **如何处理业内同行踩盘**

在房地产营销中，踩盘是一种非常常见的行为。那么，遇到同行踩盘，销售人员是接还是不接呢？

正确的回答是：接！不但要像接待其他客户一样接待，而且在不涉及公司机密以及不影响自己销售业绩的情况下，还应该全程陪同。

首先，踩盘工作是每个销售人员都要去做的，接待同行也是一个非常好的互相学习的机会。

其次，对踩盘者热情友好一些，可以为自己和项目在业界树立良好的口碑，还可能会获得更多的客户。因为同行也要买房，而且他们还是周边人在买房时的首选指导，如果同行都说你的好话，那才是对项目最好的广告。

再次，专业的销售人员不会怕竞争对手来踩盘，反而希望大家互相多交流学习。有些楼盘害怕同行来踩盘，究其原因是楼盘本身存在诸多“硬伤”，害怕同行看后出去传播，给他们造成负面影响。但在互联网时代，信息流通渠道很多，根本没有什么秘密可言，你越想捂得严实，反而会被传得越邪乎。

最后，多个朋友多条路。就一个城市而言，房地产圈子不大，在人才高度流动的今天，大家都存在跳槽的可能性，给同行留下好印象，说不定哪天就被挖走了呢。

三、撰写踩盘报告

踩盘工作结束后，就需要对搜集的资料和数据进行及时整理，而踩盘报告，就是踩盘成果输出的最佳形式。

要写出高质量的踩盘报告，除了要搜集掌握到详细的项目信息，还要能从专业的角度进行分析研究，给出有价值的观点和结论性的意见。

完整的踩盘报告，内容是非常多的，尤其是大盘的踩盘报告，可能有上百页之多。踩盘报告没有固定模板，常规的踩盘报告，可以采取从宏观到微观的方式，分成区域板块分析、基本情况、产品分析、卖点梳理、营销情况、客户分析等章节进行阐述。

案例链接　某城市高层住宅项目，地段与配套优势明显，但其他指标上略显不足。在项目定位和营销中导入了“微型”城市豪宅概念，把项目定义为该类新型豪宅。项目占地 49326m^2，总建筑面积 123420m^2，容积率 2.66，绿化率 33.1%，规划建设 7 栋 32 层住宅、1 栋 3 层幼儿园和 1 栋 2 层会所。

市调小组踩盘回来后，撰写了一份详细的踩盘报告，并做成 PPT 进行汇报，从项目概况、产品分析、定位分析、城市豪宅分析、总结与思考等方面进行了分析总结。如图 2–1 所示，为该踩盘报告的汇报提纲。

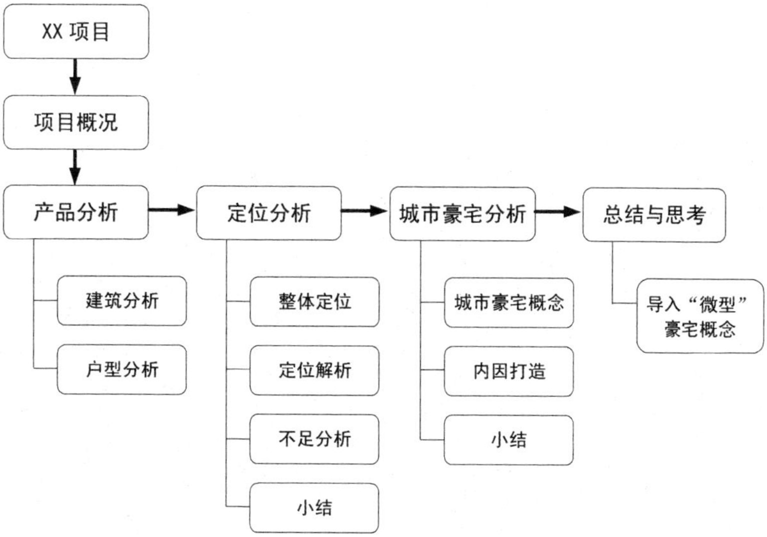

图 2–1　某高层住宅项目踩盘报告提纲

PART 2

第二部分

消费者分析

| 第3讲 |

客户画像：你想把房子卖给谁

整齐划一的消费者已经不存在了。2017 年，麦肯锡公司访谈了来自中国 44 个城市和 7 个农村乡镇的近 1 万名 18～65 岁的消费者，在其发布的《2017 中国消费者调查报告》中，他们做出这样的结论：过去十几年我们对中国消费者的所有观察之中，有一点在今年的调查中非常突出，即“中国消费者”作为一个整齐划一的群体已经不存在，而是形成了鲜明的多样性。

今天的消费者，他们的选择范围比以往任何时候都大，他们的自主意识明显增强，更加年轻化、重视健康，对品牌的认知更成熟，对购买的产品和服务要求也更高。

房地产营销如果想在竞争激烈的市场中取得成功，就必须掌握一项关键技能，即懂得消费者是如何做出重要决定的，这直接关系着他们买什么和不买什么。

营销的本质，是发现价值、创造价值和传递价值。为谁呢？为了客户。没有客户，一切都是空谈，所以，一切要从消费者的洞察出发。

每个企业都希望营销能够更加精准，随着互联网进入大数据时代，为营销的精细化带来了更多可能性。在大数据技术的深入研究与应用下，消费者的一切行为在企业面前似乎都是“可视化”的。越来越多的企业日益聚焦于如何利用大数据来为营销服务，深入挖掘潜在的商业价值。于是，“客户画像”的概念也就应运而生了，客户群体被切割为更小的颗粒，房地产营销从粗放式开始走向精细化。

链接　**什么是客户画像**

所谓客户画像，即客户标签化、典型化、具象化，就是企业通过收集与分析消费者社会属性、生活习惯、消费行为等主要信息的数据之后，完美地抽象出一个客户的商业全貌。

客户画像可以让企业对目标客户形成更加具体的认识，方便换位思考，从而减少主观臆测，更好地评估客户需求。

一、房地产客户细分

在各类房地产项目营销方案中，关于客户定位，经常会看到其项目客群是“白领、私营业主、金融从业人员、公务员”等这些模糊的字眼，但说来说去都没有说清楚项目的目标客群到底是哪些人。

对于房地产操盘手来说，能否对客户进行细分，找准目标客户，描摹出客户画像，直接关系到整个营销工作的成败（见图 3–1）。如果前期项目目标客群没有找准，中期渠道拓展工作就会出现偏差，那到后期的营销工作再怎么努力拼命都无济于事，销售业绩肯定惨不忍睹。

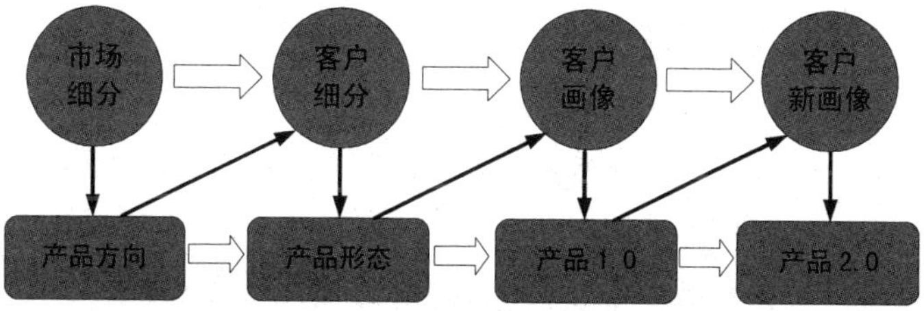

图 3–1　客户细分过程

客户细分不仅仅是客户的分解过程，也是客户聚焦的过程。通过客户细分，就能让产品在设计规划时更聚焦，制定清晰的产品定位和产品概念，并展开有针对性的营销。

和其他行业不一样的是，房地产是大宗交易，金额巨大，属于极度低频消费商品，绝大部分家庭一辈子也买不了几回。同时，每个项目有城市的区别，区域地段、用地规模、经济指标、产品类型、项目档次等也不尽相同，大量客户交易数据又碎片化地散落在各个开发商手中，因此要进行客户细分相对来说是有难度的。

不过，各大品牌房企的产品线已经给出了标准答案，只要在这个标准答案之上再结合不同项目的实际情况进行优化，应该就可以对自己项目的目标客户进行细分和画像了。

比如万科的产品以距城市中心远近划分为四季、城花、金色和TOP四个系列，再以项目位置、客户需求分为8个不同的产品品类。保利住宅产品分为类型品牌和项目品牌两大类，形成“山水、尊享、珍品、康居”四大类型，涵盖了花园系、心语系、香槟系、公馆系、林语系、康桥系等不同的产品线。金地分成白金系、天系、名系、未来系、格林系、自在城系、钻石系等七大产品系列。其他的还有像恒大的华府系列、绿洲系列、金碧天下系列；龙湖的滟澜山系列、天街系列、大城小院系列，等等。

案例链接

万科是国内较早进行客户细分的房地产企业，2005年，万科参考美国标杆房企Pulte Homes，从客户的支付能力、家庭生命周期和购买动因对客户进行全生命周期的细分，将客户划分为注重自我享受的社会新锐、注重家庭的望子成龙家庭、彰显地位的成功家庭、关心健康的老年家庭和对价格敏感的务实家庭5个类别。

1. 社会新锐

家庭特征：

·25～34岁的青年或青年夫妻，无孩子，家庭成员高学历。

购房动机：

· 栖息：不喜欢租房，想拥有自己的房子；

· 自己享受：买个房子自己享受。

对房子的态度：

· 自我享受；

· 品位体现：体现个人的品位、情调甚至个性；

· 社交娱乐：房屋是一个重要的朋友聚会、娱乐场所。

产品需求：

· 健身娱乐：小区有较好的健身场所，临近大型运动场所、娱乐休闲场所；

· 要求较好的户型；

· 喜欢的建筑风格。

2. 望子成龙

家庭特征：

· 有 0～17 岁孩子的家庭。

购房动机：

· 孩子成长：让孩子有更好的生活条件，能去更好的学校；

· 改善住房条件：现有住房不理想。

对房子的态度：

· 房屋是孩子成长的地方，是自己稳定感和归属感的来源。

产品需求：

· 能给孩子的健康成长创造条件；

· 拥有高质量的幼儿园、小学，满足孩子成长相关的文化教育需求。

3. 健康养老

家庭特征：

· 空巢家庭、有老人同住的家庭。

购房动机：

· 孝敬老人：方便老人就医，父母年纪大了陪伴老人；

· 自我享受：老人辛苦了一辈子，想买个房子自己享受。

对房子的态度：

· 子女照顾老人的地方

· 让老人安享晚年的地方。

产品需求：

· 看重外部环境，小区环境优美比较重要；

· 靠近景色优美的风景，空气质量好；

· 小区或周边有大规模的园林和良好绿化。

4. 富贵之家

家庭特征：

· 家庭高收入，是社会所认同的成功人士。

购房动机：

· 社会地位提升：希望跟自己社会地位相当的人住在一起；

· 独立功能：想有单独的健身房、单独的书房等；

· 跟风：周围人都买，自己也想买，存在一定的炫耀心理。

对房子的态度：

· 社会标签：是我事业成功的标志、可以给我家挣得面子、体现我家社会地位。

产品需求：

· 带有社会标签意味的房屋特征明显，周边小区的档次也要很好，拥有高素质的小区居民，以及有名气的开发商。

5. 务实之家

家庭特征：

· 家庭低收入。

购房动机：

· 大房（提升）：比现在拥有更大的厅、卧室；

· 置业：为了给后辈留下一份产业。

对房子的态度：

· 栖身居住：只是吃饭睡觉的地方，对房屋价值无更高需求，停留在满足生理需求层面；

· 生活保障：是我家的一项重要投资、是未来生活的保障。

产品需求：

· 低的价格，追求低生活成本，生活便利；

· 方便的公交路线；

· 附近或小区里有小规模的便利店、商店、超市；

· 附近或小区里有中小规模的医疗机构。

为更好地实现差异化、细分化的目标，后来万科又对客户进一步细分，将 5 个大类细分为 10 个小类，其目的是希望能够在丰富产品线的同时，服务于更多的人群，如图 3–2 所示。

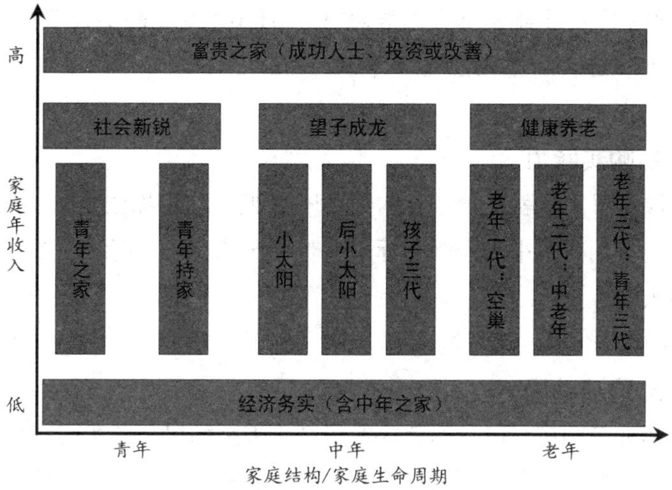

图 3–2　万科 10 类客户细分

二、客户画像的5个维度

纵观成功的房地产项目，它们服务的客户通常都比较清晰，特征明显，产品特色力求专注、极致。比如嘉禾的院子系产品，专注于新中式别墅，以工匠精神复兴中国传统文化，打造都会极致生活居所；新城控股的吾悦广场系列产品，旨在打造结合大型购物商场、高级办公写字楼、高级商住公寓结合的城市商业综合体，满足人们对居住、购物、休闲等全方面的要求，创造全新一站式生活模式。

中国房地产已经过 40 年的商业发展，今天想做一个覆盖所有客户的产品，是不可能的了，这样的产品只会消亡。因为一个产品如果是为所有人服务的，那么它的服务标准一定很低，这样的产品要么没有特色，要么非常简陋。

房地产客户画像的意义在于，可以使产品和营销的服务对象更加专注，更加聚焦。客户画像不是一个具体的人，而是一个类型客户的虚拟代表，因此需要颗粒度尽可能细，维度尽量丰富。

而以下 5 个维度，是房地产客户画像必须重点关注的。

1. 家庭生命周期

和其他商品不一样，购房客户呈现出明显的“家庭”特征，房子是一个家，要满足不同家庭生命周期的成员需求。通常分为单人独居、二人世界、喜得贵子

（小学以下）、少年子女（小学初中）、青年子女（高中大学）、成年子女、三代同堂（无未成年）、空巢家庭等类型。

2. 购买能力

顾名思义，就是消费者购买房屋的能力，可以通过收入潜力、收入情况、支付能力等消费水平和层级指标来反映，比如富豪、高级白领、白领、蓝领、收入较少人群等。

3. 购买动因

消费者购房可以分为首次购房、改善型购房、务实或享受型购房。购房动因包括社会标志、照顾老人、工作场所、独立空间、社交娱乐等。目前“主力婴儿潮”一代进入了改善阶段，他们的支付能力较高，改善需求表现旺盛；80年代末客户多处在首次置业阶段，支付能力较差；而务实和享受型客户呈现出两极分化。

对于购房客户，还分为自用型客户和投资型客户。其中，自用型客户又可分为改善型、栖居型和享受型，投资型客户可分为占有型和收租型（短期出售）。

4. 价值需求

消费者购买什么样的产品，其购买决策往往源自其自身的价值观的驱动，这就导致同一类型的消费者在购买不同类别的商品时表现出很高的相似性。中国消费者拥有一个独特的价值元素：追求，即追求更高的生活质量，渴望成功和被他人认可。

链接 **消费者价值元素分布图**

为具体形象地解读消费者，罗兰贝格公司进行了大规模的定量调查和针对性研究，归纳出了19个最核心的消费者价值需求元素，并建立了一套矩阵分布图（见图3-3），可以很直观地分析消费者价值需求。目前，很多楼盘项目在做客户定位分析时都会使用到消费者价值元素分布图。

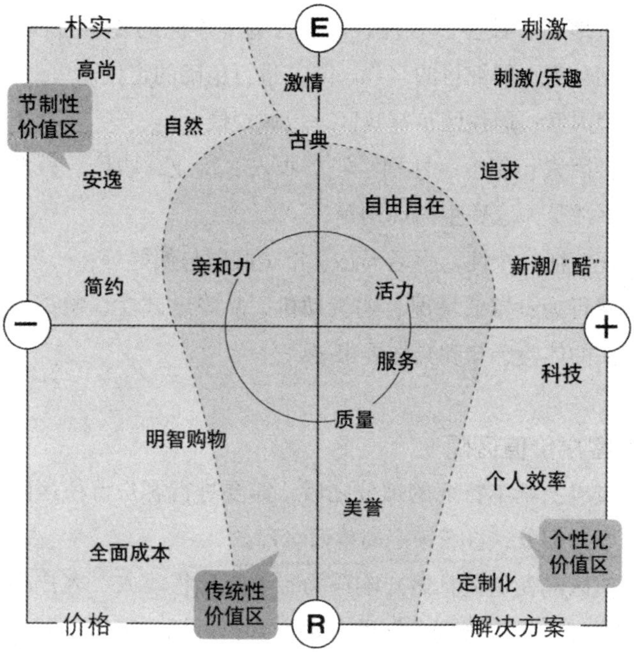

图 3–3 消费者价值元素分布图

注：“+”表示价值元素对消费有促进作用；
“—”表示价值元素对消费有抑制作用；
“E”（Emotional）表示价值元素的感性程度强；
“R”（Rational）表示价值元素的理性程度强。

5. 消费轨迹

丰富完善的客户画像，还需要对客户的消费行为轨迹进行标签化，比如客户的互动地图，他们在哪里工作、在哪里居住、周末会去哪里玩，客户的生活方式、消费偏好等。

三、客户画像三步走

对房地产客户进行画像，可以分成特征细分、价值区隔、共同诉求这三个步骤进行。

1. 基本特征细分

通过地理、社会、心理、消费行为等不同的要素特征来进行标签化的细分，将客户细分为不同细目的客户区隔，进行精确的定位。

地理因素：居住区、行政区、区域规模；

社会因素：年龄、性别、经济收入、行业、职位、教育、宗教信仰、社会阶层、家庭成员、家庭生命周期等；

心理特征：个性、生活形态、审美倾向与偏好等；

消费行为：置业情况、购买动机、品牌忠诚性、购买意向度、购买能力、对相关产品的体验感知和具体要求等。

2. 客户价值区隔

经过以上基本特征的细分之后，需要进行客户价值区隔，分辨出高价值和低价值的客户细分，重点锁定高价值客户。

价值区隔变量包括客户响应力、客户销售收入、客户利润贡献、忠诚度、推荐成交量等，可以根据不同的房地产营销目标，采用不同的变量对客户区隔进行价值定位。

3. 确定共同价值

围绕客户基本特征细分和客户价值区隔，选定最有价值的客户细分作为目标客户细分，提炼出他们的共同需求、价值取向等，从而描摹出精准的客户画像。

当然，客户画像是一个多层次和动态的过程，客户细分的各个变量要素也不是静态的，应该根据市场情况和客户响应进行动态调整和优化。

每个房地产企业都在迫切寻找两个答案：在哪里建房？把房卖给谁？当大家都把战略目光转移到客户身上的时候，客户细分、客户画像就成为大家的必经之路。

第4讲

客户地图：如何快速找到你的客户

有人总结过，美国在 1991 年的海湾战争中大获全胜，是因为三个关键因素：一是精准的卫星定位，确定打击目标；二是采用巡航导弹，打击手段精准；三是准确研判竞争关系。

而客户地图的意义，就是在研判竞争对手的基础上，能在合理的范围内采用最合理的手段，更精准地击中目标。

房地产是一个技术和质量都要求非常高的行业，除了常见的地形图、宗地图、控规修编、各类施工图外，在房地产营销中，还广泛使用到城市地图、客户地图、体验地图和营销地图等地图工具，如图 4–1 所示。

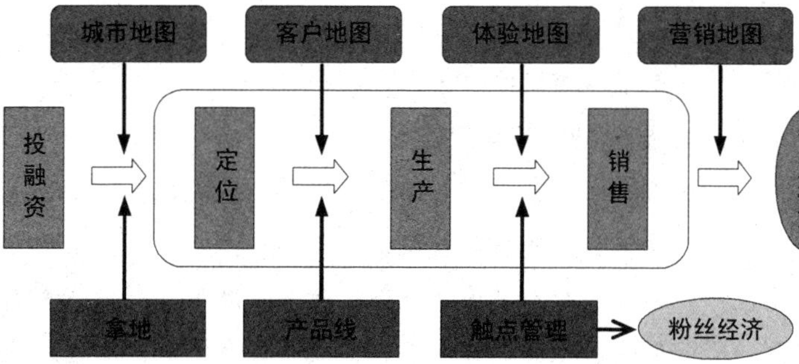

图 4–1　房地产地图工具模型

以客户为导向的房地产开发已经成为所有企业的共识，房地产已经从早期“土地→产品→客户”的传统开发模式，全面转变为“客户→产品→土地”或“土地→客户→产品”模式。尤其对于那些追求高周转的房地产开发企业来说，如何快速找到客户，并围绕客户需求拿地、强排、建设、销售、交付，已经构建了一条标准化的运营体系。

一、城市地图

这里说的城市地图，不是传统的城市交通地图或旅游地图，而是房企在项目储备或拿地中，专门为辅助决策而制作的地图。

狭义的城市地图，是基于客户细分，了解客户需求，梳理客户购房价值体系，破译城市的不同区域适合什么样的客户，做什么样的产品。

广义的城市地图，实际上相当于房企的城市战略。通常是在客户细分的基础上，兼容宏观经济和人口、城市规划、土地市场、商品房市场、竞争对手、政府资源等方面的内容，再结合企业目标和内部环境，最终形成企业的城市战略。

案例链接

在拿地之前，企业首先要厘清的是：客户是谁？客户在哪里？什么样的区域、什么样的土地适合发展？

为此，某开发商市场拓展部设计了一套城市地图模型，具体提纲如下：

1. 地图意义

· 项目发展的工具；

· 客户细分；

· 形成城市战略。

2. 要素分析与客户匹配

· 客户细分；

· 交通和基础设施建设；

· 各要素分布及影响范围（教育、医疗、商业、景观等）；

· 片区、组团划分和客户匹配（存量土地、楼盘分布等）。

3. 发展空间研究

· 土地市场；

· 商品房市场；
· 竞争对手；
· 政府资源；
· 宏观经济和人口；
· 城市规划。

4. 城市发展战略

· 目标城市经营目标；
· 内部因素分析；
· 城市战略，片区、组团策略。

二、客户地图

所谓客户地图，就是以项目为单位，对潜在目标客户进行分析，并在地图上具象、直观地描绘潜在客户的工作、生活、消费、休闲等区域或位置，为房地产营销工作提供基本目标和方向。

客户地图不只是地图，它是客户召集的工具，是指导营销工作的“作战”地图，可以帮助房企更好地发现客户、寻找客户，确定推广核心诉求，制定针对性的竞争策略。编制客户地图是房地产营销从粗放式向精确制导式转型的一门必修课，也是每个营销人都必须掌握的基本生存技能。

按照房地产营销的时间节点，客户地图的编制分为以下三个阶段。

1. 初步绘制客户地图

一套高质量的客户地图，需要一定数量的基础客户数据。项目进场前只能根据历史成交客户和经验进行预判，并在市场调研和竞品客户研究的基础上，对项目本体进行价值体系梳理、客户定位及辐射范围分析，圈定客户范围，确定客户层次和客户属性。

根据初步绘制的客户地图，锁定目标客户的工作、生活、消费和休闲区域，就可以有的放矢地制定相应的广告传播、电话、团购、线下拓客、现场 SP 活动等营销动作对客户进行渗透和拦截，如图 4–2 所示。

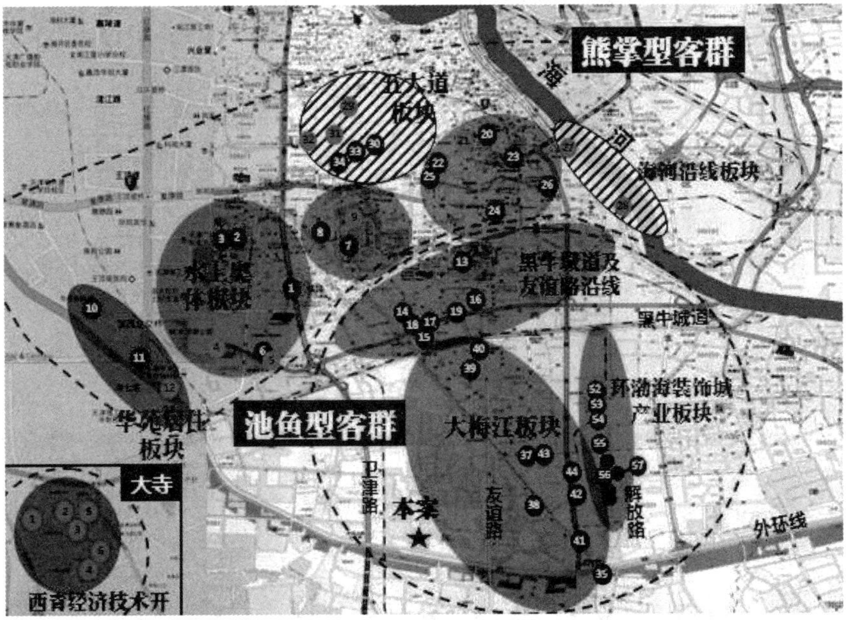

图 4–2　某项目的客户地图

2. 修订客户地图

项目开始蓄水后，通过来访成交客户进行综合分析，对前期预判的客户地图进行验证和修订，包括客户居住区域、购房动因、家庭生命周期、购买力等。同时分析研究客户描摹反馈信息，实时调整竞争策略、渠道通路，以及线上线下的营销手段。

3. 制作客户成交地图

在开盘后，或前期推出房源已售罄，有了一定数量的真实成交客户数据，就可以制作客户成交地图，并深度分析客户的关注点、认可点，并与竞品进行交叉比较，进而对竞争策略进行再次确认。

制作客户地图是营销的日常工作。从初步绘制客户地图、修订客户地图到最终的客户成交地图，需要持续调整和修订，养成习惯。最后大家会发觉，你心里有份客户地图。

链接

客户地图工作思路

1. 客户筛选

获取已成交客户的本市有效地址。

2. 客户定位

通过百度地图等软件辨识客户地址所处的经纬度坐标。

3. 客户分布散点图

将所取得的经纬度坐标导入专业地理信息系统软件（例如 Mapinfo），生成客户分布散点图。

4. 客户密度分布图

通过格网化方法统计客户密度，并在三维绘图软件（例如 Surfer）中进行着色并生成客户密度分布图。

5. 客户分布重叠图

把多个项目的客户分布图进行重叠，研究它们的重叠关系，并综合板块、片区分析，提出营销建议。

三、体验地图

营销的所有工作都是围绕客户来进行的，客户思维是房地产营销的第一思维。从客户视角了解他们是如何知道、咨询、购买、使用你的产品，以及在此过程中的整体感受，直接关乎着营销的成败，而最佳的解决方法就是绘制体验地图。

体验地图，也称客户旅程图，就是通过一张图，用一种讲故事的方式，从一个特定客户的视角出发，记录从客户接触你的产品到完成目标离开的全部过程，包括客户在这个场景中的接触点、行为、痛点、爽点以及他们内心的挣扎。当你把这一个个碎片化接触点联系起来、画出来，形成一张地图后，就能够看到客户需求满足的全过程。

如图 4–3 所示，就是在楼盘推出的老带新营销活动中，某客户带朋友成交了一套商铺，并最终获得老带新现金奖励 5000 元的过程体验，按时间进度分成 7 个节点，对引发客户痛苦或兴奋的行为、想法、情感等进行客观绘制，并进行视觉化的呈现。

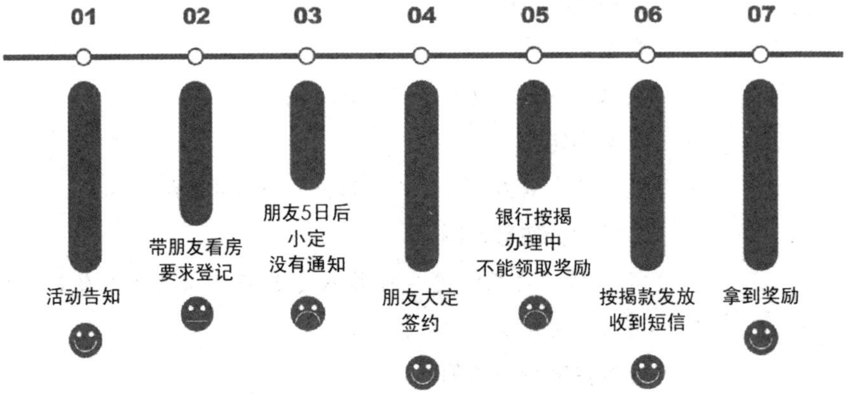

图 4-3　某客户参与老带新活动旅程

通过体验地图的绘制，可以帮助营销人员更好地了解客户需求，理解客户痛点，然后指导展开对产品或流程的改善和优化。

房地产营销是一个多渠道、多平台、多触点的价值实现过程，体验地图不可能面面俱到，而是要找出客户体验的“关键时刻”，并对这些“关键时刻”进行研究，制定有针对性的营销策略。

链接

营销四大关键时刻

在客户购买决策的过程中，有一些关键时刻（Moment Of Truth），直接影响和决定了客户的购买行为，它们是企业营销的“决胜点”。

1. 零关键时刻（Zero Moment Of Truth，简称 ZMOT）

零关键时刻是谷歌在 2011 年提出来的。谷歌的研究表明，客户在尚未造访产品和服务之前，就已经开始尝试体验，他们用电脑、手机等进行搜索，并做出决策。

起初 ZMOT 只是谷歌为了推广其移动广告下的一盘棋，但如今，人们在寻找想要的东西时，去网上搜索已是稀松平常的事。对于房地产营销来说，就需要在了解客户购买行为的同时，了解他们网上搜索的行为，同时制定相应的营销战略，进行更有效和精准的信息推送。

2. 第一关键时刻（First Moment Of Truth，简称 FMOT）

FMOT 和下面所讲的 SMOT，则是由快速消费品市场的老大宝洁提出的。

FMOT，我们称它为第一关键时刻，是指客户看见产品并形成第一印象的时刻。客户在商店货架前，面对一大堆的洗发水，脑子里决定买哪个的关键的 3~7 秒，宝洁把它定义为 First Moment of Truth。

3. 第二关键时刻（Second Moment Of Truth，简称 SMOT）

第二关键时刻，是客户购买后体验的环节。事实上，这不仅仅是一个时刻，而是一个过程，是客户体验产品过程中的感官、情感等所有时刻的集合，也包括企业在整个过程中支持客户的方式。

4. 终极关键时刻（Ultimate Moment of Truth，简称 UMOT）

如果在第一、第二关键时刻，客户得到了美好和愉悦的体验，那么他们也许就会成为品牌的粉丝，他们会与朋友或同事在线上或线下分享，甚至花时间写下评论，分享给朋友们。

终极关键时刻，是客户基于对品牌的产品和服务体验，创造与分享内容，发布在网站社区、短视频、微信、微博等社交媒体，被其他的客户搜索和浏览到的时刻。

四、营销地图

有了客户地图和体验地图，就相当于锁定了目标客户，锁定了客户痛点。在此基础上，就可以设计接触客户的渠道和方法，制定有针对性的营销策略，并构建起完善的营销地图。

尤其是互联网、大数据等技术的迅猛发展，给房地产营销带来了更多的机会，让全渠道连接、24 小时售楼、移动管理、高效跟客等传统的营销难题迎刃而解。

案例链接　某开发商在第三方 IT 公司的支持下，结合内部资源和项目特点，开发了一套营销地图系统。具有掌上售楼处、渠道管家、移

动销售等强大功能。

1. 掌上售楼处

连接官方网站、O2O电商和微信（公众号、小程序），支持在线选房、秒杀认购、认筹解筹、楼书展示、老带新、口碑推荐、分享奖励等。

2. 渠道管理

采用“拓客管理→跟客追踪→自动结佣→效果分析→拓客引流”业务逻辑，开放API接口，全渠道连接，实现行销拓客、全民营销、社交营销。

3. 移动销售

可以进行在线业务分析（认购、签约、回款）、区域分析（集团、区域、城市、项目）、时间分析（日、月、季、年）、渠道分析（电商、全民营销、老带新）、绩效考核（业绩排名，团队激励）、推售节奏把控（精准试价，实时销控），以及对客户画像，提高转化率。

PART 3

第三部分

制定营销战略

| 第5讲 |

如何运用STP理论制定营销战略

进入淡市，营销变得越来越难了。售楼人员经常感叹的一句话就是：没有客户。传统推广渠道没有效果；创新的渠道，比如“两微一抖”，只能看个热闹，转化不了成交；暖场活动 DIY 做出来的蛋糕，最后都被工作人员带回家了。

只有当潮水退去的时候，才知道是谁在裸泳。营销最忌讳的，就是把目光盯在具体战术动作上，而不去谋划指导全局的营销战略。

战略这个词，好像是被滥用了。我们经常有看到品牌战略、发展战略、竞争战略、产品战略、增长战略、人才战略、客户战略，各种战略满天飞，好像战略是个筐，什么都可以往里装。

很多企业都有制定战略规划，最终却被挂在了墙上，或是锁在了抽屉里。对于这些企业来说，战略好像没什么用，但其实不是战略没有用，而是他们制定的战略没有用。从营销的角度来看，这些企业所谓的战略，是没有客户感的，是坏战略。

链接

什么是好战略

从字面上来看，战略 = 战 + 略，“战”是定义在哪战斗，“略”是定义如何取胜。战略就是要告诉组织里的所有人，在哪里战斗和如何取胜。

因此，一个好的战略，一定要能够清晰地回答：我是谁，要去哪里，如何去。同时，还要能够清晰地回答：在哪里竞争，如何取胜。

1. 我是谁

好的战略首先要定义清楚我是谁，如何吸引人，也就是战略定位（Strategy Positioning）的问题。要将企业的产品、服务、品牌、形象等在目标客户的心智中占据最佳的位置，这是一种有利于企业发展的选择。

2. 要去哪里，在哪里竞争

讲的是战略路径（Strategy Path）的问题。战略路径是指选择什么样的方向和路线来实现战略。

3. 如何去，如何取胜

讲的是战略配称（Strategy Fit）的问题。战略不能务虚，战略一定是非常实在的，战略落地需要扎实的企业资源和能力作为基石，否则再完美的战略都无法实施。

对于房地产营销来说，战略其实就是一个差异化的过程。在产品、价格、渠道、推广的各个方面，与竞品存在差异，是竞品不能完全替代的，这样才有可能在激烈的市场竞争中占据主导地位，如图 5-1 所示。

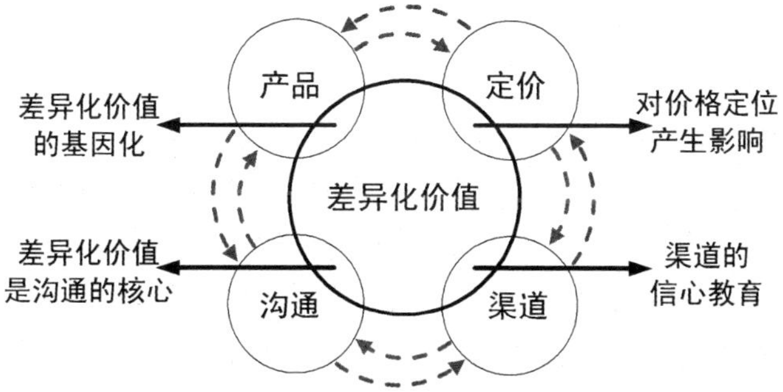

图 5-1　营销竞争战略五环

而差异化是一个系统工程，需要严谨的市场调研和消费者研究，以及科学的市场细分和市场定位为基础，也就是所谓的 STP 定位战略。

STP 理论是“现代营销学之父”菲利普·科特勒提出来的，在他畅销全球 30 多年的《营销管理》一书中对 STP 进行了系统的阐述。STP 理论即为 S（Segmentation，市场细分）、T（Targeting，目标市场选择）和 P（Positioning，市场定位）。

STP 是房地产营销的核心，它以购房客户的表象需求和潜在需求为导向，通过深入细致的市场调研分析，和对市场细分、目标市场选择、产品定位等策略的实施，为产品、价格、渠道和沟通的房地产营销组合 4Ps 顺利实施指明方向（见图 5-2）。可以毫不夸张地说，一个项目 STP 的成功就意味着其营销已经成功了一半。

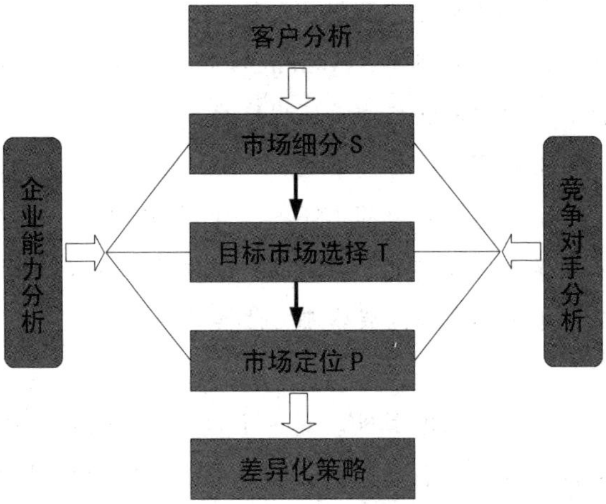

图 5-2　房地产营销战略模型

一、市场细分

所谓市场细分，是指房企通过专业的市场调查，充分了解客户的购房需求，把市场按照客户需求上的差异划分为具有类似性的若干不同购买群体的市场分类过程。每一个购买群体就是一个细分市场，每一个细分市场都是具有类似需求倾向的客户组成的群体。

市场细分首先明确的是某单一的购买群体，选择的往往不是产品的单一特性，而是产品特性的组合。对于房地产营销而言，特定的产品不是仅满足一个单一的客户，而是满足某一范围的客户群。

1. 市场细分变量

营销战略的关键是进行市场细分，这是 STP 的首要步骤。进行市场细分的一个关键点是细分变量的选择，菲利普·科特勒将市场细分中的变量选择概括为地理因素、人口统计因素、心理因素和行为因素。

房地产营销中，除了以上 4 个因素外，更加关注客户的家庭生命周期、购买能力、购买动因和价值需求等细分变量。

2. 市场细分程序

房地产市场细分通常分为市场调查、分析和细分三个阶段。

（1）市场调查阶段

可以派自己的市调人员，或者请第三方调查机构对客户需求的满足状况和市场供给状况进行调查。比如项目所在城市现有家庭中有多少住房已解决，有多少无房户和住房困难户，以及未来几年的发展趋势；这些有需求的家庭需要什么结构和面积的房屋，以及他们的收入水平、文化程度和实际购买力；已建、在建和规划建设项目的区位、结构、面积、单价、总价、配套情况；房企的数量、资质、市场份额、营销策略、销售情况；近几年及今后几年的土地供给、城市基础设施配套、金融服务等。

（2）分析阶段

专业分析人员借助定性和定量的分析手段，如经验曲线分析法、多元回归分析法、判别分析法、因子分析法等，剔除相关性很大的细分变量，然后用集群分析法划分出一些差异最大的细分市场。

（3）细分阶段

根据客户不同的态度、行为、人口变量、心理变量和一般需求习惯划分出每一个细分群体。比如通过单价这个细分变量可将城市的房地产市场分为高端、中高端、中端和低端；通过面积和功能细分变量可将住宅分成经济型、小康型、富裕型、豪华享受型等。市场细分时采用的方法有主导因素排列法、多因素排列法、多因素矩阵排列法、市场因素分析法等。

二、目标市场选择

市场细分的最终目的，是选择和确定目标市场。房地产营销的一切活动，都是围绕目标市场来进行的。

目标市场就是房企决定进入的那个市场，是经过市场细分并对细分市场进行评估以后，决定以相应的产品线去满足和服务的客户群。

1. 确定目标市场的原则

确定目标市场应遵循以下原则：

· 市场和企业产品、技术的相关性；

· 发挥企业的竞争优势；

·与企业原有产品相乘相长。

2. 目标市场选择的条件

选择目标市场时要符合以下条件：

·有足够的市场规模和良好的发展前景；

·具有良好的盈利能力；

·符合企业的目标。

3. 目标市场选择的模式

常见的目标市场选择有以下几种模式：

·单一市场模式。指选择一个目标市场集中营销。

·有选择的专业模式。选择若干个目标市场，其中每个目标市场在客观上有吸引力，而且符合企业的目标和资源。

·复合产品模式。集中开发一种类型的产品，并向多个目标市场的客户群体销售。

·复合市场模式。为满足某个客户群体的各种主要需求开发产品。

·完全市场覆盖模式。通过投资开发各种类型的产品来满足各种目标客群的需求，通常只有大型的房企才会采用这种模式。

三、市场定位

市场定位是指根据一个或多个目标市场的需求进行营销设计，创立产品、品牌或企业与众不同的、印象鲜明的形象，并将这种形象生动地传递给客户，从而取得竞争优势。

简而言之，市场定位就是在客户心目中树立独特的形象。在市场定位中，需要经常做客户满意度调查，对市场定位进行改进。房地产市场定位可以分为两种。

1. 现有产品再定位

对现有产品的名称、包装和价格进行改变，目的是保证产品在潜在目标客户的心目中留下值得购买的印象。

2. 潜在产品预定位

一方面要研究竞品特色，另一方面要研究目标市场对自己产品各种属性的关注程度，从而确定潜在产品的特色和独有形象。

四、差异化策略

前面说过，营销战略就是差异化。在进行扎实的 STP 过程后，要综合行业竞争形态、产品生命周期、产品类型、企业资源能力等要素来制定相应的差异化策略。差异化策略的制定，是对房地产规划设计和营销人员专业和智慧的最好验证。

1. 资源差异化

房地产和其他行业有一个最大的不同，就是土地资源。对于很多开发商来说，拿地成为核心竞争力，不同的拿地成本和政府不同的配套政策，直接影响与左右着项目在市场上的号召能力。

此外，项目地块周边的自然景观、教育、医疗、交通、商业配套等资源也决定了项目的大部分价值，形成了项目本体和竞品的资源差异。

2. 产品差异化

可以从产品质量、户型格局、绿化景观、建筑外立面、公共配套、停车场、会所设施等方面实现差别。对于房地产来说，寻求产品不同特征是差异化战略最常用的手段。

3. 认知差异化

很多时候，资源和产品的差异化是比较困难的，营销就需要另辟蹊径，从构建客户认知差异入手。比如形象差异化，塑造不同的企业形象、CIS、公共关系；人员差异化，聘用比竞品方更优秀的员工，高效沟通；服务差异化，提供不同的物业管理、配套等优异服务。

4. 品牌差异化

管理大师彼得・德鲁克说过：21 世纪的组织只有依靠品牌竞争，因为除此之外他们一无所有。

房地产营销的未来，同样也将是品牌之间的竞争。品牌地产能聚合更多优势资源，比如政策、土地、资金、客群等，更为重要的是，在淡市行情不好时，唯有品牌地产能够赢得客户信任并实现成交。品牌差异化，是房地产营销的终极战略布局。

案例链接

某市属于房地产开发四线城市，有高速有效的物流体系和区域最大服装批发市场，由于拥有诱人的市场和低廉的劳动力市场，所以各大商家纷纷进入，房地产更是有大量外资抢入，行业的竞争日益激烈，竞争的层次不断升级。

A 项目位于该市南部，地段环境幽雅，坐拥两山，闹中有静，拥有天然的巨大绿地，覆盖率高达 60%，山中成片天然古木是该市现有楼盘中绝无仅有的。A 项目地段临近商业繁华地带，电脑城、家具城、水果批发市场、服装批发市场荟萃于此。附近有几个楼盘，经过多年的开发，已聚集一定的人气和居住知名度。

营销团队针对当地的具体情况和企业的实际能力，按照能进入性、有利润、可行性和可度量性 4 条市场细分原则，依据家庭、地区、心理和行为等市场细分参数，分析确定潜在客户对产品的需求，特别是详细研究潜在客户群体的个性需求，并调查测量出这些潜在客户群体的市场规模。

经过市场细分的研究，从客户群体追求利益的行为出发，界定出 A 项目的目标客户群及其市场特征是：

· 区域内服装市场业主、果品批发市场业主、电脑大市场业主、通信市场业主、南区附近购房者以及自身具有文化艺术气质的经济能力较强的阶层为主体客户群体；

· 潜在客户群体的年龄大约为 35～55 岁；

· 家庭结构已进入中年期，人口简单，居住空间之娱乐性与休闲性较大；

· 他们追求高档次的住宅小区，追求品位，但同时他们又是商人，有着强烈的“物有所值”消费心理。

同时，营销团队根据市场调查，细分出潜在客户的购房倾向和要求，具体包括：

· 环境规划高标准，生活配套齐全，活动场地、场所多；

· 规划超前，小区现代化气息浓厚，特别要智能化；

· 楼盘外立面要新颖，色调要协调，风格要跟上潮流；

· 消费者倾向于入住全封闭式的小区；

· 高绿化率，几乎所有的目标市场消费者认为高绿化率是十分必要的，目标消费者对住宅环境的要求很高；

· 学校、幼儿园、菜市场、超市、医院、篮球场、网球场、图书馆、棋牌室等一应俱全；

· 物业管理要求较高，除提供常规物业服务外，还希望有家政、订购车票、托儿、托老等特色服务。

把选定的细分市场与开发产品比较发现，小高层和联排别墅的产品形式基本符合以上细分市场的需求。

在选择目标市场以后，营销团队采用特尔菲法对目标市场进行预测，汇总调查资料和数据，设计出预测市场发展趋势的 12 个问题，并向 10 余名专家问卷咨询，然后对预测结果进行统计分析。

最终确定目标市场为：各种专业市场的业主或经营者，自身具有文化艺术气质、经济能力较强的阶层；

与之相适应的市场定位为：优良的居住环境和自然山水，浓郁的艺术氛围，精良的物业管理，高档的建筑形式（小高层和联排别墅）。

确定了市场定位后，营销团队的重要内容是寻找项目的核心价值，从而在目标客户中确立与众不同的市场地位。

首先，A 项目核心价值定位为打造“都市文化艺术之居”，是该市有艺术修养、有文化品位、向往艺术的人的部落。

其次，A 项目确定了以“家在身旁”作为项目的另一个价值点，项目毗邻电脑城、手机大市场、家具城、水果批发大市场、服装批发市场，工作劳累了一天的人们不需要匆匆往家里赶，因为家就在身旁。阶层居住区概念是本案的核心价值。

营销团队确定营销策划的主线是打造 A 项目的形象特征，包括：艺术、文化、有品位、能体现成就感；不仅是家，更是修身养性、度假之雅居，处处体现出对品质的追求，对业主的尊重；精品物业，安全第一，体现楼盘艺术内涵。并通过“自然、艺术、享受”的广告主题来准确反映项目形象。

在市场推广方面，A 项目在开工同期即进行产品形象的宣传推广，主要集中于电视、平面媒体和路牌、现场等媒介，全方位、多层次地冲击消费者眼球，吸引消费者的注意力，形成了很好的市场氛围。

A 项目充分运用 STP 制定营销战略，最大程度挖掘了项目的潜在价值，为整个项目的完美开发奠定了基础，并在实施过程中得到充分的体现。

第6讲

房地产项目定位的痛点与解决之道

先来看两个项目案例。

项目一：H楼盘位于某省会城市的高速公路出入口旁，占地1500亩，规划建筑面积90万m^2，物业类型有洋房（小高层/多层）、联排、独栋别墅。早期开发的是临近公路部分，建设多层洋房，市场反应平淡，进行降价销售，前期购买的客户出现反弹，只好统一做退差价和送物业费安抚。二期开发的是项目地块最里面的部分，没有包装看房路线，地块中部由于没有开发，一片荒凉，打击了客户的购买欲望。由于产品定位不清晰，早期想吸引省会城市客户，又想吸纳邻近区域和地市客源，但其位置尴尬，"前不着村，后不着店"，营销推广上引导不够，导致出现滞销。

后面开发商痛下决心，封盘进行改善补救，具体措施有：

· 改变产品类型，以联排为主；

· 调整目标市场，以地块所在M区和邻近Q市为主要市场；

· 引入××大学附属中学，利用名校效应；

· 改善施工现场，对暂不开发的用地，进行大面积绿化；

· 利用地块旁的山景和河流资源，进行区域营销；

· 突出项目规模优势，明确宣传主题，加大营销推广。

在经过一番大力改善调整后，后续的三、四、五期都卖得不错，一期和二期也有很大的升值，客户口碑转好。

项目二：J楼盘是旧城改造项目，位于某市老城区，占地92亩，建筑面积21万m^2，物业类型为小高层和高层，配有部分商业裙楼和一栋写字楼，完全人车分流，车位配比为1∶1.2。开发商是外地房企，通过招商引资首次进入该市，管理层不熟悉本地市场，决策过于主观。产品设计未能迎合客户需求，住宅产品较为单一，精装修，全部为119～186m^2的大户型，而且部分户型的错层设计未能够被客户接受。

因为资金紧张，在现场绿化环境、现房样板房设置、会所等配套设施都没有完善的情况下启动销售。开盘当天刚好赶上一家本地长期耕耘的知名开发商的项目开盘，由于产品吸引力、广告宣传力度都赶不上竞争对手，销售在相当长一段时间都被压得喘不过气来。

分析J楼盘的项目定位，有这些问题：

· 市场定位过于高端，但周边环境不佳，项目规模小也难以支持；

· 缺乏严谨的市场调研和市场细分，该地段没有办公氛围，用户不足，贸然建设大面积的写字楼，风险巨大；

· 精装修和错层设计都是当地市场没有的，教育成本太高；

· 预估到国家会放开二孩政策，户型设计偏大，虽然开盘时确实政策落地，但转化成购房行动需要时间；

· 过于品牌自信，车位配比过高，投资难以收回；

· 合作伙伴选择不佳，出现殴打业主恶性事件，让项目形象受损；

· 产品设计上也有很多不足，比如商业没有考虑餐饮的烟道等。

虽然J楼盘后面采取了很多补救措施，比如将住宅改为清水房交付，引入大型商超，推出车置宝，更换物业公司等，最后实现了住宅清盘，写字楼和车位销售过半，商业运营也很好，但开发周期被拉长了，整个团队累得筋疲力尽。

分析H楼盘和J楼盘，不难看出，让它们出现困境的主要根源就是项目定位出现问题。

项目定位是让房地产开发商最痛苦的事情。因为房地产开发投入大、周期长、市场变化又快，最关键的是产品定位的好坏直接决定了项目的成功与否，产品定位一旦确定，企业就要承担巨大的风险。应该说，上述的这两个楼盘还算是幸运的，因为项目定位出现偏差，导致长期滞销，甚至崩盘的楼盘比比皆是。

因此，每个房企都会在定位上耗费大量时间，常常出现把已经设计好并报规通过的产品设计废掉，重新定位、重新设计的情况。

链接　　**项目定位中的常见问题**

1. 产品与土地错位

产品定位与土地属性不相匹配，造成部分产品滞销或溢价能力较低，另一部分产品供应不足，导致项目利润降低。

2. 产品与客户错位

产品定位与客户定位不相匹配，主要集中在产品类型、户型配比和项目配套与目标客户需求不匹配。

3. 操盘节奏失误

区域市场容量增长与项目开发节奏不匹配、项目开发节奏与销售节奏不匹配、销售节奏与市场需求趋势不匹配。

一、项目定位的两大痛点

1. 时间杀手

项目定位的依据，基本都是源自市场调研和市场细分，这些数据要么是当前客户需求的数据，要么是历史成交的数据。因此，项目定位的结论是满足现阶段市场的最佳产品。

大家都知道，房地产的产品从规划设计、建设到销售有一个比较长的生产周期。而影响房地产市场的因素又非常多，比如竞争对手的蚕食、国家政策的调整等。等到你定位的产品上市的时候，市场已经发生很大的变化，这就是常说的“时间杀手”。

现在定位的产品是要满足未来某个时间的目标市场的客户，这是房地产项目定位最大的难点。要准确判断未来市场的变化，做出未来产品的准确定位是非常困难的。

2. 差异化困局

几乎所有的项目定位都会把追求差异化作为最重要的内容，但差异化如果把握不准就容易失误，导致出现“不定位还好，一定位就死”的差异化困局。

项目定位都有一个非常理想化的目的，就是尽量避开竞争，减少竞争压力，而今天的市场竞争实际上已是无处不在，盲目追求差异化只会把自己拖进一个狭窄的竞争战场。像前面案例中J项目的精装修、错层设计、高停车位配比等高端化定位就导致它出现滞销。

差异化的价值，是建立在满足客户基本需求后的创新、个性化和差异性。不满足客户基本需求的差异化，是一种自杀行为。当然，这涉及企业营销战略选择的命题。

链接

安索夫矩阵在项目定位中的应用

安索夫矩阵是策略管理大师伊戈尔·安索夫提出来的，也称为产品/市场方格（见图6-1）。在房地产营销中，也可以用安索夫矩阵来进行项目定位分析。

	现有产品	新产品
现有市场	市场渗透 ⇩ 价格竞争	产品发展 ⇩ 差异化竞争
新市场	市场发展 ⇩ 转借迂回	多元化 ⇩ 自杀象限

图6-1 安索夫矩阵

安索夫矩阵以产品和市场作为两个基本维度，区别出四种产品/市场组合和相对应的营销策略：以既有产品进攻既有市场的战略叫作市场渗透，以新产品进攻既有市场的战略叫作产品发展，以既有产品进攻新市场的战略叫作市场发展，以新产品进攻新市场的战略叫作多元化。

但房地产市场往往不是静态的，当已经有很多的竞争对手在跑马圈地的时候，应该如何定位呢？

1. 城区盘的打法

所谓城区盘，是指处于城市范围圈，配套相对成熟，潜在客户多，片区有一定数量的已售和在售楼盘，有一定的市场竞争。

对于已经在该城市经营一段时间，对市场比较熟悉的开发商来说，这是一个既有市场，有两种选择：一是市场渗透战略，通过不断提升建筑质量、景观绿化、品牌形象、物业服务等，继续用经过市场验证的产品组合扩大市场份额；二是产品发展战略，通过研发新产品、改良产品或追加不同规格的产品，扩大销售额和市场占有率，但步子不能一下子迈得太大，要考虑推盘节奏与目标市场的匹配度。

对于一个不熟悉该城市的新进入的开发商来说，这却是一个新市场，最好的选择是市场发展，在充分研究和吃透市场的基础上，推出在当地市场经过验证的产品形态，并尽可能在各个方面比既有竞争对手做得优秀一些。如果选择多元化，用新产品进入新市场，风险是非常大的。很多楼盘的失败，都是因为新进入的开发商思想比较超前，过于自信，或是市场调研和市场细分做得不到位，贸然用新产品来进攻新市场，最终出现很多的问题。可以说，多元化是一个自杀象限。

2. 近郊或郊区盘的打法

近郊或郊区盘，地块相对偏僻，片区楼盘不多，缺乏直接竞争，潜在客户少。有时甚至可能你是第一个吃螃蟹者。

从安索夫矩阵来看，这属于新市场，最佳的选择是市场发展，用老产品进攻新市场，引入在其他同类地区成熟的产品，结合目标市场需求进行复制或创新。

近郊或郊区盘，除了选择市场发展战略外，还要掌握小步快跑的开发节奏，滚动开发，低成本运作，提升抗风险能力。同时，在营销上要多花心思，比如展示先行，公建配套与启动体验区作为局部亮点强势展现，消除区域不成熟的尴尬；打造创新性、主题性的产品，形成市场牵引力；整合品牌优势，建立鲜明市场形象感染客户等。

二、项目定位的核心是产品

房地产项目开发过程中需要做很多定位，比如土地定位、市场定位、客户定位、产品定位、品牌定位、价格定位、渠道定位等。但其实项目定位最核心的内容，是产品定位（见图 6-2）。项目定位的关键，是做对产品，为目标市场提供合适的产品。

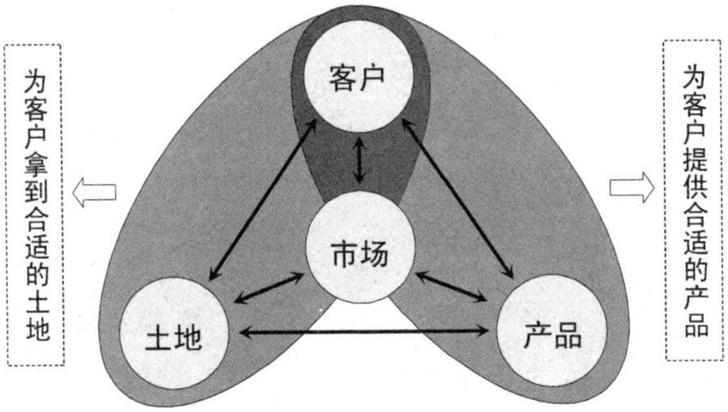

图 6-2　项目定位模型

在项目的产品定位中，产品类型、户型配比和项目配套是最关键的，它们是产品定位的三要素。这三个要素也是进行建筑规划的核心依据，应该说，基本上前期所有的定位，都是为确定这三个要素而服务的。

首先，对自己项目和核心竞争项目的成交客户进行画像，描摹他们的购买行为，并重点关注客户需求的变化。

其次，分析区域市场的产品类型、户型、配套设施的现状及变化。

最后，研究项目本体的主要优势和主要特质，并与核心竞争项目的产品进行优劣势分析。

通过上述扎实严谨的研究，清晰直观地提出结论性意见：

· 选择哪几种产品类型，并确定配比区间；

· 每种产品的户型配比及每种户型的面积区间，以及与竞品形成竞争优势，在某些功能、配置或价格上形成一定差异性；

· 为实现相对优势或形成项目特质，确定项目的配套设施，包括专为营销服务的体验中心、样板示范区等。

三、成功定位的秘诀是快

由于市场的快速变化，项目定位的精准度是随时间衰减的。谁最先开发出满足定位的第一批产品，谁就最先抢占了市场机会。对于后来者来说，这个定位则有可能是完全错误的。

这也就是为什么所有的一线房地产开发商，无论规模有多庞大，却都行动非常快速。通过对客户成交的变化，发现市场缺什么产品，就迅速供应什么产品，占领市场。优秀的开发商从拿到地到开盘，最快可以在 3 个月内完成，而一般的开发商需要一年甚至更长时间。

真正准确的项目定位是不存在的。天下武功，唯快不破。很多时候，房地产开发商的高周转只是表象，真正的本质是通过“快”解决定位痛点，通过“快”适应市场变化，迅速占领市场。

时间才是最大的敌人。房地产项目成功定位的秘诀是快，“快”定位，“快”建设，“快”营销。

| 第7讲 |

品牌资产：从贩卖产品到贩卖美好生活

随着房地产行业进入下半场，粗放式野蛮增长渐行渐远，市场竞争日益激烈，品牌成为房企识别和价值创造的重要资源。

近年来，房地产逐渐回归居住属性，品牌企业加快产品与服务升级，“美好生活”是房地产行业的热门词汇。万科、华润、绿城、融创等品牌房企纷纷提出了打造美好生活的战略构想，践行有质量的增长，注重产品品质、内容和细节，以提升品牌影响，如图 7–1 所示。

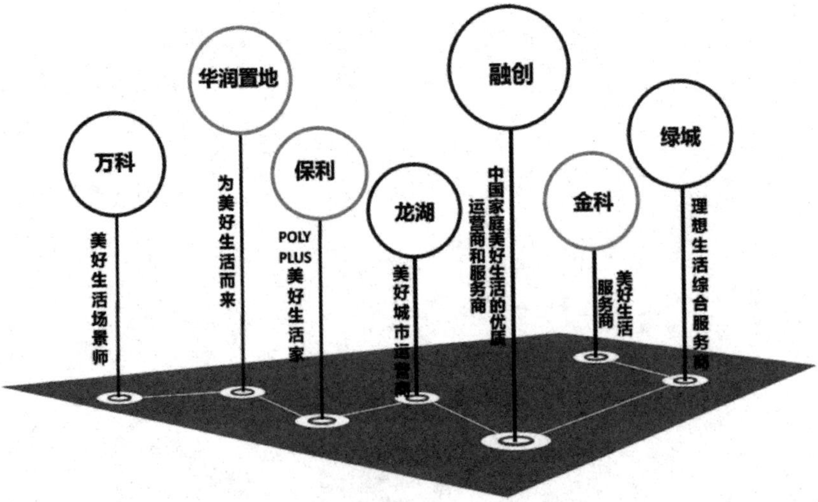

图 7–1　大型房企美好生活构想

从贩卖产品到贩卖美好生活，房地产行业的品牌建设进入了品牌 3.0 时代，越来越多的房企开始重视和持续提升自己的品牌资产。

链接　**品牌进化论**

如同物种的进化一样，品牌的概念和内涵也在一直不断地变化和演进。现在营销界普遍认同的是，商业品牌已经从品牌识别、品牌价值，全面进化到品牌体验时代。

品牌 1.0：品牌识别时代

一个品牌的存在往往依托于标识、产品包装等这些载体，品牌更多是作为一个标签或商标，用来区别其他的企业或者产品，同时向客户宣示自己的品质是有保证的。

品牌 2.0：品牌价值时代

一个品牌必须在客户心中代表什么价值，品牌价值是品牌管理的核心内容，也是品牌区别于竞争品牌的重要标志。差异化是对品牌管理者的基本要求，品牌通过整合营销传播来打造品牌知名度和美誉度，实现品牌价值最大化。

品牌 3.0：品牌体验时代

品牌即体验，企业之间的竞争，已经不再局限于那些单个的环节，不只是产品，也不只是价格，而是从研发、供应链、生产、营销到服务，从售前、售中到售后的全方位的竞争。单点的价值诉求已经无法满足客户需要，企业已经展开围绕客户的全渠道、全接触点的体验竞争。

一、品牌资产的意义

可口可乐公司总裁曾经说过：即使一把火把可口可乐公司烧得分文不剩，公司仅凭“可口可乐”这 4 个字，就可以在几个月之内重新建厂投资，获得新发展。

仔细想想，真的是这 4 个字吗？当然不是，是可口可乐这 4 个字背后的品牌资产。

所谓品牌资产，是指与品牌相联系的，可为企业和客户增加或削弱产品价值或服务价值的资产和负债。简单来说，就是只有品牌才能产生的市场效益，是产品和服务在有品牌时与无品牌时的市场效益之差。

一个好的品牌，都是积累了丰富的品牌资产，不仅意味着企业和产品的知名度、市场占有率和竞争力，更意味着在融资、土地、人才、合作等资源获取方面的议价能力，在很大程度上降低了企业的成本。

更为重要的是，品牌资产可以帮助客户理解、处理并储存大量的产品信息和品牌信息，可以影响客户购买或再次购买产品时的信心，增加客户对产品使用的满意度。在房地产营销中，品牌资产可以提高营销计划的效果，提高品牌忠诚度，极大地降低企业的营销成本，从而帮助企业实现更快的资金回笼，占领更多的市场份额。

对于房地产行业来说，品牌资产是最直观的，能够明显增加产品的价值。比如同样地段同样的户型产品，有无品牌的楼盘售价差别很大，有品牌的楼盘售价通常可以高达 10% 以上。

链接

品牌资产组成要素

“品牌资产鼻祖”戴维·阿克在他的《管理品牌资产》一书中，把品牌资产分为 5 个组成要素：

· 品牌忠诚度；
· 品牌知名度；
· 感知质量；
· 品牌联想；
· 其他品牌专属资产（如专利、商标、渠道关系等）。

二、品牌资产成长模型

经过 20 多年的快速发展，房地产行业正经历着从卖方市场到买房市场的转变。在“客户主权”时代，从来没有任何一个时期像现在这样需要品牌、依赖品牌，品牌成为房地产营销中最重要的事。

当然，品牌资产不会自然产生。如何创建、维持和保护房地产企业的品牌资产，可以从核心层、框架层和体验层这 3 个层面展开相应的营销工作，如图 7–2 所示。

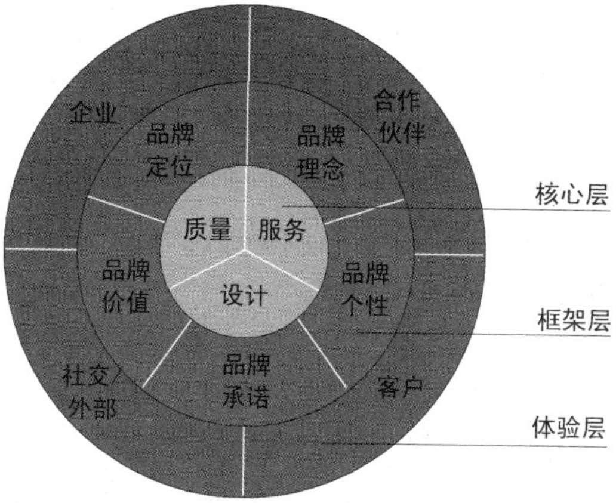

图 7–2　房地产品牌资产成长模型

1. 核心层

很多人会误认为房地产企业的品牌是靠广告和营销堆出来的，但实际上房地产品牌的形成靠的是实力和细节，以及由此形成的广泛口碑。品牌不是空中楼阁，品牌资产是建立在优质的产品和服务的基础上的。对于一个楼盘来说，项目自身的品质及入住后的维护才是重中之重。

（1）设计

设计是产品之源，包括建筑设计、景观设计、交通设计等，要重点关注设计的细节、产品的附加值和整体居住空间的舒适度。对于一线房企来说，设计的优势就体现在产品线上，比如万科、中海、保利的刚改户型，金茂、合生创展的大平层，别墅产品中泰禾的院子、融创的新中式、星河湾的超奢、绿城的桃花源等。

（2）质量

质量是指工程质量要过关。房子是用来住的，质量是最低要求，也是最高要求。产品品质、质量安全直接关系到房企的信誉，如果项目自身存在重大缺陷，广告做得越多、信息传递得越快，项目死得越早。

（3）服务

服务指为客户提供的服务，包括销售期间客户接触的体验感、交房后期的物业服务、社区的业主文化活动等都是品牌资产的核心所在。

2. 框架层

要让品牌更好地与客户产生共鸣，就需要对品牌进行定义，框架层主要包括品牌定位、品牌愿景、品牌个性、品牌承诺和品牌价值 5 个方面。品牌定义的目的是在业务不断发展的同时，积累品牌资产，在更长时间里为企业创造价值，如图 7–3 所示。

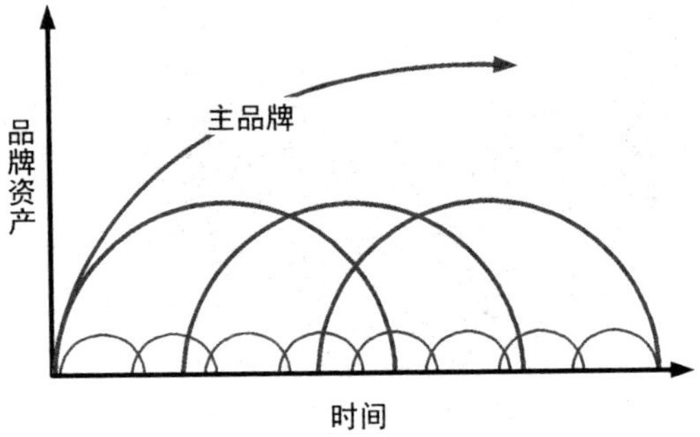

图 7–3　品牌资产积累过程

（1）品牌定位

品牌定位是品牌经营的首要任务，是品牌建设的基础，是品牌体验成功的前提。优秀的品牌都有一个特征，就是很好地将品牌的功能与客户的心理需要连接起来。品牌定位的过程，其实也就是市场定位的过程。比如中海的品牌定位是“精品、生活、创造”。

一个务实的品牌定位，一定是“需求 + 机会 + 能力”的组合。首先是有需求的，是很多客户需要的；其次是有机会的，是竞争品牌没有满足的，有差异的；最后是企业能力所及的，能够承接的，有优势的。

（2）品牌愿景

品牌愿景是关于一个品牌未来的最重要的描述。品牌为什么存在？品牌未来要达到什么目标？品牌的核心价值观是什么？品牌愿景能够给人清晰的品牌聚焦和激励人心的感召力，形成一种无坚不摧的精神力量，推动着品牌不断前进。比如万科的品牌愿景是“做卓越的绿色企业”，保利的品牌愿景是“美好生活同行者”。

（3）品牌个性

要让一个品牌真正活起来，能够和客户进行情感沟通，就必须要赋予品牌一定的个性和形象，从而使品牌具有一定的精神和灵魂，能够和客户主动去沟通。与人一样，品牌应该具备独特、明显的个性，才能令客户印象深刻，在众多竞争品牌中脱颖而出。

（4）品牌承诺

品牌承诺就是一个品牌给客户的所有保证。品牌承诺包含产品承诺，又高于产品承诺，是客户在体验品牌的产品或服务时渴望获得的某种功能或情感利益。不管品牌是否已经存在，品牌承诺一旦确定，那就必须成为企业所有要素的驱动力，成为企业员工的行为准则，让承诺能够兑现。

（5）品牌价值

品牌价值指的是品牌的核心价值，包括功能性价值、情感性价值和自我表达性价值。品牌价值是让客户明确、清晰地识别并记住品牌的利益点和个性，是驱动客户认同、喜欢乃至忠诚于品牌的主要力量。同时，品牌价值也是品牌资产最重要的构成要素。

链接

品牌策略

房地产常见的品牌架构策略有三种。

1. 单一品牌策略

单一品牌策略是指企业开发的所有楼盘使用同一品牌。这种品牌决策实际上是将企业的品牌与产品品牌融合在一起，企业品牌就是产品品牌。

比如奥园地产的广州奥园、番禺奥园，阳光 100 的北京阳光 100、长沙阳光 100、无锡阳光 100，就是采取的单一品牌策略。

2. 母子品牌策略

母品牌可以延伸出子品牌。母子品牌传播的重点在子品牌，母品牌其实就是企业形象品牌，其主要功能是为子品牌或副品牌提供可信赖的品牌背书。

比如中海地产的香蜜湖 1 号、海珠城，龙湖地产的长城源著、西城天街，就是采取的母子品牌策略。

3. 主副品牌策略

主副品牌策略的具体做法是以一个成功品牌作为主品牌，涵盖企业的系列产品，同时又给不同产品起一个生动活泼、富有魅力的名字作为副品牌，以突出产品的个性形象。副品牌可以直观、形象地表达该产品的推广概念和个性形象，又可以尽享主品牌的影响力。主副品牌的品牌传播重心是主品牌，副品牌处于从属地位。

主副品牌是用得最多的，比如万科城市花园、万科第五园，融创宁波府、融创海棠湾，华润未来城、华润万象城等。

主副品牌的好处在于副品牌可以利用主品牌的品牌资产，沾主品牌的光，而不需投入大笔广告推广费用重新建立一个品牌。同时，副品牌不断推出，还可以提升主品牌的美誉度。

3. 体验层

很显然，品牌是客户体验的总和。要实现稳定一致的品牌资产，就需要对所有品牌接触点进行统一管理。

通常，客户体验涉及的接触点可以分为 4 类。

（1）企业拥有的

这些接触点是由企业设计和管理的，并且受企业控制，比如售楼中心、看房通道、样板区、工地现场，企业拥有的媒体（广告、网站、客户会），企业控制的营销组合（包装、服务、价格、便利性、销售人员）等。

（2）合作伙伴拥有的

这些接触点更多的是由合作伙伴设计和管控，这里的合作伙伴指的是施工单位、物业服务公司、销售代理公司、渠道分销商、传播媒体等。

（3）客户拥有的

这些接触点往往由客户掌控，不受品牌、合作伙伴的影响，例如购买过程中的支付方式、客户自己上传到网站的产品视频等。

（4）社交 / 外部的

在客户的体验过程中，客户还被社交和外部的接触点所包围。比如其他客户的评价，购房网站、论坛、社群、KOL 发布的信息等。

案例链接

经过 10 多年的发展，某房地产企业已有一定的知名度，其“××”品牌被公认为该地区房地产行业的强势品牌。为建立完善的品牌体系，在不同的细分市场传递清晰的品牌信息，发挥品牌整体的综合效力，该企业制定了一套品牌战略发展纲要，下面是纲要的部分内容。

1. 品牌定位

· 目标消费者定位；

· 价值定位；

· 品牌文化内涵；

· 突出品牌个性。

2. 品牌架构设计

· 品牌探索；

· 品牌架构模式。

3. 品牌命名

· 公司品牌命名；

· 项目品牌命名；

· 服务品牌命名。

4. 品牌推广

· 公司 VI 系统

· 广告推广；

· 服务推广；

· 公关推广。

5. 品牌扩张

· 市场扩张；

· 规模扩张。

6. 与公司其他战略的关系

· 品牌战略与产品战略；

· 品牌战略与营销战略。

PART 4

第四部分

设计竞争策略

第8讲

销售流的泪，都是产品设计时脑子进的水

很多房地产营销人员在工作中都会有这样的感受：

效果图好看，楼盖出来难看；

设计效果不错，但盖出来的建筑不好用；

工程工艺达不到设计要求；

产品设计与客户实际需求不匹配；

产品研发总是赶不上营销市场的变化……

最后只能通过装修样板房等补救措施去掩盖设计缺陷，或是在销售中硬着头皮被客户骂。销售流的泪，都是产品设计时脑子进的水，是比较准确的注脚。

当然，如果把这个“锅”都甩给设计管理部或是设计单位去背，那也不一定对。在全员营销的今天，每个营销管理者不但要懂品牌、懂营销，也要懂产品、懂设计。

当然不是说要营销人员去画图，而是说要有设计思维，协助设计部门把客户需求从营销语言转化为设计语言，参与到概念设计、方案设计、工程建设等房地产项目开发的全流程中去。

宏碁集团创始人施振荣在 1992 年“再造宏碁”时，提出了有名的“微笑曲线”理论：在产业链中，附加值更多地体现在两端——研发和营销，处于中间环节的制造附加值最低。

对于房地产行业来说，“微笑曲线”理论同样适用。前期的研发与设计是进行

客群对标，是价值创造，决定了项目 70% 的命运，后期的营销与服务是实现产品与客户之间的交付，是价值实现，如图 8–1 所示。

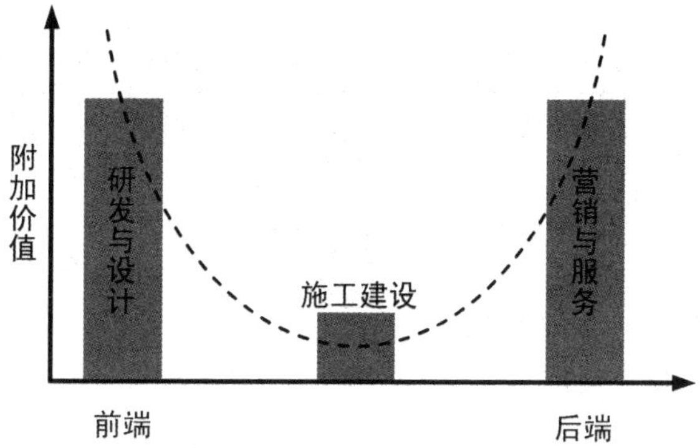

图 8–1 房地产“微笑曲线”

一、以客户为中心的产品设计

今天，中国的消费者在急剧发生改变，随着收入水平的提高和市场选择的多样化，形成了更成熟更多元的个性化需求。这就给传统的房地产开发企业带来了巨大挑战，要求它们必须转化角色，从“我卖你地”到“你选我房”，好产品不再简单地与好地段画等号，更意味着实现以客户需求为出发点的差异化竞争。

如何设计出卓越的产品？互联网、消费电子、汽车等这些大众商品化行业，已经走在了最前面，产品经理、UE/UI 设计是最炙手可热的岗位。各个行业通过实践均发现，了解客户，满足他们越来越高的需求才是成功的关键要素。

以客户为中心的产品设计，有效地把消费者、供应商和竞争洞见系统性地结合起来，在客户价值和获利可能性中取得平衡并最大化，从而推动产品设计的创新和突破。无论是在研发设计、建设施工还是市场营销、物业服务的各个环节，都需要听到更多客户的声音，并将整个设计工作围绕客户展开，如图 8–2 所示。

图 8-2　以客户为中心的产品设计

1. 定义消费者需求

客户是谁？他们向往怎样的生活？他们有怎样的心理动因？定义消费者需求是所有产品设计的起点。要通过定性和定量的基础客群扫描，进行初始客群划分和描摹，然后对于每一客群，从表面诉求入手，了解其深层次的情感需求和生活场景，再由情感需求和生活场景出发，外推该客群对于产品的功能需求。

2. 产品属性梳理

根据客户需求，对产品的属性进行系统性梳理，聚焦在客户真正关心的产品属性上，这些属性往往是在销售过程中对购买决定和价格具有直接影响的。对客户高度敏感的属性，要对竞争对手产品进行分析，收集国内外最佳实践，并聚焦在可操作性上，化繁为简。

3. 产品设计创新

基于定量测试，了解不同属性和可选配置对于目标市场的吸引力，以及目标市场的支付意愿，筛选出产品主题及亮点等差异化特色，根据客户偏好建议产品属性配置，并匡算产品力提升所带来的额外溢价。在此过程中，可能会需要二次或多次设计，从而实现客户感知价值的最大化。

4. 产品购买意向测试

在正式推向市场之前，还须经过目标市场的小范围验证和二次修正。由于房地产项目的体量大，像消费品或电子领域那样针对每一产品建立原型进行消费者测试存在一定难度，可通过搭建样板房，或是利用 VR 等技术实现虚拟体验。

5. 跟踪反馈

以客户为中心的产品设计，还要延伸到产品落地的全过程，包括成本、采购、工程、营销、销售、物业等环节，加强过程中客户的跟踪反馈，分析客户的满意点和吐槽点，为下一步的新产品累积数据，进而打造出企业独有的产品线。

链接

房地产产品线

产品线的概念源于工业生产，是指基于成熟项目总结研发后升级为企业的标准化产品，可复制开发、相对固化的项目类型，也称产品模式。

满足客户需求的产品才是好产品，房地产企业的产品线，一般都经过较长时间的产品积累和经验总结，高度标准化，具有很强的可复制性。

比如恒大有恒大华府、恒大金碧天下、恒大绿洲（名都)、恒大城四大产品线，其中恒大华府为高端产品，恒大金碧天下属于旅游综合产品，恒大绿洲（名都）和恒大城属于企业的中高端产品线。

二、规划和户型评价

在产品设计中，就需要营销前置，也就是要站在销售的角度考虑问题。从匹配客户价值敏感点促进销售，以及从企业价值最大化角度对规划和户型进行评价。但要注意的是，评价≠设计，评价只是提出专业意见，把控最终成果。论规划，这不是营销人员的专长，设计或修改设计是设计单位的工作。

1. 规划评价

规划设计包括概念方案、概念方案深化、单体方案、单体方案深化、方案扩初、施工图等。在设计过程中，除了设计管理部门外，其他相关专业口也要提早进入，比如工程部门对项目工程技术、施工难度、成本控制等方面进行把控，景观设计单位提出景观意境、核心展示的专业意见，物业公司评估管理难度和维修成本。

营销部门则需要从开发价值、营销展示、开发顺序等方面提出设计要求，并把控设计成果。

（1）规划结构的逻辑及其合理性

· 是否有清晰的景观体系?

· 是否具备合理的车行和人行体系?

· 是否具备合理的出入口设置?

· 是否利于合理的组团分布?

（2）户型配比及分布位置合理性

· 组团和单体的组织形式是否能实现容积率目标?

· 是否能实现物业配比目标?

· 组团和单体的组织形式是否最大化地享受社区景观资源?

· 单元连体的数量和单元梯户组织形式是否满足定位要求?

· 户数过多或不足会出现什么问题?

（3）地块资源的最优化利用

· 是否最大化地利用了外部有利资源?

· 是否最大化地规避了不利资源?

· 是否最大化地利用了自造景观资源体系?

· 是否平衡了资源的短期和长期分配问题?

（4）项目分期开发和启动的合理性

· 是否利用分期开发并且每期相对完整?

· 分期开发的产品配比是否满足市场和定位要求?

· 开发顺序和规模是否与市场需求匹配?

（5）产品配比和布局的价值均衡

· 不同形态产品是否占据了合理资源分配?

· 不同开发周期的产品形态资源分配是否合理?

· 同一产品形态下，不同的户型尺度资源分配是否合理?

（6）营销展示和意图体现

· 展示区位置是否合理?

· 展示区的规模和内容是否合理?

· 展示区的设置是否充分考虑了建设周期性的问题?

2. 户型评价

设计前，需要阐述市场情况和客户敏感点以指导户型设计。设计中，对户型方案提出评价意见利于更好地促进未来销售。评价内容包括户型与市场、户型与规划、户型与单元平面的关系，以及户型设计合理性、空间尺度、户型风水、户型附加值等。

（1）外部影响因素

· 朝向与景观；

· 采光与通风；

· 噪声与污染；

· 单体户数。

（2）建筑平面设计

· 朝向（有多少房间有理想朝向）；

· 通透性；

· 实用性（房间方正性、实用面积）。

（3）住宅空间布局

· 得房率与赠送高低；

· 公共空间的布局与装修标准；

· 合理的空间区隔。

· 本地化。

（4）住宅功能分局

· 功能空间的完备性；

· 功能空间的布局与面宽；

· 人性化的功能布局；

· 得房率与赠送。

链接

户型基本概念

1. 标准层户数

N 梯 N 户的概念，比如一梯五户，指一个交通核（电梯井），标准层有 5 户。

2. 开间与进深

开间：主采光面的宽度，影响外立面的宽度；

进深：不（副）采光面的宽度，影响外立面的厚度。

3. 开间与面积

4. 面积与居室数

5. 平面关系

入口、起居、卧室、辅助、交通、室外。

6. 立体关系

平层、错层、跃层、复式。

三、爆品方法论

房地产的“生活方式化”已经到来，消费者不仅满足于居住，还有更多对品质、生活方式的需求。

在产品设计中，打造爆款产品是每个房企梦寐以求的事，因为爆品就意味着销量，就意味着利润。经常出现一个楼盘一推出，成千上万的客户排队购买，而这些楼盘其实很多在区域、交通、城市配套等方位并不占优势，但其产品还是被消费者热捧，甚至到了痴迷的程度。

爆品不是普通的产品，而是颠覆了原有同类产品认知的产品，创新是做爆品必备的基因，打造爆品要考虑是否能够抓住目标客户的痛点，满足人性的功能需求和审美需求。

总结分析大量的房地产爆品，它们有以下 4 个特征，如图 8–3 所示。

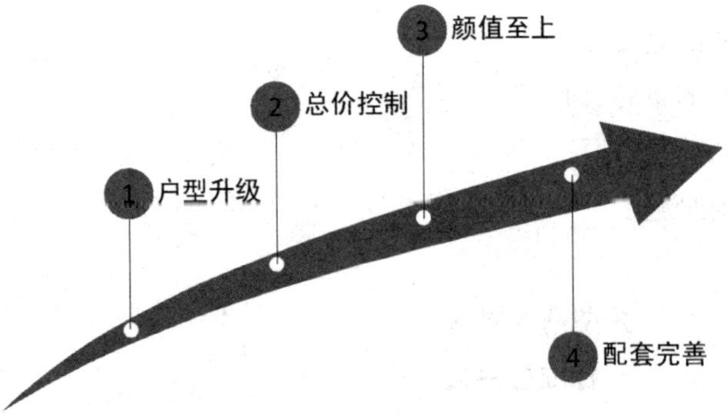

图 8–3 爆款产品四要素

1. 户型升级

改变过去先确定户型，再确定面积、房间数量和朝向的传统设计，在户型设计上遵循功能完善→生活场景→房间朝向→房间面积→房间数量→使用效率的设计路径，加强在产品户型上进行升级和创新。

· 增加面宽和采光面。比如某楼盘叠墅产品，户型面宽可达 14 米，房间外面的南向露台也有 14 米长，大大增加了采光面。

· 提升使用率，户型空间外拓，减少公摊。

· 内外空间和场景一体设计。比如高层产品通过增加大阳台、露台、飘空和入户花园等方式，打造内外一体化的空间。

· 奢华户型小面积化。很多过去只有 140m^2 以上户型才有的设计，如今都普遍设计在 90 ~ 120m^2 的户型上。

2. 总价控制

爆品之所以受到消费者的追捧，主要是购买人群基数的增加。通过户型升级之后，过去只有大户型才有的品质现在小户型上也有了，面积小自然总价就低，门槛降低后受众更广，当然就卖得好了。

3. 颜值至上

毫无疑问，这是一个看“脸”的时代。客户是理性的，但客户也是感性的，他们在关注产品性价比的同时，更关注产品的颜价比。美观、漂亮，这基本上是每个爆品的必备条件。产品立面一定要美观，很多产品都是先做外观，然后再做户型设计。很多项目的产品甚至会出现“两张皮”的情况，就是因为户型设计出来后发现会影响外立面效果，于是就再重新设计一层立面“贴”在产品上。

4. 配套完善

不论项目区位、地段、交通是否有优势，完善的项目配套是必需的，否则购买之后无法正常地居住和生活，也就影响了产品的口碑。爆品通常都打造了完善的配套，比如远郊项目，配套了学校、商业、酒店、医院、娱乐和休闲等配套设施，让业主不出小区就能完成所有的生活、娱乐和学习任务。有些房企还将服务和业主社群作为非常重要的内容去经营，经常举办各种服务和社群活动，甚至成为网红打卡产品。

案例链接 房地产行业已经从过去的野蛮式发展迈向精细化运营，未来的产品创新、精细运营和未来研究，都要靠产品来说话。

某房企近年来一直大力投入，建设企业自己的产品研发基地，主要用于标准化研究、产品封装展示、产品空间研究、智慧社区实景展示及产品创新研究等。比如对其小区的研究，设置了 4 条场景价值曲线，24 个场景模块，细到每个小区从门口到家是什么感觉。

无论是龙头房企，还是后起之秀，都开始有意识地强化产品的研发、细分。各大房企纷纷“亮剑”，明确自己的产品线，是房企对新时代市场环境变化的新调整，这种调整也必然是大势所趋。

典型房企产品研究相关领域成立研究院的情况：

房企	研究院	主要研究方向
华润	智慧建筑研究院	智慧建筑产品标杆项目，发布行业报告
万科	万科城市研究院	项目发展、产品定位、营销策划
金地	金地公寓研究院	公寓及上下游产业链研究，挖掘长租市场
时代中国	时代中国研究院	战略投资
方圆地产	东方人居研究院	深入挖掘升级合院产品系列
越秀地产	越秀地产研究院	规划设计、产品管理、研发、标准化建设

| 第9讲 |

卖什么都是卖体验，体验好才是真的好

在商品交易中，无法做到一手交钱、一手交货的，可能就只有房地产了。而中国特色的商品房预售制度，更是让过去20年来的房地产营销长期呈现“卖图纸”和“卖梦想”的状态。

随着商业的发展进步，当语言的苍白无法描述梦想的美好时，如何让梦想提前照进现实，就显得格外重要。

衣服可以试穿，食品可以试吃，汽车可以试驾，酒店可以试睡……将产品通过试用的方式，在购买前让消费者体验，让消费者身临其境，体会产品的优点，提高购买信心和满意度，从而促进销售，正成为很多商家大行其道的营销路径。这也就是所谓的体验营销。

在客户主权的时代，消费者越来越不容易相信商家和销售人员的单方面宣传，而是需要亲眼目睹、亲身体验。同时，他们更愿意采纳家人、同事、朋友等来自第三方的评价。体验好才是真的好，如果没有决定性的体验，企业的品牌和产品大都会沦为消费者们分享和评价的牺牲品。

对于以期房为主要销售产品的房地产营销来说，体验式营销的意义不只是在于把未来的房子和生活方式进行逼真的展示，更在于通过对客户旅程全触点的体验管理，让客户感受到情感的溢价，最终把企业为客户所做的这些努力和尝试，转化为客户们心甘情愿的消费。

链接 **体验营销**

所谓体验营销（Experiential Marketing），是和传统的交易营销对应来说的。体验营销要求企业以客户为中心，站在消费者的感官、情感、思考、行动、关联五个方面，重新定义、设计营销策略和方法，满足客户对体验的美好追求。客户在消费前、消费中和消费后的体验，是品牌经营和购买行为研究的关键。

伯恩德·H. 施密特是体验营销的率先提出者，在其《体验营销》一书中，他分析了体验营销的几个特点：

· 注重客户的体验；

· 消费是一种体验；

· 客户是理智的感情动物；

· 营销方法和手段多变。

一、常见的房地产体验营销

业界统计过，有设计让消费者事先体验的商品，其销售量是其他同类商品的1.5倍左右。榜样的力量是无穷的，体验营销已经成为房地产营销的标准配置。

1. 售楼处

从销售卖场到场景体验的升级，是地产顺应新消费趋势发展下的重要选择。如今，传统的售楼处正朝着客户体验中心进行转变，有两个明显的特征：一是颜值越来越高，风格越来越多样，涌现出许多更简约、更现代、更先锋的设计；二是功能越来越多样化，用不同的实体空间建立品牌与客户沟通的场景触点。

比如万科的西华府、城市之光等楼盘售楼处引入了三联书社，将售楼处真正打造成一个可体验、可互动、有故事、有文化、有爱的实体咖啡厅和书吧，并最终通过功能和形象的提升，成为助力销售提升溢价、聚集人气、促进蓄客、传播口碑，真正为销售服务的抓手。

2. 样板房、园林示范区

很多楼盘都提供了样板房或样板间展示，尤其是中高档和精装小户楼盘。样板房方案一般都是聘请专业室内设计公司操刀，投资不菲。样板房有两种形式，一种是临时建筑，与售楼中心相邻；一种是在现房中进行规划。无论是哪种形式，样板房都体现了房企的产品研发实力和经济实力。

园林示范区是样板房之外的又一重要展示方式。和样板房展示相比，园林示范对场地要求较高，不同楼盘的园林特色差异明显。对于那些场地条件好、有园林优势的高档楼盘来说，园林示范区是它们展示环境优势的绝佳机会。

3. 工法展示区

除了样板房和园林示范区，工艺工法和材料部品展示也是常见的展示方法，通过向客户全方位地展示品牌、材料和工艺，增强客户对项目的信任感，同时提升项目形象，显得房子物超所值，触发购买欲。

由于大多数的客户都是非专业人士，房子的施工工艺和流程对他们来说是很抽象的，冰冷的建材设备和晦涩的工艺工法，很难引起他们的共鸣。因此在展示设计中，很多楼盘会对展厅进行包装，利用多媒体、VR/AR、模拟生活场景等多种技术进行营造。

案例链接

为体现品牌优势，实现差异化营销，碧桂园一直致力于打造智慧生活体验馆，通过实体情景展示，让客户真实感受品质住宅标准。

体验馆在建筑规划初期就提前筹备，设于售楼部和样板区之间的客户参观必经之路，具体为：入口→商业街→售楼部→智能生活 4.0 体验馆→凤凰俱乐部→洋房板房→别墅板房→综合楼→出口，如图 9-1 所示。

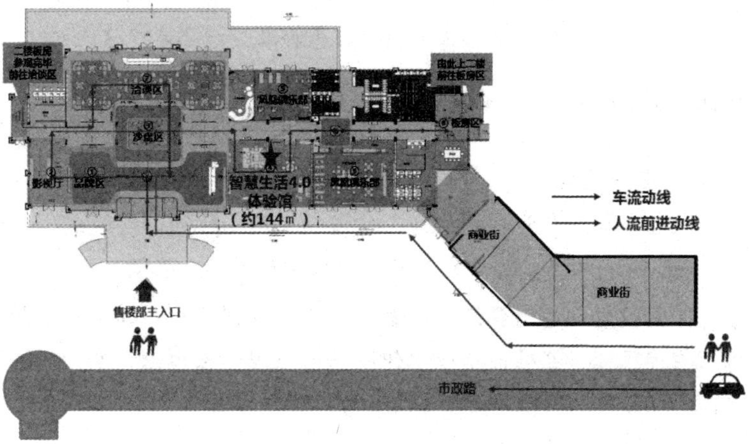

图 9-1　标准建筑销售动线设计

在碧桂园的智慧生活体验馆 4.0 版本中，动线设计及板块规划有形象昭示、智慧规划、社区服务、智慧社区、智慧安防和智慧产品 6 个板块，涵盖 36 个细节展示，如图 9-2 所示。

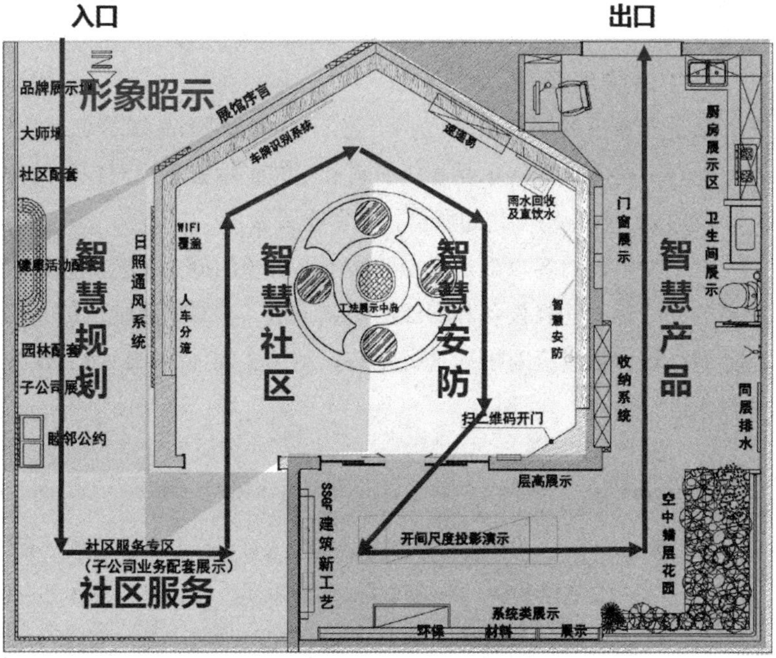

图 9-2 智慧生活体验馆 4.0

体验馆大量使用幻影成像、电子翻书、拼接大屏幕、体感互动地图等多媒体展示技术，为参观者提供许多互动展项，通过视、听、嗅、味、触的五感刺激，增强参观者记忆。

4. 业主监理

让业主和公众介入楼盘施工全过程，透明化内部建筑过程，此举不仅能够赢得赞誉，而且更能加强客户信任，提高楼盘的品质形象。

体验就是创造出客户全面参与，值得其回忆的活动。除了业主监理，植物认养、全民植树、全体业主砌文化墙等也是提升客户参与的常用策略，强化业主对社区一砖一瓦、一草一木的主人翁感。

5. 免费试住

好房子试过才知道，免费试住是房企对产品充满信心的表现。比如某楼盘宣传高科技智能新人居，为了让客户真实感受其恒温、恒湿、恒氧的科技系统，就举行了超五星免费试住活动，引来购房者争相抢住。

二、体验金字塔

传统的营销，更多的是追求房屋质量。而体验营销则是考虑购房者看到、听到、使用房屋时的感受，关注购房者在购房前、中、后的体验。让购房者感觉到产品是那么鲜活、多样化，而且可以看到和亲身感受到，并超出他们的预先设想，这才是真正的体验营销。

每个房企都在追求为购房者提供更好的体验，然而在客户侧，很多购房者依然失望，出现“体验脱节”的现象。提升体验并不容易，房企不应沉醉于向客户兜售最新的技术或前卫的设计，而是应该专注和投资于客户体验中最有意义的地方。

对于客户来说，体验可以简单地归结为“有感”或是“无感”。但对于房企来说，要提供卓越的体验，需要从产品体验、客户体验和品牌体验三个层面下功夫，实现产品体验、客户体验到品牌体验的累积和升华。

1. 产品体验

所谓产品体验，是指客户在使用产品或服务过程中建立起来的一种纯主观感受。简单来说，就是好不好用，用起来方不方便。好的产品体验，是让客户用最小成本满足需求。比如万科的幸福系产品，通过合理的格局设计、极致的收纳功能，以及灵活的可变空间，很好地适应了现代都市成长型家庭的需求。

案例链接

鸿坤集团是一家创新型的城市运营商，在 2014 年 7 月，鸿坤集团发起了房地产业内首位用户体验官的招聘活动，通过风靡朋友圈的“友谊蛋”游戏，在全社会寻找一个“鸡蛋里挑骨头”的人——通过亲身体验，不断发现设计规划方面的问题，并借此建立起独立的产品体验部门。

·7 月 7 日：全城发蛋；

·7 月 9 日："友谊蛋"微信游戏突破 2000 万访问量；

·7 月 11 日：招聘报名线上通道开通；

·7 月 26 日：UED 报名人数突破 1600 人；

·7 月 28 日：面试正式启动；

·8 月 6 日：房地产首位用户体验官诞生。

鸿坤集团将重点锁定"体验"环节，整个招聘的流程分为初试筛选体验、复试深度体验和终试极致体验之旅三个阶段。其中最为精彩的终试在 8 月 2 日～5 日的海南三亚和东方市展开，候选人通过入住鸿坤项目成品房，深度体验产品和服务乃至社区活动后，提出改进和优化建议。通过层层体验式筛选，最终选出了一名用户体验官。

为真正落实用户体验官（UED）的职责，鸿坤设置了用户体验部门，与设计、工程、财务等核心部门拥有同等权限，一并为产品开发做决策。

这场看似简单的招聘背后，其实是一场房企管理架构的深度变革与生产方式的颠覆转型。对于鸿坤来说，希望用户体验部门的组建以及本次体验式的招聘，倡导整个企业以"用户中心"思维为核心理念，从最初拿地规划到精装入住，社区配套、物业服务、内部管理都能够切实地从使用者的角度来优化考量，才是其塑造"最好的都市圈生活运营商"的关键所在。

2. 客户体验

客户体验是一个旅程。客户从意识到参与和购买，会跨越各种各样的接触点，因此客户体验是客户跨渠道全触点体验后的整体感觉，包括环境、服务、沟通等。通常可以用"满足需求""容易性"和"心情愉悦"这 3 个要素来评判一个客户体验是否及格。

3. 品牌体验

品牌体验则是指客户在与品牌互动过程中的具体经历和感受。它是客户被品牌相关刺激所引发的一种主观的内在反应和行为反应，这些刺激包括品牌的设计、标志、包装、沟通和环境等。

产品体验、客户体验和品牌体验，关注的都是体验，但它们各自的关注对象、设计方向、工作的主要内容，以及在企业内部的业务归口和执行部门等都是不同的。比如产品体验专注于房屋的使用者，通过改善产品、服务的可用性来达到提升使用者的体验；客户体验是从营销的角度，着力改善客户（购买者 / 使用者）跨渠道所有接触点的效用，增加客户终身价值；而品牌体验则是从品牌角度出发，让客户在与品牌的各种互动中，传递价值观、生活方式等内容，实现客户对品牌的认同和拥护。

作为房地产营销管理者，必须要清楚产品体验、客户体验和品牌体验的区别，以及它们在构建体验中所起的作用和地位。如同一个金字塔一样，好的体验是基于好的产品体验、客户体验和品牌体验。产品体验是金字塔扎实的底层，而客户体验在中间，塔顶则是品牌体验，如图 9–3 所示。

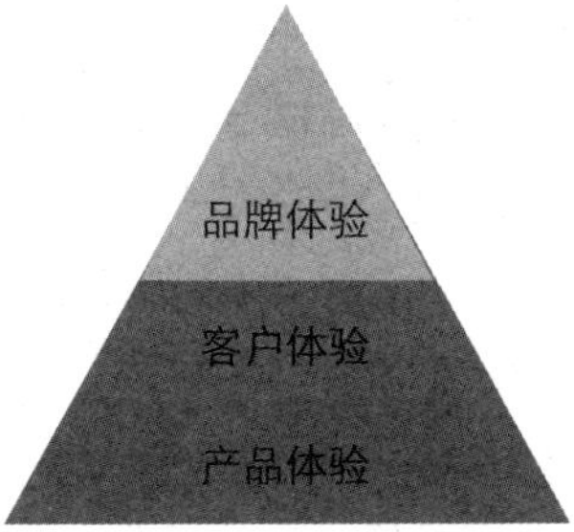

图 9–3　体验金字塔

在实际商业活动中，产品体验、客户体验和品牌体验这三者的边界并不是泾渭分明的，更多的时候它们是交织和融合在一起的。一个客户在描述自己的体验时，可能是产品体验、客户体验或是品牌体验，也可能是这三者的结合体。

三、客户体验管理

卖什么都是卖体验，要让客户产生愉悦的感受和难忘的回忆，就需要围绕价值链，对客户所接触的产品和服务等一系列关键点进行系统管理和统一规划，如图 9–4 所示。

图 9-4　体验飞轮模型

1. 体验愿景

制定与品牌战略协同一致，并且可执行的体验战略，包括体验愿景、客户定位、差距分析、路径图、KPI 与问责体系。

2. 市场洞察

通过定性定量方式深度理解客户在整个旅程中的需求、目标、期望，并向企业内部员工以及合作伙伴进行有效传达和共享。

3. 体验设计

根据体验远景，基于客户理解和洞察，进行体验设计和创新，包括概念设计、原型设计、测试验证，以及持续迭代优化等。

4. 赋能

为员工和合作伙伴交付正确的客户体验提供所需的资源和能力，包括工具、平台、信息、操作指引和专业培训。

5. 体验度量

实时监测和分析全客户旅程的体验质量，建立与总体营销目标之间的关联，发现体验驱动的关键因素，并进行传达和持续改进。

6. 旅程管理

建立系统的客户触点、人物角色管理体系，并根据不同目的进行客户旅程的绘制和分析，并应用到体验度量、体验优化和创新中。

体验管理的目标，是以满足客户体验为中心，在客户价值链的各个环节为客户提供协调一致的产品和服务体验，满足客户心理和情感层面的需求，并保障承诺给客户入住后的体验是完整的、统一的。

电影《流浪地球》中有一段非常洗脑的话：道路千万条，安全第一条；行车不规范，亲人两行泪。引用到房地产营销中来，那就是：套路千万条，体验第一条；承诺不兑现，终究是体验。

案例链接

当客户进入一个楼盘，在现场亲身感受到的效用，要远远高于楼书、模型的描绘，高于销售人员的口头承诺。若营销是一场战役，那体验区就是战场，而体验营销就是制胜武器。

某高端楼盘为提升客户体验，在整个公司内部展开全面体验管理，建立了一个全价值链、全员参与的 CEM（客户体验管理）系统。

（1）分析客户体验动线，梳理客户关键接触点。

· 项目现场入口体验：导示识别、围板、道路、绿化、门岗、保安人员、安全设施；

· 停车场体验：识别、引导员、道路、保安岗亭、电瓶车、景观绿化、环境卫生；

· 示范区体验：导示识别、园丁、道路、绿化、水景、垃圾桶、休闲椅；

· 售楼处体验：形象岗、布置装饰、置业顾问、洗手间、吧台服务员、休息区、展示区、背景音乐；

· 参观通道体验：导示识别、道路、灯光、绿化、装饰、广告；

· 样板房体验：导示识别、色彩、装修风格、环境营造、气味、软装、客户服务；

· 工地现场体验：工地广告、导示识别、施工大门入口、塔吊、安全防护网、施工现场、生活区。

（2）以场景、流程和员工为核心，多维度对客户接触点进行体验管理。

· 产品体验管理；

· 环境体验管理；

· 沟通体验管理；

· 活动体验管理；

· 服务体验管理；

· 客户体验满意度管理。

（3）构建 CEM 流程规范体系，制定流程、规范、岗位、职责，并落实到营销以及前期、设计、工程、品控、综合等每一个员工，如图 9–5 所示。

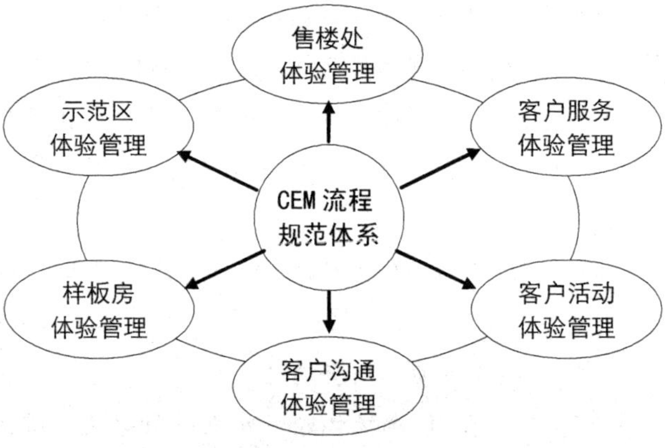

图 9–5　某房企 CEM 体系

| 第10讲 |

微笑价格：卖疯了的房地产定价秘籍

房地产业有句名言：没有卖不掉的房子，只有卖不掉的价格。

价格，是房地产营销中最活跃、最敏感，也是最重要的因素之一。新产品刚出来时，价格定高了，会吓跑客户，导致开盘失败。价格定低了，开盘就清盘，让企业利润受损。楼盘的畅销 / 滞销与价格关系最大，那些滞销的项目，90% 以上都是在价格制定方面存在或大或小的问题。

房地产的价格制定过程，其实也是从客户角度精确衡量项目价值的过程。从实际操作来说，能达到目的的价格才是好价格。而从技术层面来说，定价的秘籍在于价格和价值的吻合程度，如图 10–1 所示。

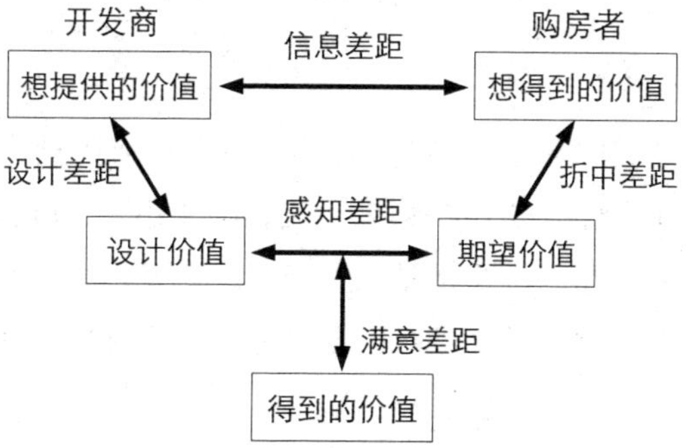

图 10–1　购房客户价值模型

任何产品都同时具有两种价值，一是实体价值，二是心理价值。房地产的实体价值包括地段、区位、环境、户型、物业服务等，而心理价值则包括生活品位、社区文化、人性化关怀等。实体价值很直观，而心理价值是虚拟的，因此也就有了很大的挖掘空间。

一、微笑价格

价格不是独立存在的，它有赖于企业在产品、品牌、客户关系等多方面的深耕细作。在价格制定这方面，有很多房企做得非常优秀，它们通过深度的消费洞察和精益的供应链，为目标客群提供满足需要的产品，而价格也是在客户普遍接受范围之内。

我们把这些房企对产品的定价称为“微笑价格”。什么意思呢？就是客户看到产品时，他们的决定就是买买买，而不是把房源和价格表翻来覆去地比较。

微笑价格（Smile Price），有一个 SMILE 法则，即 Super（极致）、Master（专家）、Interest（兴趣）、Link（连接）、Experience（体验），如图 10–2 所示。

图 10–2　SMILE 法则

1.Super（极致）

好产品是一切营销的基础。如果房屋本身有瑕疵或质量缺陷，再好的营销也解决不了问题。现在流行讲“工匠精神”“工程师文化”，就是要把产品做到极致，像打磨艺术品一样做产品，从原材料、生产工艺、辅助材料到质量控制、稳定测试等各方面精益求精，力求做到最好。客户使用产品的时候会由衷地感动，就像妈妈做的菜，就是好吃，就是想吃。

2.Master（专家）

品牌有通才型品牌和专家型品牌之分。所谓通才型品牌，就是一个品牌打遍天下，征服所有客户。通才型品牌背后，往往是一个通才型的企业，比如保利置业、海尔地产等。虽然通才型企业在很多领域都做得很好，但对那些专注于某个领域或产品的企业，消费者更会视其为“专家”。

从定位思维来看，品牌扩张不符合定位逻辑。品牌是用来和客户沟通的，就企业的品牌建设而言，最好还是走专家型品牌道路，让品牌保持狭窄的聚焦，如果有新的市场机会出现，可以推出新的品牌来对接。

3.Interest（兴趣）

房地产营销的首要任务，是激发并保持客户的兴趣。因此，无论是文案创作、广告设计还是营销手法，都要以客户为导向，说他们想听的话，做他们想做的事，并持续进行创新，保持营销的活力和新鲜度。

4.Link（连接）

客户关系的核心是连接。企业和客户之间的关系，可以分为无连接、弱连接和强连接三种。企业想要获得长久的、可持续的发展，就要把与客户的弱连接发展为强连接，通过不断提高强连接客户的占比，从而赢取更多的市场红利。

5.Experience（体验）

这是一个体验至上的时代，今天的消费者，不仅需要优质的产品和服务，他们还需要更高层次的精神感受。如何进行客户旅程管理，在每个关键触点满足甚至超出客户期待，是每个企业都要关注的事。

二、可比楼盘量化定价

房地产营销中，最讲究科学性，门槛最高的工作，那一定就是定价。做营销的人都知道，价格虽然只是价格表上的一个数字，但却是提笔容易下笔难，这里面有太多的定价策略。

有些楼盘由于定价不合理，反而给竞争对手做了天然杠杆，一开盘竞品卖得更欢了。还有一些楼盘，内部各个户型之间价差不合理，一部分户型卖不动，卖得快的户型又没有做充分的溢价。这些都是营销人员在价格制定过程中会遇到的问题。

房地产定价的方法通常有成本导向定价、需求导向定价、竞争导向定价和可比楼盘量化定价。可比楼盘量化定价也叫市场比较法，目前很多房企都是以可比楼盘量化定价为主，并结合其他定价方法一起使用。

1. 静态价格

通过类比同质区域的相似项目，确定权重，找到价值梯度，最后推导出一个均衡、合理的价格，如图 10–3 所示。

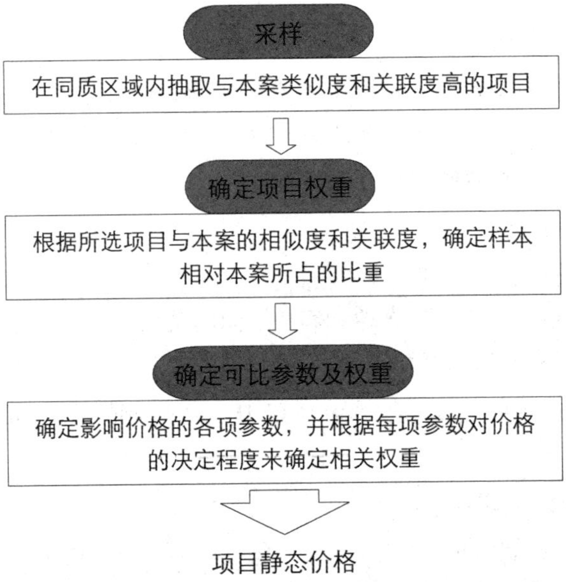

图 10–3　可比楼盘量化定价模型

比如某楼盘就根据客户敏感度，列出 18 个定级参数，分别为位置、价格、配套、物业管理、建筑质量、交通、城市规划、楼盘规模、朝向、外观、室内装饰、环保、发展商信誉、付款方式、户型设计、销售情况、广告推广、停车位数量。并按每个参数的重要性和影响力的高低，确定每个参数的权重，分别为 0.5、0.4、0.3、0.2、0.1。

然后选择同区域可比性较强的 4 个楼盘，按每个参数 1 ~ 5 分进行评分汇总，如表 10–1 所示。

表 10–1　可比楼盘综合因素量化示范表

序号	参数	权重	×× 花园	×× 城	×× 尚都	×× 春天
1	位置	0.5				
2	价格	0.5				
3	配套	0.4				
4	物业管理	0.3				
5	建筑质量	0.3				
6	交通	0.3				
7	城市规划	0.3				
8	楼盘规模	0.3				
9	朝向	0.3				
10	外观	0.1				
11	室内装饰	0.2				
12	环保	0.2				
13	发展商信誉	0.1				
14	付款方式	0.2				
15	户型设计	0.1				
16	销售情况	0.1				
17	广告推广	0.1				
18	停车位数量	0.1				
			P1	P2	P3	P4

楼盘参数定级公式如下：

$$P=\sum Wi\times Fi=W1\times F1+W2\times F2+W3\times F3+\cdots Wn\times Fn$$

公式中，P——总分（诸参数在区域内楼盘优劣的综合反映）；n——楼盘定级参数的总数；Wi——权重（某定级因素对楼盘优劣的影响度）；Fi——分值（某定级因素对片区所表现出的优劣度）。

2. 动态价格推算

根据以往的市场增长趋势，结合区域未来的发展规划、项目本体特征（如产品稀缺性等）来推算未来的月度增长系数，如图 10–4 所示。

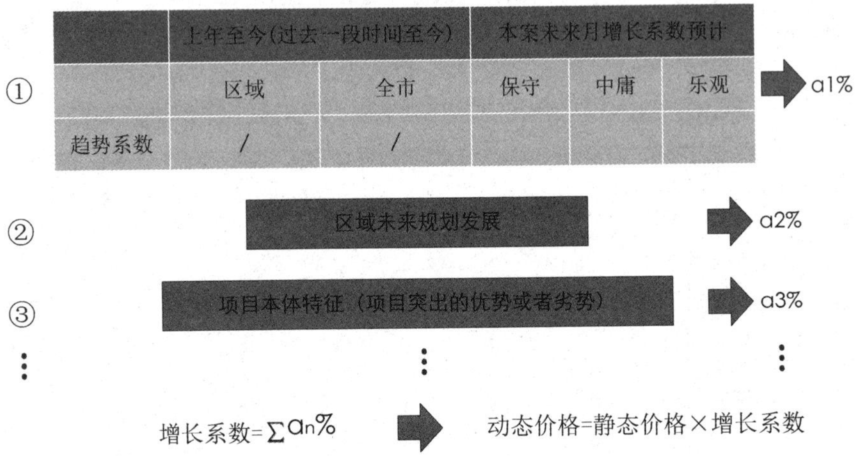

图 10–4　动态价格推算模型

三、产品细分与价格调差

每个房企都希望把价格定到一个最理想的数值，但这是不现实的，合理的价格应该是一个范围。

通过可比楼盘量化定价，可以找到项目本体的均价区间。但要制定出具体的价格表，就需要对所有房源进行产品细分，确定基准价，并在基准价的基础上对每套房子进行价格调差，确定每套房子的单价。

1. 产品细分

一切定价的基础是产品，要制定精准的价格，就需要对市场供应、项目自身产品差异化及目标客户需求进行详细研判，进而对项目的产品进行细分，区别出问题产品、瘦狗产品、明星产品和现金牛产品。

具体的分析工具，可使用波士顿矩阵来表现。如图 10–5 所示，是某楼盘产品按户型进行细分，然后制作出来的矩阵图。

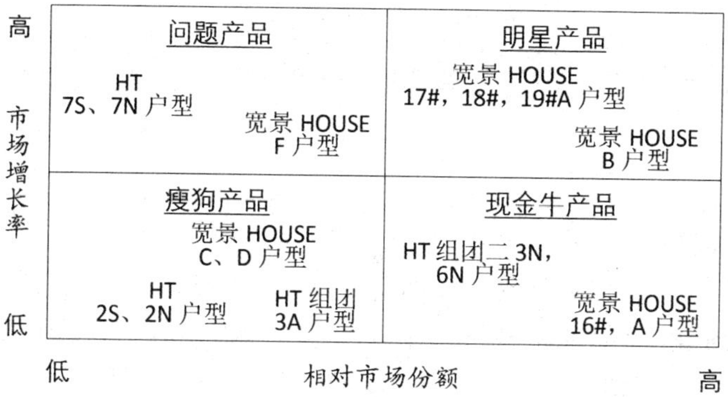

图 10–5　某楼盘户型波士顿矩阵

（1）明星产品

具备差异性优势以及稀缺物业类型的最高端产品，客户需求量高，可包装形成项目标杆和旗帜性产品，实现高市场价值。

（2）现金牛产品

成熟市场中的领导者，具有广泛的客户关注，它是项目资金的主要来源和利润主力。客户需求量较高，可实现较高价值。

（3）问题产品

需要不断投入以增强其竞争能力，可通过持续培育，转化为明星产品。即目前缺乏展示、包装、推广或客户需求较低的产品，条件转化后可实现较高市场价值。

（4）瘦狗产品

产品优势较弱，市场承接度低，客户需求量较低、市场可实现价值较低，要尽早出货。

2. 价格调差

针对不同的产品，制定出不同的价格策略，并确定对应的基准价。然后针对不同房源情况，进行平面差和层差的调整，确保价格的均好性。

（1）平面调差

是按同一平面各单位的差别划分档次，进而细分打分。通常是分栋，按不同打分标准对同层平面的不同户型单位进行价值排序。比如某楼盘就以景观、噪声、朝向、面积、户型、采光、通风共 7 个因子进行打分，并最终确定调差值，如表 10–2 所示。

表 10-2　某楼盘平面调差表

分项	景观	噪声	朝向	面积	户型	采光	通风
权重	30%	25%	20%	10%	5%	5%	5%

（2）楼层调差

是按同一户型单位因为楼层高低的变化而引起的素质差异进行打分，主要包括视野景观变化、空间感差异、心理优越差异、客户心理感受、本项目特殊情况（空调机、配电房）等。

四、价格制定四步法

价格的制定过程最忌讳经验主义，必须要结合市场和客户的情况，通过前期的销售口径，来对客户进行摸底。在充分把握准客户的情况下，按照 4 个步骤制定价格策略。

1. 制定价格口径

在正式出价前，为了确保蓄客、拦截竞品、引导客户价格预期等目的，就需要制定严格谨慎的价格口径，初步摸查客户价格，做到有效蓄客。

（1）初步价格表

这个价格表在后面的过程中还可不断调整，销售人员要注意预留空间进行客户引导，即报价时要在初步价格表的基础上适当上浮。客户不一定清楚均价的含义，销售人员报的任何一个价他们都会以为是他要买的那套房子的单价，所以在报价时要注意报区间价格而非某个均价。

（2）价格口径

包括外场和内场两大口径，并分为预热期、开盘前和开盘后三大阶段。通过价格吸引、对比，逐级适配销售节点。

（3）价格测试

通过销售人员与客户的接触进行预测，研判价格一旦出街，前期客户和每日来访能转化多少，若达不到预期则需要调整。测试前要进行培训，测试中要进行监控，确保最终正确的价格判断。

2. 均价推导

对区域市场一手竞品价格、二手竞品价格、客户预期价格，以及业内专家同行意见进行分析，并综合企业成本利润率，比对项目分期、分栋销售目标，推导出各产品的合理价格。

3. 制定价格表

通过单元平面差和楼栋楼层差的梳理，对价格表进行制定。初步制定的价格表，还需要进行实际验证，让客户做决策，然后根据客户情况再进行修正完善。

4. 优惠筹划

在蓄客、认筹、开盘、签约、尾盘等不同阶段，需要设置差异化的优惠方式，目的是吸引足够数量的有效客户，完成阶段性的销售任务。

链接　　**调价技巧**

在销售过程中，经常会面临价格的调整。如何让涨价不影响销售，降价又不让已成交客户闹事，是需要技巧的。

1. 傲娇涨价，利用“买涨不买跌”心理

适当的涨价会刺激客户快速决定、成交，而对于已购买的客户而言，涨价意味着自己的房子升值，会更加忠诚。

· 小步快跑，多次微涨。根据销售情况高频次调整价格，价格微涨，比如涨幅控制在 1%～3%。

· 让利缓冲准备安全垫。刚涨完价以后，可用短期限时促销让利，来缓冲涨价带来的销售压力。

· 优惠政策多样化，但整体是上涨的。

2. 体面降价，快速回笼资金

降价会损害利润和品牌，但在资金紧张等特殊环境下，降价是加快出货速度的最佳途径。

· 以会员日名义，基于客户重复购买、推荐购买特惠；

· 通过特卖会和限时抢购，限定产品给予大优惠，配合抽奖、买赠活动；

· 以团购的名义打折，宣传在某个单位搞团购，现期购房客户可以插入团购，实质上是降价；

· 加大老带新客户奖励制度，非老带新客户也能操作；
· 以限量特价房名义来进行降价；
· 通过精装修或局部装修，来隐形降价。

| 第11讲 |

案名发想：给你的产品起个好名字

成功者都有一个响亮的好名字，失败者往往都有一个怪名字。

有人说，营销就是讲故事，故事讲好了，房子自然卖得好。没错，而一个好故事，就是从案名开始的。

比如十五峯，是地业地产继后海公馆之后，在深圳豪宅市场的又一力作。项目位于南山区塘朗山生态郊野公园入口，总规划为14栋13～18层的大户型小高层住宅。由于项目筑于山体台地之上，有一定的建筑高度，再加上项目紧靠的塘朗山一峰，共同组成15个峰，故此取名为十五峯，突出产品优势及景观特色。十五峯的主题广告语是这样写的：14栋楼离山太近，只好叫它十五峯。这个案名顺乎自然，浑然天成，富于精神内涵，给人以神秘、高端的想象。

比如万科十七英里，从沙头角到达项目刚好17英里。据说2002年万科拿下这个地块后，著名学者王受之应邀参观时，联想到了美国加州著名景区“17 Miles drive”的半山景致，项目由此得名。万科第五园同样出自王受之之手，案名由广州四大名园而来，寄希望于忝列四大名园后，真正实现人文内涵，媲美四园。岭南已有四园，只能叫第五园，第五园深刻体现了对文化本身的追求——骨子里的中国情结。

所谓案名，就是楼盘的名称。作为楼盘的识别符号，案名是房地产广告的第一要务，是营销各个时期使用频率最高、消费者接触最多的楼盘文字。

名字是信息和人脑之间的第一个接触点，从营销和品牌传播的角度来讲，不同的名字会在很大程度上影响资金的使用效率，导致了营销成本的高低。竞争对手所有的东西都可以模仿你，唯独名字不可以。所以杰克·特劳特才在《定位》这本书里说：给产品起个好名字，是定位时代唯一能做的最重要的营销决策，好名字是长期成功的最佳保障。

好名字价值百万。一个好的案名，本身就是一个好概念，就是一个好广告，它能为营销带来很多的好处：

· 树品牌，增加品牌资产；
· 打造差异化；
· 简化产品销售；
· 宣传产品；
· 分享传播。

链接

案名分类

1. 注册名

这是楼盘的“真名”，是前期项目立项批复，国土、住建、民政部门报建的项目名称。

2. 推广名

根据营销需要，很多楼盘在推广中会使用新的名称。比如某楼盘的注册名是香缇锦园，推广中用香缇半岛。

3. 整盘名

就是楼盘使用的整体名称。

4. 分案名

一个楼盘通常包含分期、分组团等多种分类，分案名就是分期或分组团项目的名称。比如某楼盘分三期开发，其1、2、3期就分别叫作博雅苑、丽景苑和浪琴苑。

5. 其他

除了以上案名，在营销中还经常出现对楼盘水景、广场等景观节点，以及户型进行命名。

一、好案名的4个特征

俗话说：人如其名。楼盘案名也一样，有什么样的名字就代表着这个楼盘的基本“调性”。

名字是符号学的一部分，既然是符号学，就逃脱不了那个三角关系，即本体、符号和意义，如图 11–1 所示。

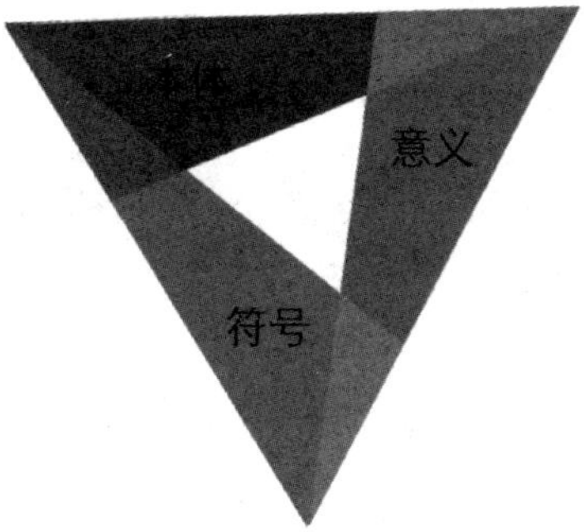

图 11–1　符号学中的三角关系

因此，一个好的案名至少应该满足 4 个基本特征。

1. 关联性

产品是解决客户痛点的，一个产品的功能有很多，案名要关注最核心的功能，让客户通过案名就可以直接了解产品。比如财富地产开发的雪山合院，位于丽江玉龙雪山之下，院落生活，地段和产品掷地有声。

如果一个案名与产品、地块、目标客群以及企业品牌没有任何关联性，那就是个坏名字，因为它无法增加品牌资产。

2. 好记

一个好记的案名，没有生僻字、不拗口、好发音、简洁精炼、容易明白。比如万科棠樾这个案名就不好，字不好认，“樾”是个生僻字。万科兰乔圣菲，名字也不好，很多人经常把它说成圣兰乔菲。

3. 有共鸣

好的案名不仅要字面美，音节搭配和谐、朗朗上口，更重要的是立意深隽、寓意深远，直击第一感，令人过目不忘。尤其是原创性的、注入情感的名字才有生命力，也才能引起客户的共鸣。好的案名要有文化、有意境、有寓意，要迎合时代的发展，针对市场需求，代表潮流趋势。比如华润的万象城、幸福里，针对年轻族的小户型 YOU 公寓、沙发社区等。

4. 容易传播

好名字是自带“社交货币”的，客户和公众会为你主动传播。容易传播，还有一层深义，就是切合该地理区域及人文环境，同时体现唯一性、独特性、延伸性、深厚的文化内涵。

案名切忌“假大空”，比如有个楼盘，注册名是 ×× 小区，推广时使用“欧洲城”名字，就遭到了客户的大量投诉。

案例链接

给产品起个好名字，是门很需要创意的艺术。这里对不同物业类型的经典案名做了一下整理，以供取名参考。

别墅类：运河岸上的院子、雨山前、九间堂、保利陇上、君山、檀宫、颐和原著、观唐、悦府、第五园、九溪十八岛、暖山、中国院子、17 英里、佘山三号、水云间、苏园、亲爱的 VILLA、北平府、海琴湾；

城市公寓类：星河湾、荷塘月色、红树西岸、昆仑公馆、NAGA 上院、朱雀门、星河丹堤、汤城一品、主语城；

综合体类：新天地、托斯卡纳、华侨城、上海青年城、大悦城、万达广场、工三、二十四城、华贸中心、国贸中心、中海锦城、太古汇、万象城、大都会；

复合大盘类：奥林匹克花园、世纪城、万科城、俊发城、新浦江城、碧桂园、浐灞半岛、锦绣香江、优山美地、绿城理想之城；

住宅类：阳光花园、樱花山谷、浅水湾、原舍、听涛雅苑、城市花园、幸福里、花半里、水晶郦城、香樟俊园；

小户型类：花生、嘀嗒、沙发社区、阿布阿布、博客山、回车、巴黎公社、火星、联合麦田、童话里、YOU 公寓、蘑菇公寓、想山、甲壳虫、左岸香颂、咱们；

度假物业类：清水湾、时代海岸、天一方、我是一条鱼、三亚凤凰岛、红树林、半山半岛、海南福湾、富力湾、绿城千岛玫瑰园；

商业体类：财富中心、时代广场、未来城、新城吾悦广场、南京水游城、梅龙镇新都会、朝外 MEN、港汇广场、大时代广场、三里屯 SOHO、八号桥、中环新世界。

二、起案名的3个步骤

案名是房企的项目名称，也是产品品牌和企业品牌架构的重要内容。营销界有一句话：名字取得好，公司上市早。好名字如此重要，那怎样才能给产品起个好名字呢？

1. 定义目的

起案名的第一步，是要界定需求，要明确项目所处的环境和进度，清晰定义要达成的目的。比如，这个案名是要树立品牌，突出项目特点呢，还是要塑造和竞品的差异化？

2. 诉求梳理

对于房地产项目来说，核心诉求有 3 个方向：一是地段，突出地段自然资源和配套；二是产品，突出产品功能、风格；三是客群，针对市场细分后的目标客群，突出他们的价值追求。

3. 案名落地

厘清案名目的和核心诉求点后，就可以起案名了。这是一个极度烧脑的过程，当然也可能灵机一动，就想出了一个超级棒的名字。

好在一切都有套路。通过研究现有市场各类项目的案名，这里归纳了以下 6 种起名方法。

（1）产品线法

通过产品线的划分来命名是最简单的，这个在大型房企里比较常见。比如万科金色家园、万科魅力之城、万达广场、金茂府、恒大金碧天下、恒大华府、龙湖天街等。

（2）企业品牌法

突出企业品牌，比较粗暴的是直接用企业品牌名称来作为案名，比如北京星河湾、昆明碧桂园等。更为常见的是企业名 + 楼盘名体系，比如仁恒置地广场、嘉里中心等。而碧桂园的命名规范是，当地首个新项目原则上使用“地名 + 碧桂园”作为案名，如果当地已有碧桂园项目，则命名为“碧桂园 · × × ×”。

（3）地段区隔法

如果地段优势明显，地段本身的名字就很霸气，而且很好发挥，那结合地段来起名就是首选。比如深圳湾 1 号、香蜜湖 1 号、中信红树湾、外滩九里、北外滩花园、东外滩一号、万柳书院、长城脚下的公社、运河上的院子。更有甚者，直接用门牌号来当案名，比如霄云路 18 号、前门 23 号等。

（4）项目特性法

项目本身的设计理念、规划、景观、风格，以及山景、水景、公园等，都可以作为卖点来讲。同样是山，有万科遇见山、万科臻山道、龙湖舜山府；同样是水，有恒大滨江华府、阳光城滨江悦、世茂滨江花园、招商兰溪谷；同样是中式建筑，有北京壹号院、御园、济南公馆、顺城府。

（5）建筑形态法

项目的规模体量，不同的建筑形态，往往也是案名发想的原点。比如万达 39 克拉、COCO Park、成都 339、水立方、绿地 468、圆方广场等。

（6）客户需求法

好案名要抓准客户，与目标客群对味。比如叁拾峯，目标客群是 30 岁左右的年轻人；沙发社区，是青年社区产品；其他还有诸如时代花生、壹克拉、蹓跶公寓等。

案例链接

网易房产曾梳理过 137 个城市的 54069 个案名数据，总结出楼盘取名的几种套路和高频用词。

1. 如何形容

国际、阳光、锦绣、幸福、金色、未来、金碧、书香、智慧、传奇、卓越、欢乐、玲珑、璀璨、鼎盛。

2. 建在哪里

中心、中央、水岸、半岛、江南、滨江、海岸、绿洲、蓝湾、海湾、东城、半山、外滩、江湾、左岸。

3. 建成什么

花园、公馆、公寓、华府、华庭、公园、豪庭、小镇、雅苑、庄园、山庄、首府、社区、学府、御园。

4. 外国地名

巴黎、威尼斯、欧洲、加州、罗马、香榭丽舍、维多利亚、托斯卡纳、海德公园、凡尔赛。

三、案名评价

好的案名，是一个项目的点睛之笔，它与主题概念构成了整个项目的核心灵魂，也是项目的主题传播语。

好名字不是救命稻草，但坏名字却可能是压死骆驼的最后一根稻草。要评价一个产品名字好还是不好，不是由企业的最高领导来说了算，而是应该做产品名字的研究评价。

通常的做法有两种：

一种是进行大规模的客户盲测，让客户来打分，这个比较简单，容易操作；

另一种是竞品对话，把所有可能的直接、间接竞品找出来，把自己拟采用的名字、标志、广告语等和竞品摆在一起，然后进行对话评比，这也是一种有效的方法。

在客户盲测和竞品对话的具体实践中，可以用 SOI-CKT 法则来进行评价后校验。

·S（Suitability，合适）：指商品名字对产品的功能、特征、优点的描述是否恰如其分；

·O（Originality，独创性）：名字是否与众不同、独一无二，是否与其他品牌名相仿或容易混淆；

·I（Identity，同一性）：名字是否易记，是否有回忆价值；

·C（Creativity，创造力）：名字是否能吸引人、有韵律，或有文字游戏等成分；

·K（Kinetic value，能动价值）：名字是否能引导人进行联想；

·T（Tempo，发展力）：名字能否对准备开发的市场提供合适的基调，给目标中的消费者创造一个好印象。

| 第12讲 |

如何做出有生命力的房地产广告

在房地产的开发经营过程中，广告承担着提高项目知名度、加快销售进度、迅速回笼资金的重任，因此备受房企高层重视。

大家都知道，房地产是“刚需＋投资”，房子具有保值增值的属性，所以房地产广告基本上都是以硬广为主。硬广的特性就是广而告之，就是告诉消费者哪儿卖、有啥好处，你需要你就来买。就像家里的酱油和醋，不存在要不要的问题，只存在买哪个的问题。

通常，广告分为品牌广告和营销广告两类。品牌广告的特点是长、久、慢，有时为了避免受众对商业化传播的反感，会刻意去地产化，去营销化。而常见的房地产广告，由于受营销策划思维的主导，更加重视短期结果，属于典型的营销广告。

从本质上来说，所有的广告都是“自吹自擂”，只是表现方式有所不同而已。但房地产广告的“自嗨”成分明显要高得多，广告公司一般在房企拿到地后就会进场，在前期规划不清晰、设计不明朗的情况下，就展开形象包装，把一片荒芜之地描绘成“高大上”的居住环境，而这一切，全凭“出色”的想象力。

这也就导致了很多的房地产广告乱象，比如品位上无不强调“顶级豪宅”“高端品鉴”，建造上无不强调“精工细作”“匠心雕琢”，销售上无不强调“全城热销”“火爆加推”，甚至还有不少的虚假宣传，最后引变成购房客户的投诉焦点。

随着市场的成熟和规范，客户不再轻易相信广告宣传的内容，他们更加理性和需要亲身的体验。靠信息不对称来忽悠消费者的广告套路，在今天的互联网时代已经完全行不通了。简单的广而告之，已经没有任何效果，而“自嗨”型的广告，不但打动不了客户，反而只会让品牌受损。

好的房地产广告，不是广而告之，也不是到达，而是要建立客户的体验期待和品牌偏爱，这样的广告才有生命力。

一、广告推广的3个阶段

房地产的广告推广工作，是和不同的营销节点、营销计划直接联系的。一般分为新盘预热、开盘销售、尾盘销售三个阶段。

1. 预热期

在项目刚面市时，广告侧重于企业或产品的品牌曝光，重点在于改善区域形象，引起潜在客户的好奇与期待，预热市场。

这个阶段的广告以告知性广告为主，突出差异性，提升知名度。

2. 开盘期

在项目具备一定的条件后，比如工程形象进度、预售证手续办理、宣传物料准备等，选择适当的时机对目标市场进行集中轰炸和饱和攻击，这段时间给客户造成的感觉是铺天盖地的广告。

这个阶段的广告以说服性广告为主，侧重于提升项目心理价值，打压竞争对手，获取销售线索，促成看房与成交转化。

3. 尾盘期

对开盘强销所剩余的房源或产品进行检视，修订或更换广告策略，调整不适当的广告方向，做最后阶段冲刺，以达到清盘的圆满结果。

尾盘期的广告大都以提醒性广告为主，注重销售开单转化效率，为企业后续项目营造口碑。

链接　**房地产广告的媒体选择**

由于房地产的地域性和高价格，房子属于重度低频消费商品，在媒体选择上，房企更看重网络和户外媒体。

·网络：快速、广域、廉价，关注度最高。网络媒体包括区域门户、房产网站、社交媒体、搜索引擎等。

·户外：告知作用较好，易控制。户外包括单立柱、看板、橱窗、道旗、横幅、站台、电梯、电视墙等，户外媒介的开发，最考验营销人的智慧。

·广播：收听者大多是有车一族，效果较好。

·杂志：适于深度解析，客户信任度较高。

·报纸：市场关注度下降，媒体价值衰减。

·电视：市场份额最低，属于房地产非主流媒体。

二、广告策略的4个要素

广告最终追求的是效率。一个好的房地产广告要能吸引客户的注意，引起客户的兴趣，加深客户的印象，激发客户的需求，促进客户的购买行为，就必须学会制定适当的广告策略。

1. 我是谁

对项目所处的大环境、小环境、动态环境，以及未来环境进行充分研判，为项目确定一个清晰的定位，建立项目的核心价值。

房地产的广告定位，必须符合“创造第一”“差异化”“满足需求”这 3 个原则。

2. 对谁说

广告是传播沟通的一种方式，传播的前提是目标清晰，要找到精准的目标客群，才能抓住客户的注意力，令他们对广告信息产生兴趣。大家会看到有些楼盘广告的诉求点和表现风格摇摆不定，就是因为它们对目标客群的细分和研究做得不够。

3. 说什么

房地产广告有个“潜规则”，那就是“跟有钱的人说文化，跟有文化的人说钱”。很多时候，消费者做出的决策常常会让人出乎意料，因此要善于发现目标客群心理深层的隐性需求，并投其所好。

4. 怎么说

怎样说出去，是创意表现的问题。好的策略没有好的广告表现，那策略也将毫无意义。聪明的广告创意，往往是利用目标客群心中早已存在的需求做文章。

我是谁，对谁说，说什么，怎么说，这 4 个问题也被称为广告策略“四问”，它们是制定房地产广告策略的核心内容。

基于精准的广告策略，就可以展开项目的 VI 设计、不同阶段（预热期、开盘期、尾盘期）各种媒体的广告设计，以及相关的各种促销活动的策划和推广工作。

案例链接　Logo 是项目独具特色的符号，一个好的 Logo，直接表达和体现了项目和产品的核心价值。Logo 设计是房地产广告设计最为基本的工作，房地产 Logo 可以根据项目的不同特性，从以下几个方向进行设计。

地理位置：根据项目所处城市、交通、区位、人文故事等进行思考，如图 12-1 所示。

图 12-1　地理位置法

项目环境：突出周边环境、独特的自然风光，以及自身的绿化景观等优势，如图 12-2 所示。

图 12-2　项目环境法

建筑风格：从项目定位所赋予的内涵、建筑风格等，抽取其中的元素或符号来进行设计表现，如图 12-3 所示。

图 12-3 建筑风格法

周边配套：结合项目周边的优势配套，比如学校、体育场馆等进行设计，如图 12-4 所示。

图 12-4 周边配套法

生活方式：着重于对客户生活方式的改变，如抽象运动、度假、健康、生活等场景符号，如图 12-5 所示。

图 12-5 生活方式法

理想追求：项目赋予客户对美好生活的向往和追求，可用动物、植物的抽象形式表现，如图 12-6 所示。

图 12-6 理想追求法

三、广告创意的6个步骤

房地产广告不同于一般生活休闲商品的广告创作，它有很强的时间限制，需要尽快让购房者产生共鸣，完成认知、态度、行为的改变，并迅速展开行动。因此，每个广告设计都必须有一个“点子”，也就是广告创意。广告创意不能凭空想象，应该以产品特性、客户和卖点为支撑，然后围绕创意，循序渐进，有节奏、有重点地设计，才能做出一个好的广告。

1. 明确目标客群

每个项目都要经过严谨的 STP 定位，确定主流的目标客户群体，并对其进行精准的客户画像，洞察他们的痛点、痒点和爽点。

2. 明确推售产品

在整体销控和推盘计划的指导下，根据当期要推售或推广的产品类型和数量，有针对性地展开广告创意执行活动。

3. 找准竞争对手

通常来说，能跟你抢客户的都是竞争对手。但在一个成熟的市场，竞争对手太多，有项目面的也有产品面的，广告不可能去“通杀”，只能找出破坏力最大的进行狙击。竞争对手原则上不要超过两个，可根据城市配套、景观资源、单价、总价等要素进行鉴别。

4. 设计区隔路径

根据竞争形势，充分了解项目本体的优势亮点和竞品的致命伤，以相对共性、独特性、排他性等指标进行价值对标分析，制定区隔路径。

5. 提炼价值主张

基于区隔路径对项目卖点进行梳理、排序和整合，提炼项目的价值主张，对产品进行概念包装。

6. 确定调性与视觉表现

广告调性 = 符号 + 广告语 + 属性 + 主色调 + 字体 + 版式，视觉表现是调性在一般情况下的应用和延展，比如名片、礼品袋、DM、户外、工地围墙等。

四、广告评价的9个原则

大卫·奥格威说：我们的目的是销售，否则便不是广告。既然广告的目的是销售，那么一个房地产广告就要有这些效果：

· 有特色，看上去与众不同；

· 有品质感，觉得项目上档次；

· 有亮点，容易让人记住；

· 有感情，令人共鸣与认同；

· 有优惠，现在不买就会后悔；

· 有环境，有想去参观的冲动。

虽然都是产品广告，但房地产广告有着明显的套路，从风格上分为住宅类、办公类、商铺类、SOHO 类、综合体类等。比如住宅，小户型一般清新多变、个性十足；大平层、别墅则大气方正、气势逼人。

优秀的广告不仅让消费者领略到品牌创意的美感，更能高屋建瓴地指导消费与购买。这就需要广告创作者以客户为导向，不断努力、不断创造出更有实效的广告来，以最优秀的广告打动客户。

那如何对一个房地产广告进行评价呢？通常可从策略（方向性、单一性）、技术（关联性、指向性、震撼性、原创性、一致性）和事务（完整性、安全性）3 个层面、9 个维度进行评价。

1. 方向性

确保方向正确是关键，广告要匹配的是下阶段营销推广的主题。

比如形象广告，那是项目形象、产品形象还是企业形象？如果是产品，那是户型、规模、成熟度、园林、规划还是质材？如果是硬销，那是隐形促销还是显性促销，是一口价还是倒计时？

2. 单一性

广告界有句名言：多就是少，少就是多；说得越少，记得越多。广告每次只传递一个信息，会让客户印象更深刻。

比如在排版中，分量相同的多中心元素组合，只会令版面失去重点，既不利于品质的提升，也不容易让人记住。另外，广告留白非常重要，有人统计过，广告空白增加一倍，注目率就会增加 0.7 倍。

3. 关联性

广告不论以什么高度和演绎方式呈现，必须与项目优势、消费者利益点和价值观有关联，所使用的图片与文案必须互相呼应。

4. 指向性

广告的作用，是要让人行动而非仅是思考。广告要有清晰的价值观主张，明确的观点指向。比如某个楼盘广告“我的时代，我的家”，缺乏与产品优势和消费者利益点的关联，更严重的是缺乏起码的煽动性，令消费者看完后觉得与自己无关，也就自然地忘记了。

另外要注意，在广告中慎用外文。外文本身缺乏传播力，只能用于版面点缀与衬托气质。

案例链接

新亚山湖城位于清远新城中心南山岭生态公园旁，是碧桂园在清远市场极力打造的市区山水大盘。项目主要针对清远和广州市场销售。

如图 12–7 所示，是该项目的原报广（报纸上的广告）创作。

图 12–7 新亚山湖城原报广

问题症结：

（1）针对不同市场、不同客群的关注点，主标未做差异化广告；

（2）重要卖点不突出，平均展示。

随后，营销总部对报广创作进行了调整。

针对清远市场，主标放大“生态公园、湖泊、轻轨”等极具优势的卖点。

针对广州市场，鉴于目标客群置业的主要目的是度假和投资，因此主标重点输出别墅的稀缺和“轻轨”利好，主图放大展示生态环境。

调整后的报广如图 12-8 所示。

图 12-8　新亚山湖城调整后报广

项目原报广：5.30～6.20（3 周）

[清远] 来电：339 台；来访：825 台；

[广州] 来电：101 台；来访：9 台。

报广调整后：6.21～6.27（1 周）

[清远] 来电：106 台；来访：614 台；

[广州] 来电：148 台；来访：116 台。

5. 震撼性

广告因什么而震撼呢？首先是文案要有力量；其次是画面要漂亮；最后是版式要有区隔特点。

通常，有张力、有感情、有情趣、够另类、够深刻、够张扬的广告画面，更容易给消费者极大的震撼，进而让他们产生欲望。

6. 原创性

追求原创是对专业广告设计师的基本要求。不过由于房地产有很强的区域性，广告范围通常只是覆盖项目核心区域，因此可视不同项目的性质和形势，用变通的角度看待原创。但有个起码的要求，就是广告的主题创意和平面表现不能抄袭或雷同于本地其他竞品。

7. 一致性

对于在售项目来说，如果未经重大商讨或确认，广告调性必须与过往的视觉表现相匹配并保持延续性。

这里说的调性，包括文字、颜色、符号（Logo）、版式、广告语，以及项目和产品的属性定位语等。

8. 完整性

广告要传递完整的信息，案名、项目地址、电话、售楼处、开发商、预售证号、法律提示语等关键元素要一个不漏。

9. 安全性

要做到不违背新的《广告法》和《房地产广告发布规定》。比如不妄称第一、最佳、中央、国际，不承诺能为业主办理户口、就业、升学，以及保证升值空间与回报率等。

| 第13讲 |

文案说话：如何写出有营销力的文案

所有经典的广告，都有出色的文案在支撑。

房地产广告亦是如此。比如复地上城的“别让这座城市留下了你的青春，却留不下你的人”；金地自在城的“上海属于爱人和勇士”；阳光100的“为年轻的中国，为中国的青年”；先生的湖的“在先生看来，有些走路只是赶路”；万科17英里的“我能与这个世界保持的距离”，等等。

毫无疑问，文案是广告的核心。文案的作用，不仅是传达广告意图、诉求和承诺，塑造企业与品牌形象，更在于强化产品的独特信息，点活广告画面，使消费者能够更好地领会广告卖点。

文案圈有个鄙视链，那就是汽车＞互联网＞家电＞快消品＞保健品＞房地产，房地产文案永远在最底层。

为什么呢？

主要是因为房地产的高周转，所有的文案都要围绕营销节点服务，一天写个折页，半天出个海报，两小时还得发个朋友圈，对于很多文案工作人员来说，这是家常便饭的事。既要高端内涵，又要文字大，文案已经不再是创意的源泉，而是变成流水线上的“张全蛋”。有的房企甚至还成立了自己的广告创作部门，把文案和广告设计进行标准化和体系化。

放眼望去，房地产广告都是镶金砌玉的文案，加上暴发户气息满满的闪着金光的画面。大户型必须大气，小户型必须个性，投资型必须稳赚，CBD必须国际视野，有山景的必须智慧，有水景的必须仁义，有海景的心里牵挂着整个世界。好多年了，这些套路基本上没有变过。

如图 13-1 所示，是某楼盘的大户型文案和广告，标题是“全城热销，王者传奇”，副标题是“150～190m^2 世家奢华大宅，360 度俯瞰中轴园林盛景”，这样的文案，在房地产广告中是最常见的。

图 13-1 某楼盘广告

到过云南旅游的朋友，导游都会给大家介绍所谓的“云南十八怪”，描述云南独特的地理位置、民风民俗所产生的一些特有的，甚至是有些奇怪的现象或生活方式。有人也调侃地整理出一个“文案十八怪”，比如房地产文案总是尊贵高大上；微商文案上来就谈情说爱；IT 文案满屏的黑科技和专业术语；汽车交通文案最喜欢讲诗和远方；保健食品文案总喜欢说疗效，好像卖的不是食品，而是仙丹，能包治百病。

文案十八怪，一方面，是企业出于经营战略考量，需要文案传递既定的广告信息，因此这些文案变成了产品的炫丽包装，甚至是忽悠受众的有利工具；另一方面，文案十八怪折射出来的是，很多文案人员没有站在客户的角度，没有深刻理解客户，洞察客户需求，他们尤其善于玩弄一些玄虚的文字，因此只是在自嗨、自说自话而已。还有的文案人员，还没有很好地掌握与客户沟通的技巧，还不太擅长说出客户喜欢听的话。因此，这些文案常常出现的尴尬情形是，大家不爱听，或是听不懂。最后的结果就是，让企业投入的大量广告预算打了水漂。

一、文案说话

文案是由英文“copy”翻译过来的，在英文里，文案是指“copy”或“advertising copy”。有意思的是，copy 也是复制之意。天下文案一大抄，在房地产营销中，除了严重的产品同质化，还有过度的文案模仿和抄袭，傍大牌、增热点成为理所当然的“正确”做法。

就文案本身而言，如果别人的文案你拿过来就能用，那说明这是一个通用型文案，只是文字的堆砌，是无效的。消费者都很忙，凭什么你抄袭一堆文字过来，就想要大家来围观、捧场，为你点赞呢？

还有很多文案是在不理解客户、不理解产品，甚至是看不到产品的情况下创作的，其实，这样的文案没有任何意义。房地产业有太多的神文案，之所以说它神，是因为这些文案创作人员根本不懂产品，也不了解客户需求，好像不是为人而是为神服务的。

优秀的文案人员，他们会去楼盘现场，去观察楼盘所在区位、环境、日照、配套设施、周围生活的人群，他们会通过样板间、VR 去亲身体验客户的感受。这才是文案正确的创作方式，不然就会偏离目标客户，转换到一个实际上根本不成立的假想客群上去。

有资深文案人员总结过自己一天的时间构成，如图 13-2 所示。

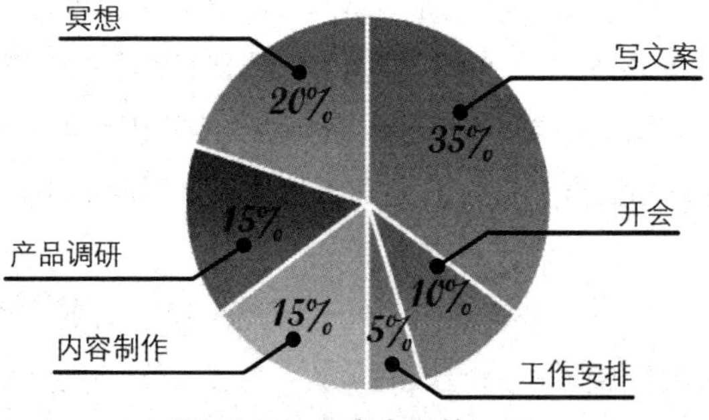

图 13-2 文案人员的一天

在文案人员的工作日常中，35% 的时间在写各种文案，包括 PR 文章、论坛软文、微博、微信文章；20% 的时间在冥想；15% 的时间在进行产品调研、客户分析；15% 的时间在进行内容制作；5% 的时间在进行工作安排；10% 的时间在开会。

可以看出，无论是案名、slogan（广告语），还是平面广告创意、产品宣传语、楼书、DM 单、TVC 脚本、微信推文，都是基于扎实的产品定位、竞品分析、目标客群分析提出来的。

文案的本质就是说话，不是秀文字。一方面是要把产品语言转化为客户语言，另一方面是要把客户需求转化为广告诉求。

因此，文案必须得会说话。如何衡量呢，应该有两个标准：客户愿意听、喜欢看；听得懂、看得明白。文案说的话要能吸引人，这是对文案的最低要求，也是对文案的最高要求。

链接

房地产文案要素

1. 广告语

· 简明扼要的口号性语句，向顾客传达长期不变的观念；

· 通常独立于正文。

2. 标题

· 最能引起受众兴趣的信息；

· 通常在广告文案最前面。

3. 正文

· 文字中传达的大部分广告信息。

4. 随文（附文）

· 发展商、地址、销售中心、电话等；

· 一般在广告结尾。

二、文案三段论

文案说话，那如何说话呢？就文案的执行，落实到具体的广告语、标题和正文上，这里提出一个文案三段论的操作方法。

文案三段论是从消费者的购买决策过程推导出来的。通常，消费者购买决策过程会经历这三个阶段：引起需求→价值判断→决定购买。在复杂购买中，消费者购买决策过程则是由引起需求、信息收集、价值判断、决定购买和购后行为构成。

有需求才会购买，需求可能是刚需，也可能是弹性的。随着经济的飞速发展，越来越多的消费者追求的已经不再是生理和安全需求，而全面上升到社交、尊重、自我实现和自我超越，个性化和理想自我是当下消费者的普遍特征。而进入价值判断阶段，消费者会比较品牌、品质、价格，并在多个属性中进行个体的价值权衡。在消费者最终决定购买时，受价值判断的影响，他们会倾向于那些解决方案最好的提供者。

基于消费者购买决策过程，文案三段论的逻辑如下：理解客户理想→洞察客户痛点→提出解决方案。

1. 理解客户理想

先说一下客户理想。好的文案不能只是回应消费者的简单需求，而是要理解客户的理想自我，满足客户的自我实现需求。这样，当你的文案出现在客户面前的时候，才能一下子就抓住他们的注意力，让他们觉得“这说的就是我的理想呀”。

理解客户理想，对于创作企业的品牌理念、广告语是最有效的。比如金科地产的“为你，追梦新美好”，成都锦天府的“年纪越大，别墅越远”，就是刺激壮年奋斗期的客户，提前入住城市别墅。

2. 洞察客户痛点

什么是痛点？顾名思义，痛点就是客户在“工作”中碰到的问题或阻碍，它让人产生纠结、抱怨、焦虑、害怕、愤怒甚至是恐惧的心理状态。如果这个问题不解决，就会浑身不自在，因此需要找到一个方案来尽快缓释它，抚平心理的痛苦，回到正常的工作状态。

只有真正洞察客户痛点，才能揭示、引起、创造客户需求，也才能让提出的解决方案有的放矢。

3. 提出解决方案

好的解决方案，一定要以客观的品牌和产品价值为基础进行构建，这样客户理想的实现就是可行的和可能的，而不是空洞或不切实际。

房地产价值体系是由土地价值、产品价值和品牌价值组成的，如图 13-3 所示。

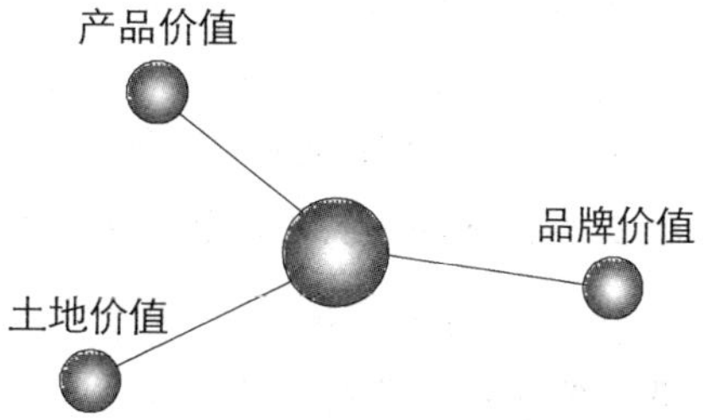

图 13-3 房地产价值体系

土地价值包括所处地段的交通、配套、环境以及未来发展规划；产品价值包括建筑、园林、小区配套和物业管理；品牌价值包括开发团队品牌和营销打造的项目品牌。

通过客户理想、客户痛点的理解和洞察，对项目本体的价值进行收集和梳理，筛选出项目的优势价值，构建项目核心价值，尤其是具有优势和差异化的核心价值，它们是吸引和影响客户购买决定的最重要因素。

优秀的文案都具有三段论的明显特征，比如万科兰乔圣菲的文案，标题为："踩惯了红地毯，会梦见石板路"，正文为："还没进门，就是石板路，黄昏时刻，落日的余晖在林荫路上泛着金黄的光，再狂野的心也会随之安静下来。车子走在上面会有沙沙的声响，提醒你到家了。后庭的南面以手工打磨过的花岗石、板岩等天然石材拼就，供你闲暇之余赤脚与之厮磨。屋檐下搁着石臼与粗瓷坛，仿佛在静静等待着雨水滴落，追忆似水的年华。"

文案三段论，不论是对广告语、标题还是正文，都是适用的，也可以简单地用客户理想来写广告语，用痛点洞察来写标题，用解决方案来写正文。

当然，文案创作是一门艺术，抵达客户的路径也有很多种。但无论是哪一种，都必须洞察客户问题，解决客户问题，只有这样的文案，才能给到客户好的体验，走进客户的心里。

链接

产品定位语和广告语

产品定位语，是提炼出来的项目核心价值点、核心卖点，必须要有实质性的支撑，比如产品的地段、产品的特色等。使用中产品定位语通常位于案名 Logo 下方，作为最言简意赅的产品诠释。

广告语，是面向市场细分、面向目标客群来说的话。定位语基本是不变的，广告语则要根据营销阶段，从不同的角度进行宣传。

广告推广往往是从理性和感性两个维度来驱动客户。理性的驱动核心是产品价值，也就是定位语；感性的驱动核心是欲望、是身份需求，也就是广告语。

简单来说，定位语是说产品，而广告语是说生活和目标客群。比如莱茵美墅的定位语是“世界级公园旁的理想院落”，广告语则有“用一幢别墅，成就另一个自己”“用一处院落，读懂生活”等。

三、文案就是讲故事

大家都知道，房地产营销就是讲故事。因此有人开玩笑说，房子卖不出去，就是因为文案的故事讲得不好。

优秀的企业，都会讲述两种故事来建立强大持久的品牌。一种是创世纪故事，重点是企业的创业传奇；一种是客户影响型故事，讲的是公司的产品、服务给人们的生活带来的积极影响和改变。

对应到房地产营销，前一种就是品牌故事和项目故事，后一种就是产品故事和圈层故事。

1. 品牌故事

每一个成功的品牌背后，都会塑造一个传奇的故事来表达自身的品牌性格，表现品牌个性，或者来解释他们在市场中的地位。

比如龙湖地产就创作了这样一个故事：“当年万科王石率一行人造访龙湖的样板间，脱下皮鞋放置门口。当王石一行人行色匆匆参观完毕回到门口，发现那双皮鞋已经调转方向，鞋头朝外正好适宜穿着。显然鞋子是有人刻意动过了，王石顿时心生寒意，遂感到龙湖这家企业在细节上的可怕之处。”

2. 项目故事

项目故事，更适合于有历史有文化的项目。讲述这个项目的来历、成长，甚至是案名背后的故事。

比如某楼盘是一个城改项目，位于当地一个叫幸福村的村民小组，于是就把项目案名定为“幸福里”，然后围绕“幸福”展开相关的文案创作和广告推广，取得了非常好的业绩。

3. 产品故事

产品能讲的故事就多了，从产品户型、园林、材料、风格到样板房，都有大量可以诠释和表达的空间。

产品故事是很多项目最为重视的一个部分。比如深圳中心天元的“灵魂”样板，就给每个户型塑造一个人物，创造一种风格，安排一个故事。

4. 圈层故事

每个项目都是有市场细分的，指向明确的目标客群。择优而处，择邻而居，关于圈层邻居的故事，每一天都在被书写和传颂。

尤其对于豪宅而言，最重要的价值就是圈层价值，比如上海的汤臣一品、深圳的深圳湾一号，它们把每一个业主的诞生都变成了一个故事，这些故事对新客户的直接触动作用，远远超过广告本身。

案例链接

近年来，返乡置业热潮的现象随处可见，特别是在三四五线城市或者县城等区域，选择返乡置业的人群越来越多。

×× 市的 Z 盘就在春节前夕，模拟一个女性的口吻，写了一篇“亲，你有一封来自 ×× 的家书”的文案，并配图在当地知名微信公众号上投放，获得转发和点赞无数，创造了该市春节期间的一个房产销售奇迹。这篇家书文案如下：

亲爱的你：

见字如面。新春就要到了，近来还好吗？

家里的年味越来越浓了，厨房就是妈妈的一片天，她在那里蒸花馍、炸丸子、做烧肉……忙得不可开交。爸爸风风火火地采购年货，他精力旺盛，像小孩子一样开心。这一年，他们就像在等这几天。而你，什么时候回家呢？

听说你很忙，每天要坐一个多小时的车上班，忙着见各种客户，在夜深人静时才回家。我想象着你在高耸林立的写字楼和拥挤的人潮中，在那个立誓扎根的城市里拼命奔跑的样子，我就心疼了，想拥抱你。

其实你在外的这几年，×× 变化挺大的。公交宽敞了，出租换新了，高铁增线了，轻轨开建了，×× 变得更快了；大型商场开到城市各个角落，新奇的元素与日剧增并未被潮流抛下，×× 变得更丰富了。还有你安家 ×× 的那些朋友，结婚生子，享受着城市的机遇和幸运。时间，已让这座城市焕然一新了。

Z 盘，我一直和你说的那个楼盘，品质很高。这次等你回来我们一起去选房吧，不能再错过了。

多期待相聚的那一刻，当你抵达 ×× 南站，我该用怎样的方式迎接你呢？走过了山河湖海，看过了世界之大，我懂你的梦想，但还是希望有一天能用熟悉温厚的臂膀拥你入怀，住我心上。

你的 ××

四、好文案的5个法则

一个好的文案，除了正常说话，让客户愿意听、听得懂外，更重要的是要有营销力，要能积累品牌资产，拉动销售增长。

1. 销售用语口语化

文案要能成为一线销售人员会使用的话语，即使不是原话使用，也会以文案的意思为基础，转换为口语化的表达。如果一个文案，销售人员都不愿意说，那就说明这个文案是有问题的，要么是夸大其词，要么是无中生有。

2. 客户用语通俗化

华与华的华杉说过一句话：我们不是设计一句广告给别人，而是设计一句广告让他说给别人听。

文案要符合客户的语言习惯，要考虑当他们向别人转介绍的时候，他们会怎么说。如果广告腔太浓，或者专业术语太重，都不利于被客户转介绍，也就失去了文案的意义。

3. 可信性

文案中所写的内容要有可信性，这样才能让客户相信和信任。这方面的技巧有很多，比如尽量用数字，使用实景图片，以及专家、名人或已成交客户的背书等。

4. 竞争性

有营销力的文案不只是吸引客户，还要能够把客户从竞争对手那里抢过来。这需要对项目（核心卖点）、客户（买点、好处在哪）和竞品（如何脱颖而出）充分吃透，并提出有差异化的观点。

5. 传播性

好的文案，具有让客户主动分享和传播的能力。当然，这样的文案太考验文案人员的创意了。比如德阳某楼盘的“买房送老婆”；杭州公园里的“80 后浪”；万科的“我们开了个严肃的会，决定种下一棵会生长的房子”；时代玫瑰园的“大象，应该是粉红色的”，等等。

PART 5

第五部分

整合营销传播

| 第14讲 |

传播有道，整合营销传播才是王道

“我知道我的广告费有一半浪费了，但遗憾的是，我不知道是哪一半被浪费了。”很多房地产广告主都有这样的疑问。

在这个飞速发展的时代，受众场景越来越碎片化，户外、电视、广播、电梯电视、网站、邮件、搜索引擎、社交媒体，信息呈现几何级的增长，消费者的注意力越来越分散，心智资源和时间越来越稀缺。

传统的广而告之已经失效，如果你的营销策略再不改变，你浪费的可能不是一半，而是更多。尤其是随着房地产从卖方市场向买方市场的转变，必须进行资源的优化整合，才能好钢用在刀刃上，实现营销利益最大化。

一、跨越传播的鸿沟

传播是一个讯息从发送者到接受者的过程，在发送者和接受者之间，就像有一道看不见的鸿沟，使讯息出现衰减、失真，甚至无法通达。

在房地产营销传播中，通常会有以下 4 道鸿沟：

· 客户不知道；

· 知道了记不住；

· 记住了不认同；

· 认同了选择多。

针对传播的上述鸿沟，营销该如何应对，扭转乾坤呢？

客户需求是一切营销行为的根本，在以客户需求为中心的商业时代，把握好客户需求才是硬道理，同时要不断地调整策略，才能更好地提高营销的效果。

传统的市场营销，几乎都是围绕 4P 展开的。4P 是麦卡锡教授提出的经典营销理论，他把营销分为产品、价格、渠道和促销 4 个要素。

· 产品：提供的产品或服务，包括质量、样式、规格、包装等；

· 价格：客户购买产品时的价格，包括折扣、优惠等；

· 渠道：进入目标市场的途径，包括渠道、区域、场所、运输等；

· 促销：宣传、介绍产品，以及说服客户购买所进行的活动，包括广告、宣传、公关、人员推销、促销活动等。

随着时代背景的变化，劳朋特教授在 4P 基础上提出了 4C 理论，他认为市场营销有两个核心：一是 4P 策略；二是从客户视角出发。

· 客户（需求）：要根据客户需求提供产品，产生客户价值；

· 成本：不仅指企业的成本，还指客户的购买成本；

· 便利：提供最大的购物和使用便利，充分考虑客户的方便；

· 沟通：同客户进行积极有效的双向沟通，建立新型客户关系。

从 4P 到 4C，就是以客户为中心的营销，对于房地产营销来说，必须充分整合 4P 资源，展开对客户的营销，如图 14–1 所示。

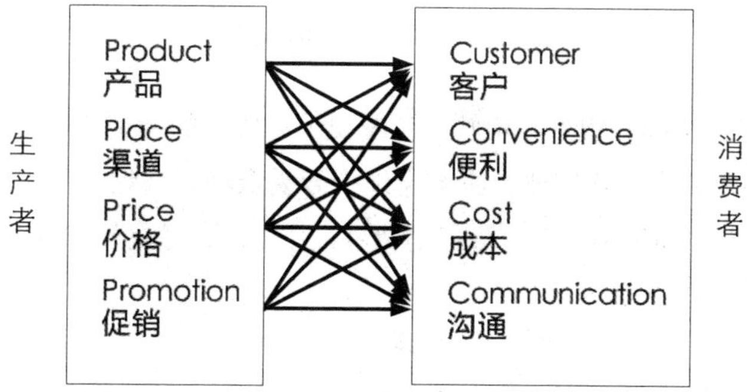

图 14–1　房地产市场营销模型

企业拿到一块土地，不要急于考虑强排，做足容积率，而应是先去寻找客户，研究客户需求，了解他们需要什么样的房屋，多大的面积和户型，有什么样的购买力。要计算提供给客户的房屋成本，不只是金钱成本，还包括客户的交通、形象等成本。然后忘掉渠道策略，选择更能让客户方便的销售方式。最后忘掉促销，加强与客户的沟通，促进项目销售。

二、传播新法则

要提升营销的传播力，就需要对消费者的心理和行为过程进行研究。在消费者行为学理论中，先后产生了 AIDMA、AISAS 和 ISMAS 模型。

1.AIDMA

在很长的一个阶段里，企业掌握着丰富的产品信息，而消费者没有，在信息不对称的状态下，企业通过强大的电视、报纸、杂志以及终端等媒介，广泛发布产品信息，动态地引导消费者的心理过程，刺激其购买行为。

广告学家 E.S. 刘易斯通过研究消费者行为，提出了 AIDMA 营销法则。该法则指出，消费者从接触到营销信息，到发生购买行为之间，大致要经历五个心理阶段，如图 14–2 所示。

图 14–2 AIDMA 模型

AIDMA 营销法则，很好地反映了传统媒体环境下的营销关系。在卖方主导的营销时代，企业利用大众媒体，有节奏地引导受众心理情绪，从引起消费者的注意，使其产生兴趣和欲望，一直到让消费者记住产品，最终形成购买。

2.AISAS

当互联网作为一个全新的媒体介入社会生活，电视、广播、报纸这些曾经的大众媒体被戴上了“传统”的标签。交互式的新媒体开始解构消费者曾经习以为常的行为习惯，也开始解构原有的营销法则。

电通广告率先修改了传统的 AIDMA 模型，提出一个新的消费者行为模式：AISAS，用以解释新媒体环境带来的营销新趋势，如图 14–3 所示。

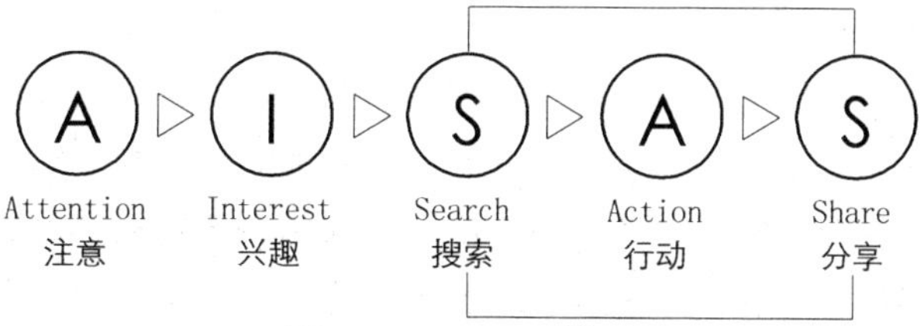

图 14-3　AISAS 模型

对比 AIDMA，AISAS 模型添加了两个来自互联网的典型行为模式：搜索和分享。这正是互联网时代造成消费者行为变化的主要因素：首先，消费者在进行购买决策的过程中，常常会通过互联网搜索产品信息，并与相关产品进行对比，再决定其购买行为。其次，随着在线论坛、社交媒体等技术平台的普及，消费者在进行消费的过程中，还会作为发布信息的主体，与更多的消费者分享信息，为其他消费者的决策提供依据。

3.ISMAS

随着 5G 网络、手机支付等技术的成熟，移动互联网全面介入消费生活，现实空间与虚拟空间、私人空间和公共空间的界限变得模糊，消费者的行为习惯出现了巨大变革。

注意力已经消散，主动性大大提升，人们生活形态的改变使得传统营销时代的 AIDMA 行为模型部分失效。为此，刘德寰教授提出了移动互联网时代的改进模型 ISMAS（见图 14-4），以此来定义新媒体环境带来的新消费趋势，认为营销方式正在向具有去媒体性质的 ISMAS 法则改变。

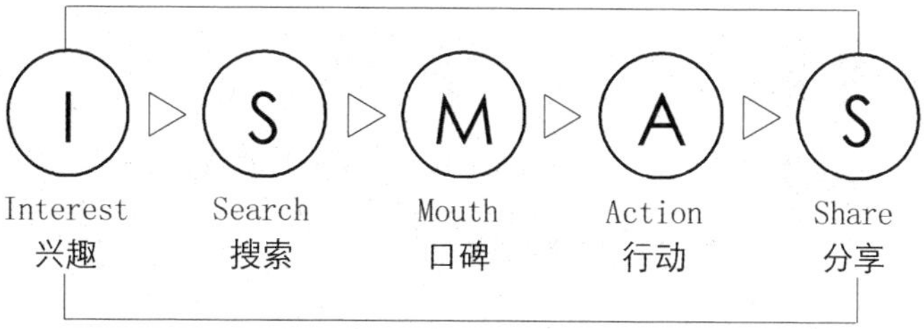

图 14-4　ISMAS 模型

在移动互联网时代，以吸引消费者注意为首要任务的营销模式，变成了以消费者兴趣为出发点。ISMAS 法则揭示了这样一个事实：当消费者有兴趣的时候，不用“@”，他们也会关注，也会转发。所以，营销一定要根据消费者价值体系和兴趣的变化去转变营销思路，为消费者提供他们感兴趣的、有用的信息，并引发口碑效应。

从 AIDMA、AISAS 到 ISMAS，深层次的原因是社会和技术的变化，引起消费者行为的变迁。在当下的商业环境下，ISAMS 无疑就是传播的新法则，及时关注消费者行为模式的新变化，不断寻找与时俱进的营销方法，将是房地产企业在未来竞争中取胜的关键。

案例链接

保利花城纪位于广州市从化区江埔灌村路，占地约 411 亩，建筑面积 1034900m^2，以 61m^2 起的三房小户型为主，项目配套有园林、超大社区商业、45 班制中小学校，临公交总站。

花城纪是保利在广州首个百万方项目，体量货量极大，而从化本地市场趋于饱和，承载能力有限，需要战场转移。从化名义上隶属广州，实际上在广州外围，民众对其有很强的距离感。但对比广州市区，从化不限购，房价低，生活配套相对完善，是那一群被广州政策和价格驱赶的人们的生活理想地。

于是，花城纪把目标客群锁定为“广漂一族”，他们用青春在广州奋斗，并渴望自己成为新广州人，却步步维艰。

基于目标客群对“家”的渴望，对身份认同的向往需求，花城纪站在城市高度赋予项目灵魂、传递品牌关怀，把项目定位为“百万方美好生活归属地”，而“花城没有异乡人”就是花城纪的 2019 年度 slogan，如图 14–5 所示。

图 14–5 保利花城纪品牌形象

2019 年 4 月，在精准的营销策略牵引下，花城纪掀起了“花城没有异乡人”的旨在唤醒新广州人的推广战役。

1. 精准洞察，营造微痛感

围绕漂泊主题，选择微博和微信进行前期预热，以走心海报和深夜问答的形式，塑造去地产化的形象，打造情感博主人设，与网友平等对话，引发广漂似有似无的“微痛感”。

输出优质内容，即便是小小的海报，也精准把握其文字与画面，比如“漂泊大概就是，好不容易今天不用加班却不知道去哪的无奈与心酸”。并适时筛选网友经典评论作为内容源素材，增强代入感与认同感。

在微痛感逐步蔓延与发酵，初始粉丝圈层划分后，进行朋友圈预热倒计时，比如“很多人爱广州，但爱不起这座城市。爱不爱得起，3 天之后另有答案”，然后露出项目品牌。

2. 内容为王，把握节奏感

内容为王，以访谈片、微电影、民谣、跨界营销、公交站 + 地铁的情感文案覆盖，多方媒体联动，占据全网注意力。

· 访谈片《漂泊纪》：既是听故事的人，更是故事里的人。以“漂泊”为主题，讲述广漂一族的困惑与无奈；

· 微电影《异乡纪》：击碎受众的情感痛点，提出不再漂泊这一最大诉求。以头部媒体、业界关键人、媒体联动等不断打破受众圈层，两天时间进入全网头条、热搜前三，实现人人皆知、人人皆问、人人皆好评的效果。

· 民谣《花城纪，安放广州》：以广漂视角与广州对话，唱出广漂的艰辛和在此安家的渴望。推出一周后即邀请歌手做线下 live 音乐现场，又再次以朋友圈走心文案诱发评论，跨界营销，反复发酵。

· 公交站 + 地铁：在线上内容快速发酵的同时，精选人流量集中的重要站点和候车亭，做情感文案覆盖，实现线上线下火花碰撞，大面积覆盖可见人群，落地全城营销事件，引发社群评论。

3. 口碑传播，圈层突破

以口碑为利矛，刺破目标客群心理防线。

·“花城没有异乡人”主题饭局：从关注活动推广的人群中挑

选部分人参与主题饭局，实打实地强化品牌和项目好感，推动口碑传播，并在体验活动中提供销售连接端口，尽可能将流量转化为有效客户。

·深夜明信片：以传播的优质内容为设计主题，两天时间制作近千份明信片赠予行业人士，业内圈层营销效果得以进一步巩固。

·主流媒体频繁曝光：在《南方日报》《南方都市报》《羊城晚报》《新快报》《信息时报》和人民网广东频道等主流媒体频繁曝光，也是此次推广成功的表现之一。

花城没有异乡人，自4月8日正式推广至4月20日活动基本结束，总曝光量高达2亿次，项目微博粉丝两周增长10万，项目微信粉丝两周增长2万，开盘当天劲销8亿，得到业界的一致好评。

毫无疑问，保利花城纪在广州这片枪林弹雨的楼盘里，杀出重围，成为网红大盘，其背后除了渠道铺排与产品优化，更有其别样的精准洞察、内容为王、层次深入、节奏流畅、圈层分发、口碑传播等多种传播策略的贯彻与落地。

三、整合营销传播

从4P到4C，从AIDMA到ISMAS，迫使管理层开始思考企业与客户联系的每一种方式，企业如何传播自己的定位，每一种媒介的相对重要性，以及时间问题。在企业内部也就产生了品牌、策划、市场这样的岗位或职能部门，统一管理由成百上千个企业活动产生的品牌形象和信息，从而提高企业在合适时间、合适地点，将合适信息传递给合适客户的能力。

这也就是所谓的整合营销传播。唐·舒尔茨被称为“整合营销传播之父”，在他的《整合营销传播》一书中，对整合营销传播（Integrated Marketing Communication，IMC）的定义是：将与企业进行市场营销有关的一切传播活动一元化的过程。企业通过整合广告、促销、公关、直销、CI、包装、新闻媒体等一切传播活动，将统一的传播资讯传达给客户，从而实现低成本高效益的传播利益。

链接

奥美 360 度品牌管理

奥美是全球最大的营销传播机构，在 20 世纪 90 年代初，奥美提出了品牌管家的管理思想。随着整合营销传播的兴起，奥美又提出 360 度品牌管理，并对营销传播领域形成了很深远的影响。

所谓 360 度，就是要让每一个与消费者的接触点都能达到预期的效果，每一个接触点都能准确地传达信息，同时使体验更加容易获取、信息更加丰富。

360 度品牌管家是一个完整的作业过程，通过研究消费者与产品的关系，整合各种能力，以确保所有的活动都能够反映、建立并忠于品牌的核心价值和精神。简单来说，就是传递同一个形象，同一个声音。

1. 明确客户

一个有效的传播，大致要经历选择传播目标、设计传播、选择传播组合、管理传播过程和衡量传播结果这些步骤，如图 14–6 所示。

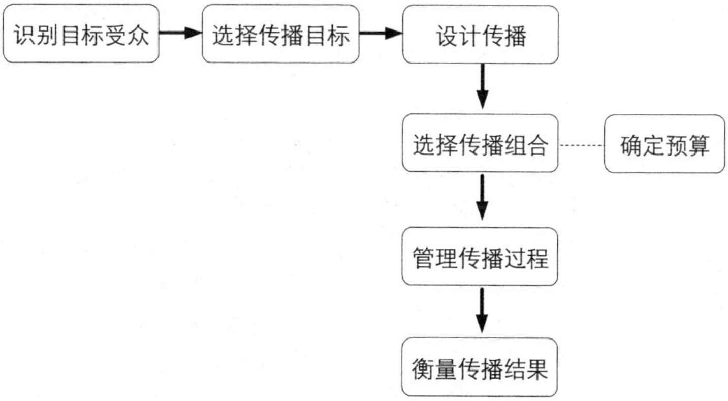

图 14–6　有效传播的步骤

整合营销传播的路径有两个，一是计划的整合，二是执行的整合。而这一切的前提，是要搞清楚你的客户是谁，潜在客户是谁。

市场营销是一个理解客户需求、满足需求、获得回报的过程。只有你理解客户之后，才能更好地满足客户需求。企业必须从思维乃至内部组织架构、流程上改变过去“从内到外”的路径，变成“从外到内”，真正建立起客户思维。

2. 价值主张驱动客户

客户看重某一点，它必须是一种决定性因素，而不能只是一个属性，它必须是企业独有的，客户必须将这种价值与企业的产品相联系，而且只能和某个企业的产品联系起来，这也是营销和传播的使命。

整合营销传播的关键就在于综合运用各种传播工具，形成一个矩阵式作业，用独特的价值主张去驱动客户产生行动。

3. 形成传播闭环

实施整合营销传播的目的，不只是向市场持续地传达核心信息，建立和巩固客户关系，更主要的是要获取最大的投资回报率。

而在这个过程中，企业也要去评估客户为你带来的投资回报，继而对未来进行规划，最终使以价值为导向的整合营销传播管理形成一个闭环。同时，在过程中要以企业能够理解的方式来衡量和评估各种传播活动。

案例链接　某广告公司是专业的房地产广告设计机构，如表 14-1 所示，是其为某楼盘提供的整合营销传播服务方案书。

表 14-1　整合营销传播服务方案书

分类	事　项
推广策略	项目案名建议
	项目市场形象定位
	项目主推广告语方案
	项目系列推广主题
	日常市场情况监测与汇报
	参考项目广告推广策略总结与分享
	推广策略执行方案
	认筹 / 开盘阶段性广告策略方案
	广告推广策略沟通（头脑风暴例会）
VI 体系	VI 体系的演绎与延伸应用

续表

分 类	事 项
销售物料	销售楼书
	户型图的设计
	宣传折页的设计
	纸杯、雨伞、环保袋等礼品设计
	客户预约登记表的设计
销售文书	诚意登记凭证的排版与设计
	认购书的排版与设计
	买卖合同补充协议的排版与设计
	临时管理规约的排版与设计
	房屋使用说明书的排版与设计
	住宅质量保证书的排版与设计
	收楼通知书的设计
现场包装	现有现场包装的维护与调整设计
	楼体条幅
	现场包装
	收楼后工地围挡画面的设计
	工地围挡画面的设计
	客户看楼通道的包装设计
	清水样板房的包装设计
	小区内导视系统等的调整与优化设计
线上推广	户外广告画面的设计
	车体广告
	候车亭广告
	立柱 / 道旗
	外展效果设计
	地产网站
	网络广告画面的设计
线下传播	线下传播方案
	线下传播的配合执行

续表

分类	事项
网络推广	系列微博稿的设计
	系列微信稿的设计
	网络论坛稿的设计
	网络软文的撰写
新媒体推广	手机、平板等移动媒体类的平面设计与软文撰写
活动设计	活动现场包装与物料设计
	系列 VIP 客户圈层活动现场包装与物料设计
资源整合	高端公关活动资源的整合
	高端客户资源的整合
	高端合作伙伴资源的整合

注：以上内容为常规操作项目，内容性质的划分不代表工作时间的先后顺序，根据具体情况可以进行增减。

第15讲

关系营销：构建与客户关系的强连接

来自权威研究机构的数据显示：争取一个新客户的成本是保住一个老客户所花费的7倍；向一个新客户推销产品的成功率只有15%，而对一个老客户而言能达到50%以上；一个企业只要比以往多留住5%的老客户，则利润可增加20%以上。

随着线上线下流量越来越贵，“拉新”成本不断推高，很多企业开始意识到，品牌不应只是简单地考虑短期的交易收益，而是应该最大化既有客户的终身价值。

近年来，关系营销越来越受到大型房企的重视，成为房地产营销的关键路径之一。所谓关系营销，就是把营销活动看成是一个企业与消费者、供应商、分销商、竞争者、政府机构及其他公众发生互动作用的过程，其核心是建立和发展与这些公众的良好关系。

一、熟人社会的营销意义

中国自古以来就是一个讲究人情的“熟人社会”，对于旧相识有着莫名的亲近感，总是想在自己力所能及的地方给予对方好处，看见对方开心，自己也舒坦。

西方国家的商业活动和社会关系也对交往合作有促进作用，但所起的作用并不是决定性的。中国的关系营销则有着截然不同的表现，在中国，人际关系是重点，是组织机构间建立良好关系的基石，相较于商业的结构纽带，社会纽带更为牢固。

因此，关系营销在中国有着更深层次的商业意义，也成为屡试不爽的营销法宝。比如，楼盘销售最热衷于举办的各种“老带新”活动，就是关系营销的典型运用。

房地产企业要处理的各种关系，包括客户、竞争对手、内部员工、供应商、销售商，以及政府机构、媒体、公众等影响者（见图15-1）。要实现关系营销的协调发展，就需要将经营活动由“交易”转变为以“关系”为中心，在各个分类市场中实施关系营销策略。

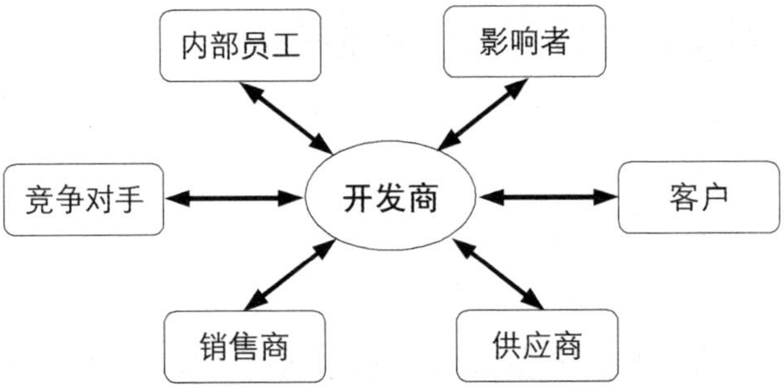

图15-1　房地产企业关系营销模型

如今，媒体广告的公信度正在下降，消费者购房行为趋于理性，在众多的信息获取渠道中，对朋友和家人的信赖度远远大于一般的大众传媒。因此在房地产营销过程中，应重视良好客户关系的建立和维护，通过对客户的经营，实现利于项目的口碑宣传，最终实现“客带客”的良性循环。

二、提升客户终身价值

在房企经营管理中，过度重视售前和售中，忽视售后服务的现象是很普遍的，这使得物业管理服务中存在的诸多问题得不到及时有效的解决，造成客户投诉，大量现有客户流失。

在市场繁荣时，虽然一周内失去100个客户，但同时又可以得到另外的100个客户，销售业绩似乎没有受到任何影响。可实际上，争取这些新客户的成本显然要比保持老客户昂贵得多。而在市场低迷时，这些按照“销售漏斗”模式来经营的企业，就会举步维艰。

分析企业的增长路径，无外乎新客户增长、老客户重复消费、老客户带新客户、客单价提高等方式。对于房地产营销来说，老客户带新客户和老客户重复消费是增长最有效的抓手。而这，就有赖于客户终身价值的充分挖掘。

顾名思义，客户终身价值指的是每个客户在未来可能为企业带来的收益总和。一个客户的价值由三部分构成：

一是历史价值，到目前为止已经实现了的价值；

二是当前价值，如果客户当前行为模式不发生改变的话，将会给企业带来的价值；

三是潜在价值，通过有效的营销可以调动客户购买积极性，或促使客户向别人推荐产品和服务等，从而可能增加的客户价值。

客户终身价值的挖掘是一个过程，它不会立竿见影，需要进行设计和运营。从客户的角度出发，研究客户习惯、分析客户需求，设计建造符合客户需求的产品，给客户提供优质的物业服务，持续实施客户关系，听取客户意见，调整服务和产品，从而让客户满意，提升客户忠诚度，形成一个闭环的生态系统，如图 15-2 所示。

图 15-2　客户关系建立过程

当客户成为品牌拥护者以后，他们就会经常从你这里购买需要的东西，同时他们还怂恿别人来买。他们经常谈起你的品牌，免费为你做宣传，为你带来源源不断的客源。

虽然产品和价格还是客户决策的核心，但来自企业与客户之间的所有接触点的体验也同样重要，对于很多客户来说，这些积极的体验甚至超越产品和价格本身，成为品牌拥护的原动力。

凯文·凯利在他的《技术元素》一书中，提出了“一千个铁杆粉丝理论”（1000 True Fans）。他认为任何一个人，只需要有一千个铁杆粉丝，就能轻松养家糊口。

对于房企来说更是如此，不断识别、培养、维护老主顾和拥护者，与他们建立起强连接的关系，提升客户终身价值，是每个企业的根本任务，更是营销的终极目标。

三、客户关系管理

吸引新客户和维护老客户，是营销的核心工作内容。在日趋激烈的市场环境下，谁能与客户建立并保持一种长期稳定的合作关系，掌握客户资源，理解客户需求，为客户提供满意的产品和服务，谁就能占领市场，获取最大的市场份额。

客户关系管理（Customer Relationship Management，CRM），是一套旨在健全、改善企业与客户之间关系的管理系统。企业通过管理与客户的交流，了解并影响客户的行为，从而提高客户保持率、客户忠诚度和客户收益率。

简单来说，就是了解客户→让客户满意→获取最大回报。

企业关注客户关系，不是简单买一套 CRM 软件安装就能达成的事，这实际上是一种新的营销理念和能力的建设，是一种新的获取和保留高价值客户的营销战略。

传统的大众营销，是一次性提供更多产品和服务给更多客户，客户是无次序分别的，客户由于需求不同，购买产品的满意度也不同。而新的关系营销，是进行最小化细分客户，将资源分配给高价值的客户，进行精准的一对一营销，如图 15-3 所示。

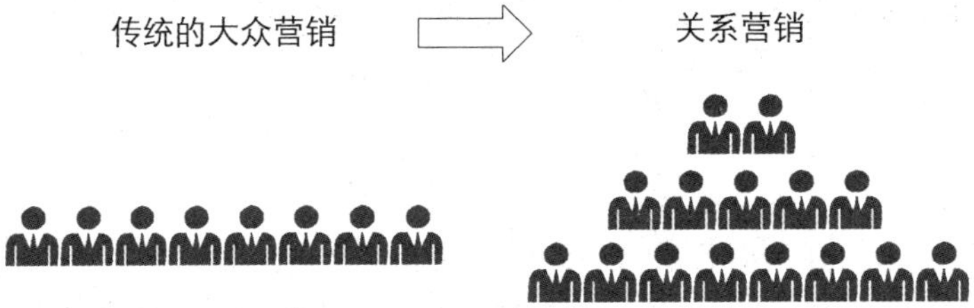

图 15-3　关系营销关注点

客户营销数据库的建立是关系营销实施的前提之一，数据库包括既有客户和潜在客户的信息。通过数据库的建立和分析，为营销和开发经营提供详细、准确的数据，降低运营成本，提高营销效率。

如今，越来越多的房企都成立了独立的客户部门，把既有客户当成资产进行管理。结果也是显而易见的，首先是提高了客户接触成本的有效性，可以进行预期性的沟通；其次是提高了客户忠诚度，增加了客户终身价值，实现了收入的增长。

四、从弱连接到强连接

弱连接理论是社会学家马克·格拉诺维特提出的。他认为在传统社会，每个人接触最频繁的是自己的亲人、同学、朋友、同事……这是一种十分稳定的“强连接”的关系；同时，还存在另一类相对较为间接、单向、暂时的社会关系，称为“弱连接”。

弱连接下的客户关系，通常只是进行单次交易，缺乏连续性和互动性，导致客流不稳定、发展后劲不足。企业需要不断花费大量的人力、物力投入到新客户的开发之中，造成成本过高和资源浪费，不利于企业的持续快速发展。

关系营销必须以客户为中心，这其中的关键就是构建强连接的客户关系。弱连接卖产品，强连接做服务。企业想要获得长久的、可持续的发展，就要把与客户的弱连接发展为强连接，通过不断提高强连接客户的占比，从而赢取更多的市场红利。

从弱连接到强连接，是每个企业的目标。但你想连接客户，客户愿不愿意让你连接才是问题的核心。

1. 品牌承诺兑现

在以往房地产繁荣的情况下，很多房企都会忽视对客户的诚信建设，经常会出现过度承诺，但最终由于承诺无法兑现使客户的预期一落千丈，从而毁掉一个项目，甚至是一个企业。

关系营销是建立在信用与承诺的基础上的。要实现客户关系的强连接，首要的任务就是打造优质的产品和服务，“不轻诺、诺必果”，透明化经营，不做虚假广告、不欺骗客户、不侵占客户权益。

2. 提高产品和服务质量

质量是房企的生命线，如果质量有问题或者瑕疵，再优秀的营销也无能为力。如图 15-4 所示，是某地区房地产满意度调查统计，工程质量是满意度最低的。

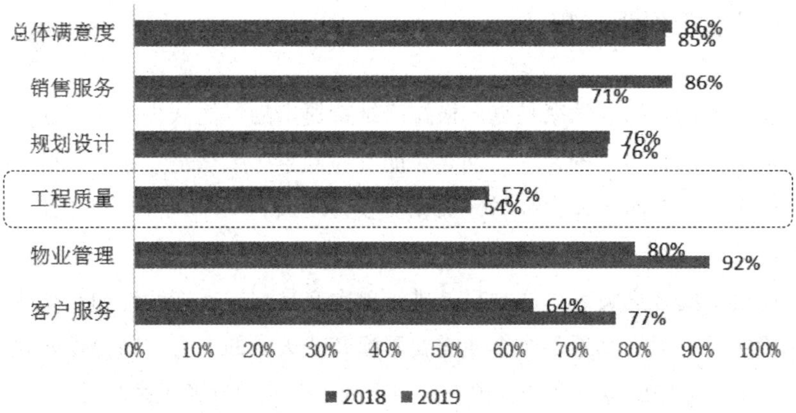

图 15-4 某地区房地产满意度调查

随着质量监管越来越严，产品上的问题更多集中在管线、门窗等附属工程上。而服务上的问题则比较凸显，尤其是与客户打交道的各类人员，包括房企的工程、销售、财务、综合人员，以及物业、施工、设计、监理等合作单位的工作人员，他们对客户的需求表现出来的漠不关心，是严重的服务质量不合格。

链接

普尔特七步法

普尔特（Pulte）是美国标杆房企，其建立的质量七步法，被国内房企广泛效仿。

Step1：售前客户接待。开工建设之前，客户可以和建筑专家一起设计自己的房子，专家回答关于建设进度的问题。

Step2：框架落成参观。墙面建好之前，客户可以检查所有的建筑材料，从电气设备到供热及空调系统等，确保客户的要求得到满足，并回答问题。

Step3：质量保障检查。专家将进行全面广泛的质量检查，确保应该维修补救的地方及时完成，并在交钥匙之前做好住宅的清理工作。

Step4：交房前指引介绍。在客户入住新房之前，详尽地介绍每个细节，解释公司的服务内容和步骤。

Step5：交房后 30 天跟踪服务。和客户对每一个环节进行登记确认。

Step6：3 个月后续跟踪服务。再一次进行质量保证检查。

Step7：11 个月后续跟踪服务。在一年的保证期内，与客户确认已经提供了所有承诺的服务，解决客户在居住过程当中遇到的问题。

所有这一切，都使客户得到美好的购买体验，大大提高了客户满意度。

3. 正确处理客户投诉

研究显示，一个满意的客户会向三个人讲述买了件好产品，而不满意的客户却会向十个人进行抱怨。如果抱怨能够得到迅速解决，95% 提出抱怨的客户还会购买企业的产品。

因此，优秀的企业不会逃避不满意的客户，相反，它们会鼓励客户提出意见，并尽力让不满意的客户重新高兴起来。处理客户的产品和服务投诉，需要建立专业化、体系化的管理标准。

案例链接

投诉处理是事后救火导向的关系处理，最好的方法是进行风险预防，将投诉处理过程前置。

为此，Y 房企专门成立风控小组，对可能不利于项目交付的风险进行控制，控制要点包括设计、工程、销售和物业等版块，全面梳理项目风险，形成风险控制表，定期跟踪整改进展，并即时更新风险控制表。

为提高客户满意度，以国际标准 BS8600 的内容为参考，制定了一套行之有效的客户投诉管理体系：

· 主要规范性文件；
· 投诉处理服务规范；
· 投诉受理服务规范；
· 客户沟通服务规范；
· 客户回访服务规范；
· 投诉责任问责规范；
· 投诉赔偿标准与规范；
· 呼叫中心的服务标准与规范；

处理投诉的目标：

· 投诉处理客户满意率大于 80%；
· 投诉处理封闭率大于 100%；
· 投诉处理回访率大于 100%；
· 网上客户投诉回复时间不得超过 24 小时；
· 通过客户信息系统投诉的回复时间不得超过 4 小时；
· 重大投诉必须编写案例。

4. 加强售后物业服务

房地产除了地段、价格、环境、配套以外，还有更重要的物业服务。好的物业服务是房子保值的重要保障，越来越多的客户正在把物业服务作为投资和消费的选择要素。

当下很多大型的房企都建立了自己的物业公司，比如万科物业、金地物业、保利物业、龙湖物业、碧桂园物业等。这些优秀的物业公司为业主和建筑物带来了高质量的服务，并为所属集团的房地产营销增添了源源不断的客户和口碑宣传。

5. 完善 CRM 系统

客户关系管理系统（CRM），除了现有和潜在客户的基本属性信息，如姓名、电话、来源渠道等，还应包括在营销各阶段产生的主动或被动的行为，如意向登记、参加活动历史、购买产品、人脉发展等。这些有助于企业掌握客户的需求特点和需求动态，有针对性地提供产品和服务。

在营销中，除了运用 CRM 系统对客户资料进行全方位的整合分析，帮助实现销售自动化、协同办公并且做好客户关怀外，更重要的是实施会员营销，让不同价值层的客户为企业创造更多的利润。

6. 客户组织化管理

目前最常见的一种客户组织化形态是成立客户置业会，比如万科的万客会、万达的万悦会、花样年的花样会、绿地的绿地会、金地的家天下、龙湖的龙湖会、雅居乐的雅地会，等等。

置业会可以为客户提供更多的附加服务，通过公关活动的举办与客户更多地接触，巩固与他们的关系，实施客户关怀。最终的结果是房企能拥有一批忠诚度极高的核心客户群，核心客户群不断向周边的朋友实施良性口碑传播，从而实现良性双赢的长期发展关系。

7. 客户体验评价

要持续保障客户关系的强连接，就需要一套完善的指标体系，对客户的体验进行多维度评价，包括客户满意度、费力度、净推荐值（NPS）等。

阿里 1688UED 团队建立了一套“5 度”模型，从吸引度、完成度、满意度、忠诚度、推荐度这 5 个维度来进行客户体验评价，这个模型可以直接应用于房地产关系营销中，如图 15–5 所示。

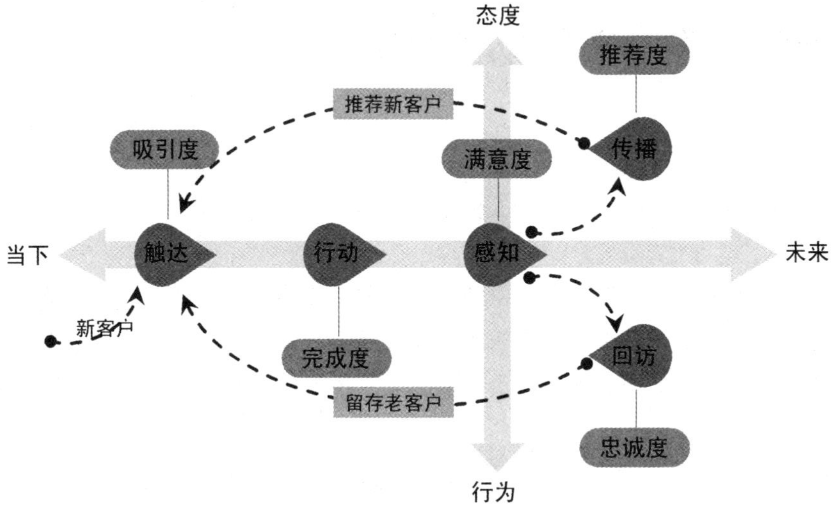

图 15–5　“5 度”客户体验评价模型

资料来源：阿里巴巴 1688UED

在客户体验评价的基础上，还需要建立房企内部的绩效考核机制，把各项指标具体落实到每个部门、每个员工身上，建立起全过程、全触点、全专业的客户关系管理体系。

| 第16讲 |

圈层营销：圈子对了，房子就卖了

目前，整个市场结构都在发生转变，由大众化市场向分层化、小众化、个性化的方向发展。一个房地产项目若想要满足所有人，其结果就是所有人都满足不了。大众型的产品不但吸引不了大众的眼光，也很难贡献客户价值，更不用说品牌的溢价。

房地产需求正在从基本居住需求向改善性需求、个性化需求过渡，更多的是满足一种生活方式的追求。与此同时，营销的方向也在发生转变，由大众型的营销体系向小众型的营销体系转变。

小众型营销体系的一个核心关键词就是圈层。通过集中优势，深入品牌目标客群所在的圈层，并全方位、立体服务特定圈层，从而实现更加精准和精细化的营销目标。

很多房企都设置有大客户或圈层营销管理等部门机构，具体负责圈层相关传播与活动的组织和管理。某大型房企的数据就显示，其在 2013 年举办各类圈层活动 4.3 万场次，收编客户超过 46 万，成交金额 203 亿元，约占集团业绩比重的 1/3 左右，其开发的两个城市项目，圈层成交分别占到总成交比例的 60% 和 51%。

圈层营销的价值，由此可见一斑。在房地产行业的开发经营过程中，圈层营销模式正被广泛地应用，房地产的营销意识已经从坐销向行销到圈层营销进行转变，对于房企来说，打造强大的圈层营销能力亦是构建核心竞争力的关键之一。

一、有圈子就有一切

远古时期，人们以种群或血缘关系组成一个个群落。后来人类进入了文明社会后，尤其是阶级社会，更多地以阶层为特征进行圈层的划分。到了 21 世纪，兴趣开始成为圈层划分很重要的特征。尤其是移动互联网的发展，促进了圈层的繁荣，线上的比如 QQ 群、微信群、豆瓣小组等，线下的比如车友会、摄影圈、电竞圈、红酒圈、跑团、读书会等。

人是社会的动物，社交是人最基本的需求，每个人都希望得到相互的关系和照顾，而圈子就是“刷”存在感最重要的方式。由于不同的消费者在消费水平、消费方式、兴趣爱好等方面的差异，就开始明显地呈现出圈层化的社会特征。

所谓“物以类聚，人以群分”，圈层就是具有相似的经济条件、生活形态、艺术品位的人形成的一个小圈子。这些圈子可能是有形的，也可能是无形的。从广义上来说，圈层是一个具有相同社会属性的阶层，比如现在常说的 Z 世代、新中产、银发族、宝妈群体、小镇青年等；从狭义上来说，圈层则是指一个区域内具备很强的社会联系，社会属性相近的群体，比如各种商会、协会、职场和生意场的俱乐部等。

由于圈层相对中高端的社会特性，因此在房地产营销中，就有“圈子对了，房子就卖了”的说法。针对各种不同的小圈子，进行点对点的精准营销，成为很多项目脱颖而出的不二法门。

有圈子就有一切。对于房地产营销来说，某种意义上就是针对圈层的营销。从市场细分、目标市场选择，到市场定位的 STP 过程，实际上就是目标客户圈层的选择过程，然后针对圈层设计适合其需求的产品，并围绕圈层进行传播，实现精准化营销。

在房地产的圈层营销中，营销前置是最关键的。也就是说不是根据产品特性再去找圈层客户，而是在产品定位之前就要充分调研目标圈层客户的需求，分析他们的共同特征，进行精准客户画像，并以此制定沟通策略和内容，指导后续所有的具体营销动作。

二、突破圈层传播

在房地产营销中，对圈层的理解可分为本体圈层、客户圈层和外圈层三个层面，如图 16–1 所示。

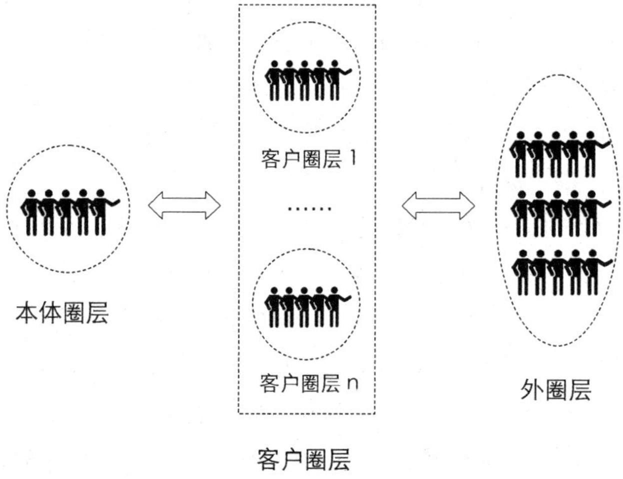

图 16–1　圈层关系模型

本体圈层是项目自定义或锁定的目标圈层，包括项目现有客户和潜在客户。价值打造的所有工作都是围绕本体圈层来进行的。

客户圈层是客户在本体圈层外的其他自己的圈层，包括客户的工作圈层、亲戚圈层、朋友圈层、爱好圈层等。

外圈层是指本体圈层和客户圈层以外的，没有目标客户的其他圈层。外圈层相当于是大众市场，虽然不直接贡献销售收入，但是来自外圈层的口碑宣传会提升项目的客户心理价值。

大众型的传播，主要是构建外圈层的价值认知，提升项目的市场形象。要真正实现销售增长和完成销售任务，就必须要围绕本体和客户两个圈层做精细化营销。

圈层营销最苦恼的是，信息的流动往往局限于本体，很难穿透到客户圈层，也就无法实现跨圈层的互动和产生“裂变”式的传播效果。

要突破圈层传播，打通不同圈层之间的屏障，实现跨圈层的“刷屏”，就需要对本体圈层和客户圈层加以深刻洞察，设计营销传播驱动机制，通过打造品牌 IP、KOL、社交货币等途径，与客户建立起精神沟通的纽带，激发他们产生“客户→

客户”的自传播。

1. 品牌 IP

IP 是英文 Intellectual Property 的缩写，是指“知识财产”。品牌 IP，就是用 IP 打造的方式来塑造项目形象和建立消费认知。

在移动互联网语境下，能让品牌变得更加生动、具体、鲜活的一个可行路径就是“人格化”。这样的项目更容易被记住，也更容易走进消费者的心智，与消费者产生情感共鸣。

案例链接

中建嘉和城是中建信和在长沙市雨花区开发的一个大型亲子主题社区，总建筑面积 62 万平方米，共 3200 户。中建嘉和城打造了一个“嘉仔和他的一家”的 IP 形象，分别有嘉爸、嘉妈、嘉仔和嘉美，如图 16-2 所示。

图 16-2 嘉仔和他的一家

2016 年 9 月，“嘉仔电台”小程序在项目公众号上线，每周五晚上团子姐姐在嘉仔电台讲述嘉仔一家四口的日常故事，并发晚安图。中建嘉和城还与长沙 925 悦电台合作，开辟“嘉仔叽叽喳”的栏目，实现新媒体与传统电台无缝衔接。

2017 年 8 月，举办“优 + 你的生活，亲子梦想季”嘉仔电台小主播选拔赛，连续不断的海选、职业体验秀，形成高频率、高质量的亲子活动。中建嘉和城还经常举办送爱心系列活动，培养孩子的爱心。

在传播渠道上，除了常规的朋友圈病毒式传播、QQ群信息传播、房产网本地论坛传播，还采取了新媒体和传统媒体的持续联动，实现线上媒体引流、线下社群深耕的营销。

IP落地，用产品诠释态度。中建嘉和城打造全家庭亲子综合体，规划有60万平方米童趣造梦场，涵盖12万平方米商业购物中心，2万平方米亲子奇趣园林。配套公立幼儿园、砂子塘小学等教育资源的加持，让项目每次开盘都形成热销景象。

2.KOL

圈层营销不只是把大家“圈起来”，还要让大家“嗨起来”。对于房地产来说，你有什么样的号召力让你的目标客户跟你玩，很大程度上就取决于有没有优秀的KOL。

KOL（Key Opinion Leader），即“关键意见领袖”，这是营销学上的概念。房地产KOL有四个特征：

一是专业，有一定的地产知识和消费经验，被大家信任；

二是爱分享，这是一个优秀KOL的主要特征；

三是喜欢新鲜事务，关注项目的最新动态；

四是有影响力，尤其是在自己小圈子里的影响力。

一般来说，只要具备上述的两个特征，那都是很好的KOL。在房地产营销中，可以通过社交网络、垂直平台、跨界合作、媒体合作、线下活动、客户数据库等方式挖掘和吸引到KOL，然后设计各种规则和活动，让他们通过社交媒体把信息传播出去。

3. 社交货币

社交货币（Social Currency）源自社交媒体中经济学的概念，用来衡量客户分享品牌相关内容的倾向性问题。

简单来说，就是利用人们乐于与他人分享的特质，塑造自己的产品或思想，从而达到客户口碑传播的目的。在微信、微博、抖音等社交媒体中，凡是能买到别人的关注、评论、赞的行为都可以称为社交货币。

社交货币能够强化客户的圈层社会地位，所以客户有天然的动机去传播收获社交货币的内容。因此，在营销传播中，要根据目标圈层客户需求，提供个性化的口碑内容，让他们在社交时能够发布收获关注、评论、赞的内容载体，帮助他们获取更多的社交货币，从而让他们为项目产生更多的圈层传播。

三、聚焦圈层活动

在线上高调传播推广的背景下，要实现圈层影响力向销售力的转变，最直接高效的方法就是举办圈层活动。线下圈层活动，是促进潜在客户转化为意向客户，意向客户转化为成交客户的最佳催化器。

房地产常见的圈层活动，就是举办沙龙、品质鉴赏酒会、高尔夫球比赛等活动。这些活动一方面形式雷同，过于强调销售导向，往往活动的真正主题就是项目销售；另一方面缺乏对目标客户圈层的研究，更多的是想当然地出发，因此营销效果越来越差。

好的圈层营销，应该是从重视当前客户的成交，转变为先与关键客户建立关系，整合圈层活动，再进一步发展客户及其身边的人脉资源。

1. 方向要对位

要研究企业品牌与产品的气质和调性，每个楼盘所展现出来的风格和形象都是不一样的，圈层活动的方向定位必须要与项目相匹配，结合产品的亮点，不能风马牛不相及，要能形成正向的品牌资产。

另外，要充分发挥项目营销中心、会所的功能，做活动尽量在现场进行，让客户在参与活动的同时，更好地体验项目的各种优势。

2. 圈层要细分

在客户圈层里面，实际上还有更细分的圈层。比如一个商会，就有会长、副会长、理事、会员等不同层次，同时，在商会中可能还有青年社、舞蹈队等细分组织。比如一个医院，有不同的科室，成员众多，收入水平、性格和价值观等都是多种多样的。

所以，客户圈层要往小众里再细分，并进行“窄道传播”。圈层营销切忌广撒网捕大鱼，往往越往高处走，好像都看得见，却啥也看不清。

3. 活动要跨界

共享与融合是这个时代的主题，圈层活动要吸引客户的眼球，形式多样的跨界是关键。实行圈层营销，不是为了销售而圈层的，这一点是圈层的大忌。做战略联合，由各战略单位围绕共同的主题而自行连接客户，最后组合成一场精彩的演出，这才是正道。

链接　**房地产高端圈层活动集锦**

在别墅、豪宅等中高端楼盘的营销中，举办高端圈层活动是最常见的手段。

· 顶级地产高峰论坛；
· 高尔夫邀请赛；
· 共享财富汇；
· 小圈层音乐会；
· 好马豪车派对；
· 高端旗袍秀；
· 茶道文化沙龙；
· 高端红酒品鉴会；
· 名流游艇会；
· 雪茄品鉴会；
· 奢侈品品鉴会；
· 顶级古董珠宝秀；
· 风水大讲堂。

4. 内容要有参与感

任何一个活动策划，都要重视客户的参与感和体验感。圈层活动的目的，不只是让客户记住品牌和产品，更重要的是让他们从活动中获得精神上的满意和愉悦。

比如一个公益活动，只是单纯地捐钱捐物，就会大打折扣，但如果是文艺汇演之类效果就好得多。即便是产品发布会这样的刚性活动，也要考虑让客户试用产品、深入了解产品等环节的设计。

5. 老客户要深耕经营

经营老客户，比重新寻找新客户对销售起到的效果更大，付出更少，对于高端楼盘来说更是如此。那些优秀的房企，其项目“老带新”实现的销售甚至可以占到一半以上。已经成为业主的老客户，对品牌已经有一定忠诚度和认可度，经营和维护好他们，不仅会带来直接的销售，还能持续增加品牌的价值。

比如某楼盘通过深挖业主资源，找到其中一位做茅台酒代理的业主，其接触的客户群体及生活圈均为较有实力的客户，且本人为摄影家协会会员，通过沟通，其朋友圈也有此意向，于是邀约其及当地旗袍爱好者协会至项目现场进行拍摄和交流活动，对其圈层资源进行深度挖掘，收到了非常好的营销效果。

第17讲

全员营销：做好营销的内功和外功

菲利普·科特勒认为，企业所有部门为服务于客户利益而共同工作时，其结果就是整合营销。

对于房地产来说，市场营销是根本，企业做的所有努力，都是为了实现更好的销售。不论是从客户角度还是企业角度来讲，市场营销都不是一个单独的功能，它是整个企业的集体活动。

营销是房地产开发的龙头，营销工作需要全员的支持。但在实际经营中却往往并非如此，很多员工都认为营销工作是市场部门的事，与自己无关，他们也不理解营销的组合策略，以至于在营销中需要各个职能部门进行配合时，很难实现预期的效果。

激烈的市场竞争表明，房地产营销是一场全过程、多层次、立体交叉的战争，这里没有前方和后方，也没有一线和二线的区别。无论是企业的经营者、管理者，还是规划设计、工程建设、物业服务、财务人事等人员，都是营销战的实际参与者。营销与每位员工的工作是融为一体的，员工所做的每一点努力，都是营销任务的一部分。只有全体员工精诚合作，形成营销合力，才能让企业在竞争的红海中扬帆前行。

这也就是所谓的全员营销。企业的全体员工以市场和营销部门为核心，研发、生产、客服、财务、行政等各部门统一以客户为中心，以客户需求为导向开展工作。通过整合企业的所有资源和流程，对4P和4C等营销要素进行有机组合，实现营销的整合性，全面提升组织整体战斗力。

一、全员营销≠全员卖房

这里要先厘清两个基本的概念：营销和销售。营销，英文为 Market-ing，是指利用一些渠道和方法，让客户主动来购买产品的行为。销售，英文为 Selling，是指主动将产品卖给客户，也就是从业者主动去找客户，向他们宣传推广产品，由此达成交易的行为。

简单来说，营销并不是直接把产品卖给客户。营销只是创造良好的条件，促使销售业务顺利进行。

房地产全员营销有三个常见的误区：

一是变成企业全体人员都做营销，人人头上有指标，人人头上有压力，变成全“怨”营销；

二是各个部门插手营销，人人都想管营销，乱成一团糟；

三是营销人人有责，于是出现各部门相互扯皮，相互推诿，最后反而大家都没有责任了。

比如某房企开启全员营销计划，除了营销口，每个员工都要在企业的 App 上完成指定任务，包括来电量、到访量和成交金额等，完不成任务的要写检讨书。像财务、法务、采购等职能部门的员工无法完成指标，于是不得不去找外援，甚至出钱请人来排队帮忙签到，弄得人心惶惶，走了不少优秀员工，成为变相裁员了。

全员营销的本质，不是让全体员工都去拉客户、卖房子，而是营销思维的转变，建立以客户为中心的价值传递系统，协同响应客户的需求。

二、全员营销的核心是客户满意

房地产行业的竞争，已经从土地资源竞争、营销竞争、产品竞争升级到客户竞争，进入全面竞争的时代。如今，房地产企业经营的核心，不仅仅是产品，更重要的是客户，要从客户视角出发，展开对客户需求、成本、便利和沟通的 4C 营销。

客户是生存之本，发展之基。企业实施全面营销，其最核心的要素就是客户满意度。要通过企业战略、企业文化、组织结构、产品开发、工作流程等的变革，持续创造客户价值，满足客户不断变化的需求和期望，提升客户满意度。

关于客户满意度的定义非常多，如果用一个数学公式来表达，可能会更直观一些：

客户满意度 = 客户体验 – 客户期望

客户满意度呈现出来的，是客户实际体验与期望之间的差距。当企业越来越关注并重视客户体验，满足客户需求，就能赢得客户的忠诚，实现营业额和利润的持续增长。

全面客户满意（Total Customer Satisfaction，TCS），就是以客户全程体验为基础的满意度研究，这是很多优秀房企都在使用的模型。

TCS 通过分析客户与企业在产品、服务等各个方面的接触点以及客户的全程体验满意度，发现影响客户满意度的因素、客户满意度以及消费行为三者的关系，为企业提高客户满意度提供有效的决策支持，有效改进产品和服务质量，提升品牌形象与客户忠诚度。

在决策诊断中，可以用满意度 GAP 矩阵、驱动分析矩阵、满意度细分矩阵等工具，迅速找出影响满意度的关键因素，并整合企业资源，有针对性地对产品和服务进行优化与改进。

链接

影响客户满意度的主要因素

在房地产开发经营中，影响客户满意度的因素主要有以下三类：

1. 产品因素

· 质量；

· 价格；

· 个性化。

2. 服务因素

· 售前；

· 售中；

· 售后。

3. 印象因素

· 经营管理；

· 品牌形象。

三、全员营销的实施

营销不仅仅是营销和销售部门的行为，而是企业的整体开发和经营行为，它们直接关系到产品和服务的销售结果。

房地产营销是一个理解客户价值→创造客户价值→传播客户价值→交付客户价值的过程。全员营销的目标就是要整合企业所有的资源，创造更多的客户价值。

1. 建立全员营销企业文化

全员营销的关键，是协调所有不同的职能部门来满足客户的需求，要让所有的部门都为客户设想，以客户的视角来看待自己的工作，并把客户满意当作企业各项生产经营活动的中心。

对于很多传统的企业来说，必须通过组织、运营、绩效考核的变革，以及清晰、一致的培训和沟通，改变固有的价值观和思维模式，自上而下树立以客户为中心的企业文化，这样才能切实提升客户满意度。

2. 以客户价值为导向进行开发经营

客户关心的，不是企业的愿景，他们关心的，是对其有什么实际的好处。这就要求企业要比竞争对手更细致、更专业、更有价值，除了营销和销售等一线部门，其他所有部门的工作模式都要从二线走向一线，从后台操作走向前台，直接面对市场，满足客户在居住、投资、发展等多方面的立体需求，如图 17-1 所示。

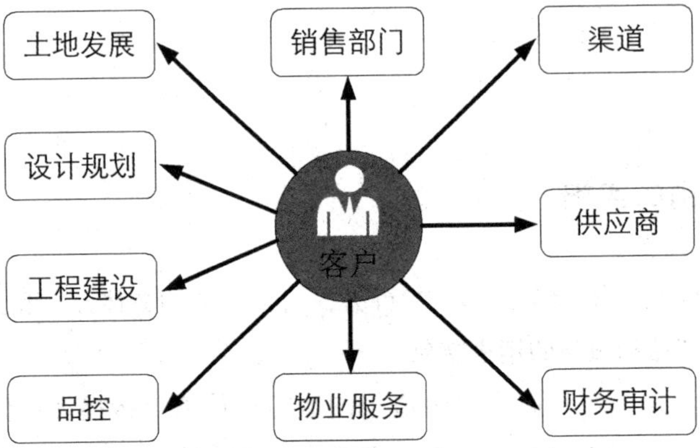

图 17–1　客户导向的开发模式

（1）展示企业美好形象

美好形象的核心是呈现对客户的尊重，不仅给客户留下美好的第一印象，还应关注服务的细节，在与客户接触的方方面面用心。比如统一的品牌 VI 形象、细致的服务流程等。

（2）提供专业服务

无论售前、售中、售后，都提供专业细致的服务，建立并不断完善服务的标准、规范及服务质量测量方法，并坚定不移地推进落实。

（3）交付卓越价值

实施专业的产品管理，为客户提供可靠的、优于对手的产品，以专业素养、技术能力为客户提供专业的解决方案，成为客户可信赖的伙伴。

3. 构建全过程营销管理体系

有专家总结过全员营销的五要素，分别是全员参与、客户导向、目标与结果导向、激励和持续性。

显然，全员营销是一项系统工程，不是单纯地喊喊口号，做个大数据分析就完事的。全员营销的落地，有赖于全过程营销管理体系的构建，不但要进行框架设计、运营布局，还要规划好实施步骤以及评价机制。

（1）管控模式

大多数的房企都是采用矩阵式或模块化管控模式，以确保各业务模块之间的专业化和协调性，如图 17–2 所示。

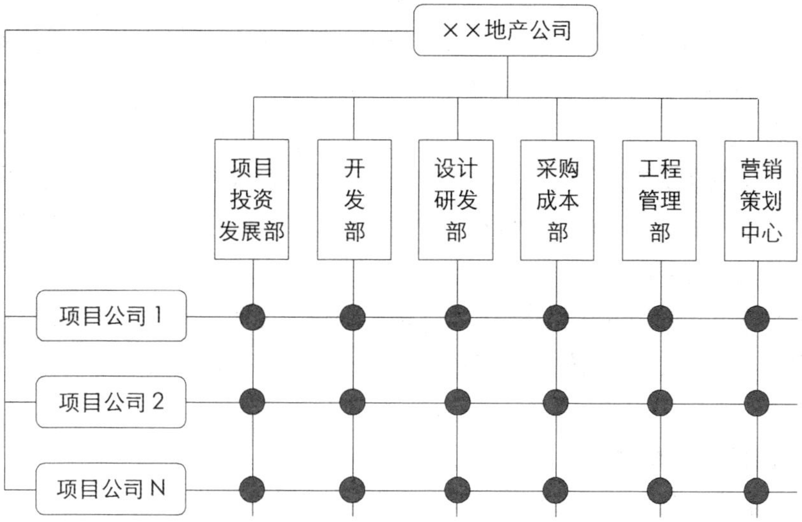

图 17–2　某房企矩阵式组织结构

（2）流程优化

流程优化是一项需要不断完善、优化的重复工作。流程优化解决的不仅仅是做正确的事，还包括如何正确地做这些事。其目的就是打破部门间壁垒，增强横向协作，提高组织运作效率，确保全员营销策略能够得到有效的执行。

（3）标准化建设

标准化体系建设为各部门之间提供了统一的接口，能够更好地统一认知、提高效率、保证品质和降低成本。标准化包括项目标准化、产品标准化、管理标准化、营销标准化、服务标准化等。

（4）竞争考核机制

要实现真正的全员营销目标，必须设计有效的竞争和考核机制，把客户满意度与员工的 KPI 考核结合起来，通过良性竞争提高员工竞争意识和技能，加强员工的团队合作意识。

四、把员工当作客户

每个企业面对的实际上是两个市场，一个是前端的产品市场，面对的是客户；一个是后端的人才市场，面对的是员工。从企业的品牌战略来说，则包含商业品牌和雇主品牌，对接客户的是商业品牌，而对接员工的是雇主品牌。

如今，无论是前端的产品市场，还是后端的人才市场，竞争都越来越激烈。从前端来看，营销的任务是拉新、客户的留存与转化，从后端来看，管理的任务则是更好地吸引和留住人才，让每一个员工都发挥最大的效用，也就是挖掘员工的终身价值。

员工不仅是企业价值的创造者，也是企业产品与服务的传递者，他们的工作状态直接影响着企业的产品和服务，决定着企业在前端市场的表现，也就决定着企业最终能够走多远。

如果把营销分为内功和外功的话，那么构建全过程、高效能的营销管理体系应该是外功，而构建和谐健康的平台体系就是内功了。

1. 内部客户思维

所谓客户，就是需要服务的对象，可分为外部客户和内部客户。

其中，外部客户指那些需要服务但不属于企业员工的社会群体和个体，比如购房客户、业主、媒体、政府机构等。

内部客户则是指工作流程的下一道工序，自己是前一道工序的客户，而下一道工序则是自己的客户，只有每个部门、每个岗位都把自己的客户服务好，最后面对终端客户的时候才能提供优良的服务。对于很多企业和部门来说，内部客户指的就是员工。

2. 关注员工的体验

企业所有的事情，不管是工程建设、设计研发、市场营销，或是售后服务，最终都归结到人，归结到一个个具体的员工身上。如果员工的体验不好，在企业内部没有得到资源、技术、情感上的支持，没有存在感和归属感，就不可能有企业追求的极致的客户体验。

很多房企都意识到了员工体验的重要性，开始从提升装饰装修、办公硬件、健身房、员工食堂、咖啡吧、智能化系统、应用软件等办公环境入手，以及根据企业文化设计与众不同的工作体验，让员工的工作变得更加愉快和有趣。

3. 员工就是你的品牌

Facebook 创始人扎克伯格在其自传中写道："员工就是你的品牌，每一个员工都是你公司品牌的面子，最佳品牌大使，最好的市场营销员。"

员工不仅是产品的开发者，服务的提供者，更是企业品牌的传道者。尤其在今天更加透明和更加注重社交参与的社会环境里，微信、微博、抖音等社交媒体的繁荣，使得员工职业社交的价值愈发凸显。企业需要向一线员工授权，奖励那些为企业和产品发声的员工，让他们能够自发积极地关注企业的官方账号，转发有关企业的信息，推荐自家的产品，向求职者推荐自己的企业。

案例链接

如何让业主更满意？藏在服务的每一个细节里。随着硬性的产品力成为标配，软性的服务力越来越成为客户对美好生活日益增长的需求。

融创西南深耕 16 年来，在西南各个城市快速发力扩张的同时，又能将客户满意度与口碑做到行业比较高的水平，这背后所隐藏的，正是融创西南的“归心 100+ 全周期满意度服务链”，让归心的美好，链接与客户相遇的每一步。

“全周期满意度服务链”是融创西南针对客户服务全新升级的服务体系。该体系内包含了客户与融创发生关联起，融创在各个环节中所要做的服务内容和标准动作，在蓝图描绘、客户签约、品质把控、沟通往来、社群营造、工地开放、新家预验、交房办理、OK+ 服务、家园焕新 10 个不同阶段中，制定了 35 项服务内容以及超过 178 个服务场景，使得客户及业主在每个阶段都能感受到来自融创贴心的服务体验，如图 17-3 所示。

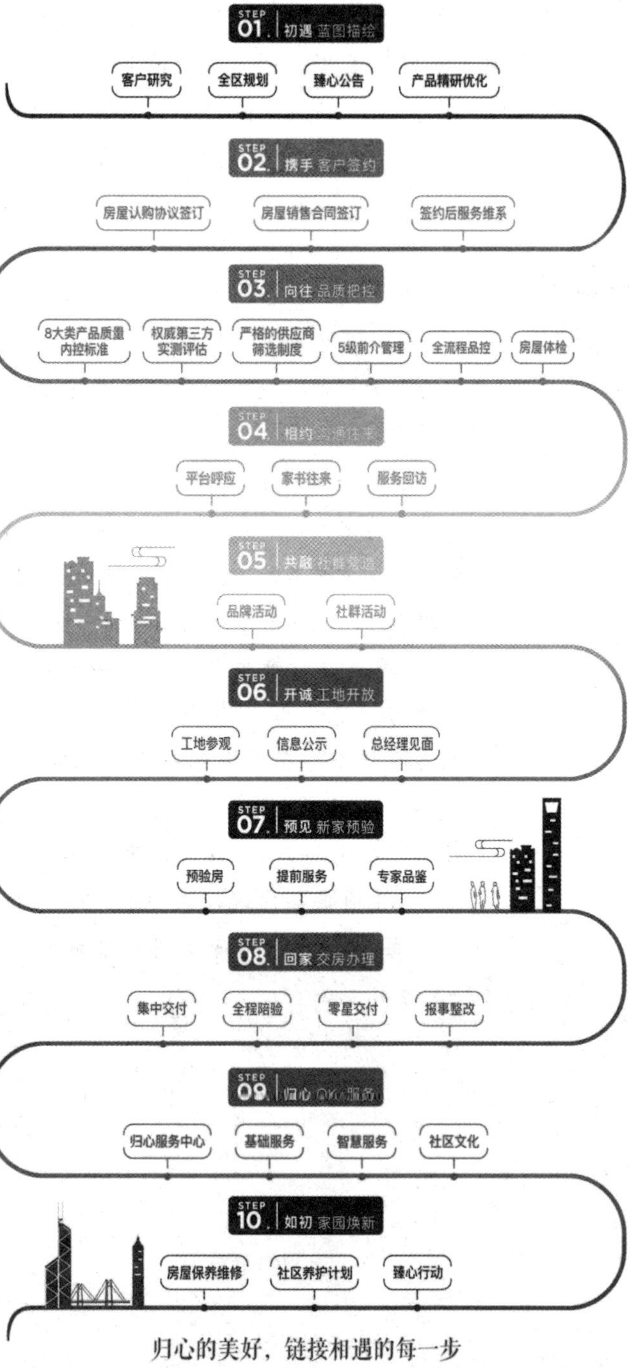

图 17–3　融创西南“归心 100+”全周期满意度服务链

第18讲

社群营销：房地产营销的新商业逻辑

通过培养已成交客户的忠诚度，让他们主动进行口碑宣传来带动其周边亲戚朋友的来访，并促进成交，这就是“老带新”的营销策略。

在房地产营销早期的“老带新”应用中，一般做法是奖励老客户现金、物业费、消费电子产品等，同时给予新客户一定程度的房价折扣或实物奖励，使其双方获利，得到物质及精神上的双重满足。随后发展出全民营销模式，开启这一先河的便是绿城集团，在 2012 年 2 月，绿城创始人宋卫平亲自撰写了“你若来了，便是春天”的全民经纪人招聘文案，承诺佣金高达 0.8% ~ 1.5%，一个月时间，涵盖证券、汽车、银行的 200 多名经纪人与绿城签约，并创造了绿城上半年 219.5 亿元的销售奇迹。之后各大房企纷纷试水全民营销，比如万科的万客通、复地的财富云等。

近年来大火的社群营销，和全民营销、圈层营销一样，本质上来说都是“老带新”。只是和全民营销的利益驱动、草根化，圈层营销的小众化、高端化相比，社群营销明显要更文艺范和有温度得多。

在中产阶级不断崛起与人口老龄化的新现实下，改善型的房子已经成为主流，购房者不再满足于居住和使用的基本需求，而是更加希望拥有房子之外的其他属性。

如今，房地产的产品功能越来越趋同化，是否会营造场景、策划内容、构建生活美学氛围、开展自然教育、搭建社交平台成为重中之重。消费者买一个房子时，对户型、建材、安防系统等非常讲究，但当他们真正拥有的时候，其实更在乎的是房子外面的事。真正的生活是在社区的氛围里，换句话来说，房子外面的竞争才是未来营销的核心。

一、从社会到社区

互联网和社交媒体的兴起，使得信息获取方式以及交易渠道发生了根本性的变化，客户的购买决策越来越取决于其他消费者和公众的评价。一个企业是否很好地融合社会、承担社会责任、成为社会的一分子，以及是否真正融入消费者，与人们近距离交流互动、传递美好体验，并成为人们日常生活场景的一部分，决定了企业是否能够继续成长。

从企业的成长路径来看，从商业化走向社会化和社区化是必由之路，如图18–1所示。

图 18–1　企业的成长路径

1. 社会化

随着产能过剩和市场竞争的加剧，客户的选择越来越多，企业的社会价值便成为企业之间竞争的关键要素。一个企业是否承担了相应的社会责任，逐渐成为客户选择接受某一家企业的前提。

这就是所谓的社会化。企业之所以得以存在，是能为社会提供解决某种需求的产品或服务，所以企业一定是社会的一分子。如果脱离了社会服务，企业也就没有了存在的意义。一个优秀的企业，不仅要提供好的产品和服务，还要让这个世界变得更加美好，用商业的手段推动社会进步，带动社会价值观的改变。

2. 社区化

对于一个客户，一个具体的消费个体来说，企业更多时候都是无感的。或者说，企业给到的体验大都是常规的、可预见的、没有温度的。尤其是很多企业，它们之所以提出社会责任的重要性，是因为社会、目标客户群体有这种要求，企业实际上是被动地承担，而非自觉主动地为客户带来积极的服务。

只有企业走到客户身边，融入客户的日常生活，扮演某一带来温暖的角色，才会让客户真正地接受和认同。从这个层面来说，未来真正占据市场和拥有客户忠诚的，一定是社区化的企业，具有社区的属性。

这里说的社区，不是物理空间区隔的社区，更不是互联网网站上的社区，而是由利益相关者通过线上线下组成的，有共同的价值观、互动紧密、追求相互利益平衡和谐的生态系统。也可以这样理解，社区是新消费时代企业与客户间的一种新的共生关系。这里说的利益相关者，包括企业、客户，以及内部员工、供应链、渠道商、政府和社会公众。

毫无疑问，相比一般性的企业，社区型企业深入到客户日常的工作和生活场景，构建了一个和客户紧密连接的生态系统，亲切、温暖、人情化、三观一致，有着更高的客户体验感和价值认同，从而使得企业的营销活动具有更强的势能。

3. 地产社群

对于房企来说，社区化的最佳路径就是地产社群。关于地产社群的定义，现在大家比较认同的是“房地产广告精选”创办人倪哲迟的定义：基于所居住的物理空间所形成的具有共同价值观的线下群体。

和互联网社群相比，地产社群有两个最大的不同：

空间不同。地产社群的成员都是居住在同一个物理空间，简单地说就是住在同一个小区。互联网社群的成员则可能是来自五湖四海。

逻辑不同。地产社群是先有线下的关系再转到线上，与互联网社群的先线上后线下有着本质的区别。

链接

2017 年度中国房地产十大社群案例

一事精致，足以动人。在 2018 年第三届中国地产新媒体年会上，根据运营能力、社群成熟度、行业影响力、大众认知等标准，评选出 2017 年度中国房地产十大社群案例。

1. 阿那亚

不止于孤独图书馆，不至于海边礼堂，在社区建设之上，是社群运营，迷你红酒马拉松，阿那亚戏剧节，在社群之上，是新的社会形态，有了阿那亚生活衍生品——阿那亚文化。阿那亚已经不止于一个社区，而是一个品牌，一种生活方式。

2. 奥伦达部落·海坨山谷

在奥伦达部落原乡之上，海坨山谷开启了一个大健康大运动的聚落（社群）新格局，有1473的孤独咖啡馆，也有黑松林环山骑行道，以及亚洲最大的房车营地，多重配套先行让海坨山谷的高端度假目的地名副其实。

3. 蓝城·桃李春风

从2014年的爆文神盘到2018年的一期交付，蓝城·桃李春风（杭州）已经成为可以入住的社区，春风里商业街开放，预示着这个网上的小镇神盘正成为鲜活的中国小镇生活示范区。

4. 绿城·桃源小镇

农庄+社区，让你住到桃源里，晴耕雨读的传统生活在绿城·桃源小镇中一一落定。小镇有文化，请窦文涛请钱文忠文化对话，小镇有生活，缤纷里商街试营业……让业主做一个现代版的陶渊明，耕读传家，在这里实现。

5. 原·聚场

从童梦童享的社区建设，到原·聚场的社群空间运营，东原社群建设从儿童扩展到大文化范畴。一个原·聚场，成为容纳东原与业主文化生活的场域，承载东原集团罗韶颖小社会理想的栖息地，原来生活可以更美。

6. 聚龙小镇

越朴实，越真实。聚龙小镇十年，一以贯之的人过地净，微笑问好，无人的信誉良品店，社区业主参与的义工社，老兵护卫队……一个具有自助自主自治精神的“老社区”，值得更多房企关注。

7. 华远 Hi 平台

一场5000人的业主春晚，业主是演员，业主是观众。华远Hi根据不同社区，制定主题社群，做主题活动，增强黏性和参与感，形成了社群+营销的良性互动。以社区文化艺术节的形式让各社群团结起来，成为中国社区文化的先锋。

8. 麓湖·麓客学社

忘掉麓湖的建筑吧，我们一起来谈谈生活！麓湖总设计师罗三最这么号召。结合麓湖社区的全能配套，凝聚社区忠诚用户，麓客社群由 1.0 时代的自娱社群，发展到 2.0 时代的自成长社群，内容由娱乐活动转向自我成长课程，让成长不再焦虑。

9. 建业君邻会

建业集团独立品牌君邻会，聚焦建业高端忠诚业主，通过邀约制成为君邻会员。聚焦会员，做了系列文化类活动，激活老业主，激发参与性，盘活“人”的资源，让社区再生，让价值再现，提供了老业主新活力的社群运营之道。

10. 大理的小院子

苍山下洱海边的大理小院子，有 67% 是外地客户，32% 来自北京。小院子根据每个业主的特长，把他们打造成“明星”，在社区里，邻里间获得更多归属感、存在感、参与感。这里有图书馆，有农庄，有食堂，也有来自中国台湾的道禾学校。打通了社区与社群的连接，成为大理的美好“小社会”，让人来了就不想再走。

二、社群最大的好处是能卖房

大家都知道，要做一个有情怀的项目，那需要时间和资金的沉淀，这也就是很多房企不愿意在社群营造上花工夫的主要原因。

但社群的营销价值是显而易见的，抛开文艺、理想不谈，社群做得好的最大好处就是能卖房。研究那些社群做得好的项目，它们老带新的比例、产品的溢价能力等都非常高。

1. 老带新比例高

数据显示，居易·西郡原著的老带新比例为 70%，阿那亚的老带新比例高达 92%。聚龙小镇 2015 年成交 426 套，其中老带新 397 套，占比为 93.2%；2016 春节期间，聚龙小镇成交 36 套，老带新比例为 35 套。

2. 营销费用占比低

一般的房企，营销费用如果能控制在2%以下，那已经是做得相当好的了。但在以社群见长的项目，营销费用都比较低，因为多数媒体都会主动报道，比如阿那亚的孤独图书馆，就引发了媒体的广泛传播。

3. 房子销售去化快

社群做得好，房子自然也就好卖。从普罗理想国公布的数据来看，其在2018年国庆期间卖掉789套，占同期郑州的一半销量。2018年单盘销售额超过60亿元，是郑州单盘销冠，放在全国也居于前列。普罗理想国还是中原地区房地产同行选择入住最多的社区，大致统计超过1000户。

4. 产品溢价能力强

都说产品容易模仿，但社群难以复制。社群做得好的项目，因为没有可比的竞争，在所在区域乃至城市，都有极强的溢价能力。以聚龙小镇为例，聚龙·陶然居的均价7000多元，聚龙·东篱10000～14000元，而所在区域惠安县的均价只有5000多元。

三、社群营销的四大要素

社群是一种真诚的营销，更是一群志同道合的人在共同做一件事情。如今，社群的营销价值已经越来越受到各大房企的重视，成为房地产营销的新商业逻辑。不只是那些郊区的项目，包括城市普通社区都在进行社群营造和社群营销，大家通过全方位的努力，营造温暖的社群，激发购房客户和住户的归属感和荣耀感，从而打造真正的社区，如图18–2所示。

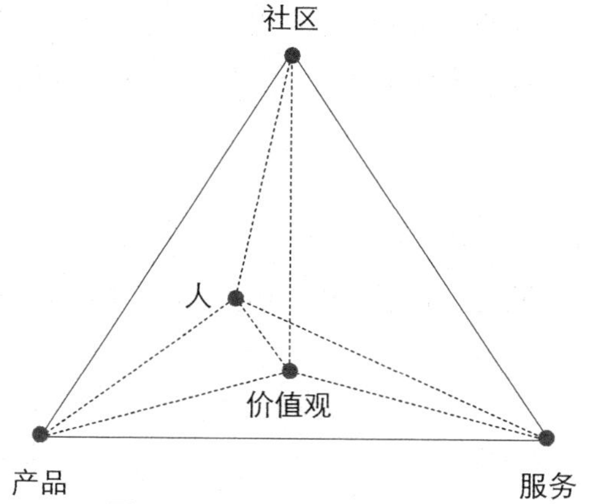

图 18–2　社群营销的四大要素

1. 价值观

一个社群，首先要有自己的核心价值观。比如万科良渚文化村的“三好”：好房子、好服务、好社区；奥伦达部落的“五同”：同在、同话、同好、同创、同享；阿那亚的“有品质的简朴，有节制的丰盛，回归家庭、自然、传统”；聚龙小镇的“明德、慎独、自在、利他、知行合一、呵护家园”；蓝湾小镇的“真诚、善意、精致、完美，理想小镇”等。

在价值观的基础上，通过业主自己感知后形成业主公约或社区契约，比如《万科良渚村民公约》《阿那亚业主公约》《聚龙小镇业主文明公约》《绿城杨柳郡郡约》等，并在购房者看房，或者签合同时针对这些制度进行签约。

2. 人

无论是地产社群，还是互联网社群，核心都是人，尤其是有号召力的意见领袖，对社群的意义更是深远。

在社群初期，通常是由开发商的核心人物来主导，比如阿那亚的马寅、蓝湾小镇的宋卫平等。在社群发展起来后，则要找到社区达人，赋予他们精神和荣耀，让他们成为撒在居住业主之间的种子和火苗。

3. 产品

地产社群的最大特征就是它最终是要落地的，不是空中楼阁。因此在设计规划时就要做好全域规划，建立公共空间，提供复合功能，让居住者能够走下楼、走上街，在公共空间里自由交流、活动。

比如普罗旺世做规划时，就把所有的公共空间、交往系统做了基本的设定；蓝湾小镇设置有颐乐学堂、社团教室、乒乓球场、羽毛球场、篮球场、图书馆、游泳池、业主食堂、蓝湾渔排等。

4. 服务

有了价值观、人、产品，社群的成长还需要园丁的悉心培育，建立各种基于兴趣和需求的子群。

初期大家可能没有经验，这就需要房企来提供服务，这个服务在本质上类似于一个广告公司，它有很强的企划能力和跨界整合能力，还要有非常好的耐心和激情跟业主去做社群这件事。这个服务团队在普罗理想国叫社营中心，在聚龙小镇叫社区文化部，在阿那亚叫 D.O. 团队（Dream Organizer，梦想组织者）。

案例链接

在京津冀城市群中，孔雀城是品牌影响力最大的地产之一，从 2003 年至今，孔雀城在环京地域深耕 16 载，近 20 万业主选择孔雀城。在社群营销上，孔雀城采用全国联动机制，成功打造了公益、亲子和幸福三大 IP 活动，基本满足了不同代际的业主需求，实现了业主凝聚力和口碑效应。

1. 公益 IP

如何为业主构建“美好生活”？孔雀城以业主为基底，于 2014 年成立了“孔雀家”的社群服务组织，全力打造生态、活力、健康、魅力的宜居之城。这其中，最为突出的是“一千件力所能及的小事”活动，该活动由固安孔雀城于 2017 年发起，拓展到廊坊、八达岭、沈阳等多个城市的项目中，旨在通过生活中力所能及的一些小事来帮助身边的人，传递城市温度。

2. 亲子 IP

在所有开发商的社群活动中，都有和孩子有关的社群活动，孔雀城也不例外。2018 年，孔雀城在全国 50 城同步启动了“小孔雀夏令营”儿童成长守护计划，旨在为业主打造长期、可持续的儿童成长发展平台，将业主运维的重心放在关注住区儿童成长，为孩子们创造一片自由成长的土壤。

3. 幸福 IP

孔雀城通过多年努力，开展各类业主社群活动，赋予社群原发内生动力，旨在提升孔雀城业主的居住幸福感，其成功打造的幸福“吉”市活动，成为新老业主和客户们的“社区节日”。比如，在永定河孔雀城英国宫以“老时光新故事”为主题的跳蚤市场，百余个摊位，2 小时就被业主一抢而空。

除了以上三大 IP 活动的打造之外，“孔雀家”的社团已经发展到了 20 多个，包括读书、园艺、健身、亲子、美食、公益、书法、国画、摄影、琴友、瑜伽、舞蹈、朗诵、萌宠、缝纫、足球、篮球、乒乓球、巧手、跑团、淘乐汇、彩铅、拼布等，几乎每个业主都能找到自己的兴趣社团。

PART 6

第六部分

渠道、拓客

| 第19讲 |

如何建立灵活高效的渠道管理体系

更多时候，产品并不是直接由生产者出售给消费者。尤其在专业化分工越来越细的今天，有一系列的销售、配送、服务等中间机构承担了营销渠道的职能，它们收集潜在和现有客户信息，设计和利用有说服力的传播，促使最终客户能顺利地购买和使用产品。

在市场环境一片大好的时候，营销压力被弱化，使得房地产开发商把自己强化成销售终端，普遍选择零级渠道策略，以期最大限度地降低渠道成本，获取高额回报。

其实，零级渠道策略并不利于企业自身的做大做强，专业化分工是趋势，营销追求的应该是整合。尤其是市场低迷时，传统的广告轰炸失效，售楼现场门可罗雀，如何走出售楼处，整合营销渠道优势，通过渠道寻找有效客户，成为企业能否胜出的关键。

一、房地产营销渠道

渠道是产品转换为资金的关键环节。房地产营销渠道要解决的是如何把房子以最快的速度、最佳的经济效益、最低的费用支出转移到客户手中，这也是一个房企营销力的表现。

1. 直接营销渠道

在房地产营销渠道中，直接营销渠道是主导的营销渠道，房地产开发商自己承担全部流通职能，直接将房地产商品销售给客户。最常见的形式就是靠广告传播聚集人流，派出置业顾问在一个固定的场所（主要是售楼处），为有购房意向的客户提供服务。

直接营销渠道的优点是自己掌控开发经营全过程，可以避免一些代理商介入造成的营销短视行为，同时可以直接面对客户，了解客户需求，及时调整项目规划和功能设计。但对于中小房企来说，由于缺乏专业的人才和团队，难以形成专业优势，反而分散了企业的人力、物力和财力。

2. 间接营销渠道

房地产开发商把自己开发的项目，委托给中间商如房地产策划代理公司进行销售或全案代理。

间接营销渠道的好处在于有利于发挥营销专业特长，优秀的中间商大都集中了市场调研、广告文案设计、现场销售接待等各方面的营销人才，可以从专业上保证项目销售成功。但间接营销渠道的缺点也比较突出，比如目前的中间商良莠不齐，合作中的各种摩擦问题多。尤其是中间商销售业绩没有超出预期的话，支出大笔的营销费用，反而使利润受损。

3. 联合营销渠道

由于直接和间接营销渠道的优点和缺点共存，所以实际操作中在探索第三种渠道，进行联合一体销售，优化营销渠道。比如房地产开发商和中间商同时销售、二三级市场联动、两家或多家中间商分销等模式。

4. 网络营销渠道

移动互联网的快速发展，在改变着人们生活、工作方式的同时，也在深刻改变着房地产商品的销售、服务模式和理念。网络中介代理市场开放自由、信息传播广泛迅速，供需双方可以选择多种方式交流，节省了场地和大量的人力物力。

链接

渠道层级

通常用中间机构的层级总数来表示渠道的长度。如图 19-1 所示，是房地产商品的营销渠道。

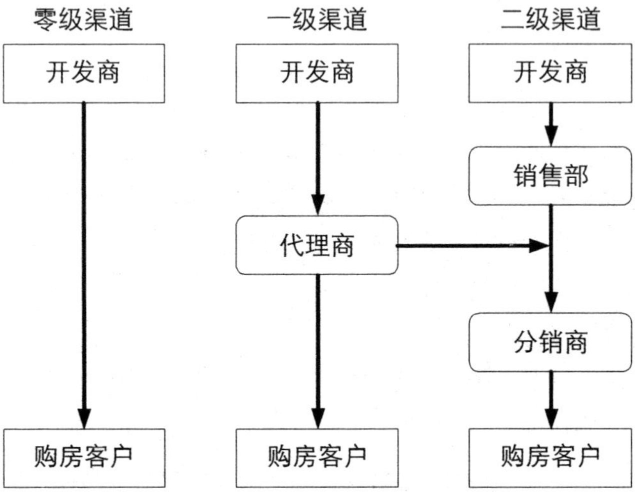

图 19-1　房地产渠道层级

1. 零级渠道

也称直复营销，是由生产者直接将产品卖给客户。主要方式包括上门推销、电话营销、网络营销、派单、展厅等。

2. 一级渠道

包括一个销售中间商。比如代理商、分销商、中介机构。

3. 二级渠道

包括两个中间商。通常是一个代理商、一个分销商；或者是两个分销商，一个是一级分销，一个是二级分销。

二、渠道定位与设计

渠道是增强房企竞争力的重要途径，在选择使用何种营销渠道之前，必须对影响营销渠道的各种因素进行分析，然后再进行决策。

众所周知，就市场营销学基本原理而言，影响营销渠道策略的主要有产品、客户、中间商特性、竞争对手、企业和环境六大要素。对房地产营销渠道的定位与设计，仍然需要从这六个要素的组合入手。

1. 产品

房地产属于不动产大宗交易，具有复杂性、低识别度的特征，需要经过培训的专业人员才能服务，宜选择短的间接渠道，最好不超过两级。不同房地产项目选择的营销渠道是不尽相同的，比如不同的价格、体量、利润等，都会影响渠道的选择。一般情况下，价格越高，就越可能采用间接渠道，因为弹性小；体量比较大的项目往往也需要通过中间商，以扩大销售面；而盘小、利润低的项目，通常采用自己销售的直接营销渠道。

2. 客户

如果潜在消费者多且分布分散，市场范围大，就要利用中间商广为推销。若市场范围小，消费者少且集中，就可以选择自己销售。

3. 竞争者

一般来说，要尽量避免和竞争者选择同样的分销渠道，如果实在是碰到短兵相接，也要尽可能做出差异化，否则很容易进入同质化的价格战，得不偿失。

4. 企业

每个企业的情况不一，如果自身实力雄厚，就可以随心所欲挑选最合适的分销渠道和中间商，甚至组建自己的销售团队。但如果财力薄弱，或缺乏专业的营销经验，一般只能通过中间商进行销售。

5. 市场环境

市场环境包括社会环境、经济环境、竞争环境等。需求量大的房地产，一般应减少中间环节，比如普通住宅项目。对于需求量较小的房地产，比如高端楼盘、远郊项目等，为了打开销路，往往需要与中间商合作进行间接销售。

三、渠道管理

近年来渠道模式的乱象也逐渐显露出来，比如客户信息泄露严重，一级渠道洗客，本来自然到访的客户被渠道拦截，变相增加了营销成本，二级渠道尤其是本分的小微机构纷纷倒下。由于利益链的存在，每个分销环节都在觊觎分一杯羹，导致最后的优惠根本没有落在购房者身上。

房地产开发商选择渠道合作，代替传统的推广模式来获取客户，然后按实际成交付费，看似量化，工作也轻松，但却背负越来越高额的渠道费，甚至被渠道“绑架”。对于中介公司来说也很开心，它们利用信息不对称，可以把手上的客户往成交快、佣金高、结算有保障的项目去导流。

对于消费者来说，渠道代表的就是企业，渠道乱象会影响他们的认知，形成对品牌和产品的负面印象。因此，房企需要加强对渠道的管理，在渠道挑选、培训、激励等各方面下功夫，建立起灵活高效的渠道体系。

1. 清晰定义渠道角色

营销渠道最重要的作用是将潜在客户变成意向客户，渠道不仅仅是服务市场，更要创造市场。渠道的功能是通过一系列的流程来执行的，不同的渠道在流程中扮演的角色是不一样的，在渠道结构上需要对渠道成员的权力、承担的责任和义务定义清楚，不然容易造成渠道成员之间的冲突。比如分销商和销售部门的冲突、内渠和外渠的冲突、分销商和分销商之间的冲突等。

2. 制定内外结合的奖惩制度

为了激发渠道成员的积极性，企业内部往往会制定比较细致的奖惩制度，让渠道成员与渠道绩效捆绑在一起。这些制度要结合企业内外部的情况，不仅激发员工的积极性，而且要能减少销售部门、渠道成员之间的摩擦，让大家相互信任、紧密合作，让企业利益最大化。

3. 加强渠道之间的沟通

在渠道管理中，要加强渠道之间的沟通，比如定期召开会议、建立营销云系统等。要让客户和产品信息实现高效的流动，避免出现信息失真滞后、一房多卖、洗客、人为过滤等问题，造成渠道成员之间的误解，甚至造成不必要的冲突。

4. 建立渠道管理团队

很多房企都根据企业和项目的特性，建立了自己的渠道管理团队，按不同的客群分布、不同的分销商进行分组设置人员。如图 19–2 所示，是某项目营销中心的组织架构图，渠道分成自己直接组建的内渠和中介公司组成的外渠。

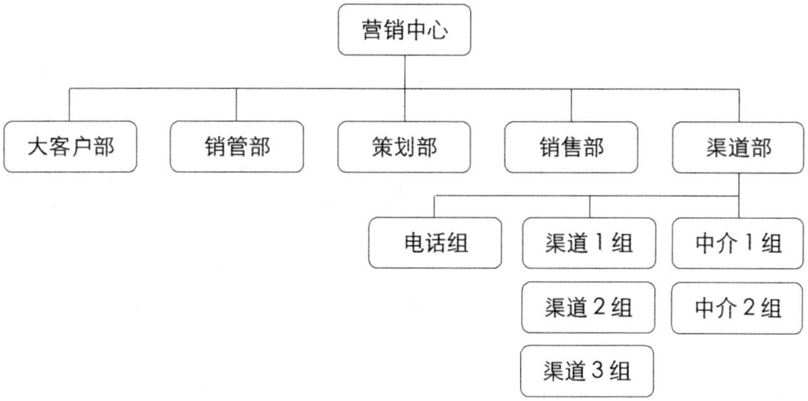

图 19-2　某项目营销中心组织架构

案例链接

某房企为促进项目销售，保证营销管理中心渠道工作的顺利开展，特制定一份渠道管理规范细则，针对渠道公司的引进、渠道人员对外推广宣传、带客及案场接待等一系列工作流程进行规范化管理。

1. 带客流程及认定

带客流程按照集团流程严格执行，如图 19-3 所示。

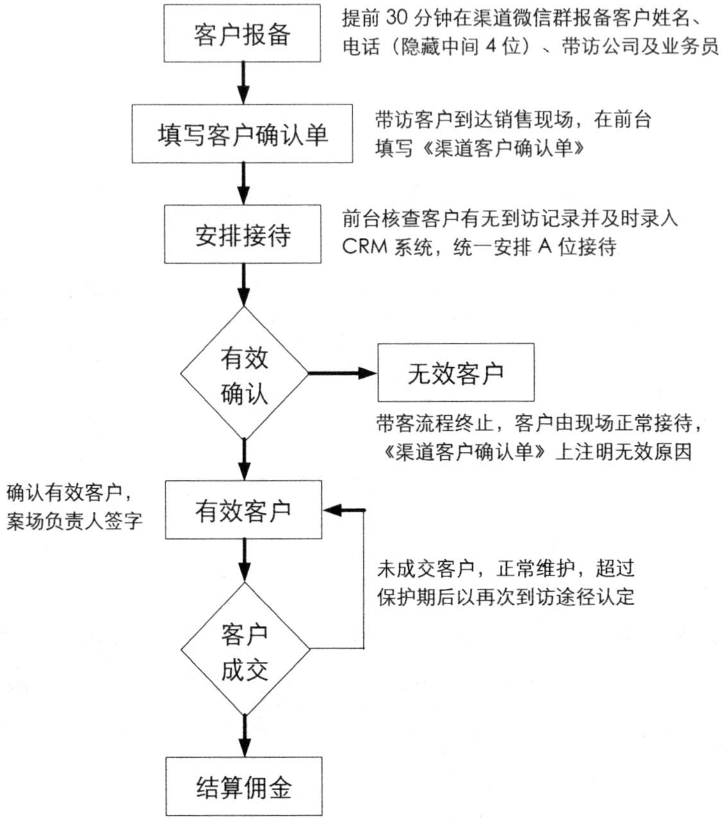

图19–3　某项目渠道带客流程

渠道客户认定标准：

·渠道工作人员亲自带访的新客户，以及到访前30分钟报备，自行上门的新客户（含与报备客户同行的新客户），判定为渠道有效客户。

·客户报备当日有效，渠道公司之间的报备或带访客户出现交叉时，以首位报备制为原则。直系亲属客户视为同一组客户。

·渠道客户执行有效保护期为住宅30天，商业及别墅为60天。以首次到访录入系统时间为准，有效期内无成交，则以客户再次到访途径为认定标准。

2. 房地产渠道公司工作制度

·房地产渠道公司下属工作人员的培训（岗前培训、每周作业培训、培训效果抽查）；

- 渠道数据、日报、例会制度；
- 拓客、发展下级渠道规范；
- 渠道冲突、客户争议处理。

3. 电商公司团购细则

4. 案场日常规范

5. 渠道公司评估与考核

6. 物料领取规范

7. 违规及处理

注：房地产渠道公司包含二手房中介、专业渠道公司、电商公司及各类有客户资源的合作单位。

第20讲

房地产拓客，如何决胜于售楼处之外

房地产常规的客户来源，主要是依托于线上和线下的营销推广，然后获取自然来访售楼现场的客户。在淡市中，把销售寄托于策划根本无法完成销售目标，传统的坐销模式正在消亡。要找到更多的客户，就需要走出传统舒适区，去开拓新的市场，主动去行销、去拓客。

拓客的核心，就是走出售楼处，依托项目资源和自身资源寻找或挖掘客户机会，并完成客户到访并成交。相比局限在案场的坐销来说，专业拓客的传播深度、费效比等营销效率无疑是更优的。因此，拓客逐渐被视为售楼人员的基本技能，销拓一体化、全渠道营销成为房地产营销的标配，在实际应用中，拓客产生的成交往往会占到总体成交的50%以上。

所谓拓客，就是拓展客源，增加客户的数目。拓客的核心，其实就是提高售前服务和市场推广的水平，去触及常规传播无法覆盖或影响的潜在客户，挖掘他们的隐形需求，通过特殊的营销活动，把他们转化为项目真正的客户。

一说到拓客，很多人马上就会联想到全城派单、CALL客、竞品拦截的“脏乱差”形象，这其实是因为某些项目盲目、野蛮拓客造成的。拓客并不是简单的客户获取，而是沿客户获取→客户管理→客户忠诚度打造的全流程化的系统工作。

一、制订拓客计划

如今，拓客已经普遍化，几乎所有项目都在做拓客，但结果却是大相径庭，这主要与不同的项目定位、产品类型、拓客策略、团队执行等有关系。

在实际操作中，拓客的招式并不多，关键是在于人。拓客的工作具体由谁执行，通常有三种途径：一是安排案场置业顾问进行，销拓一体；二是设立外拓部门，由渠道专员负责；三是选择外包，与专业的策划代理公司、中介公司合作。

工欲善其事，必先利其器。在正式开始拓客之前，需要制订一套严谨周密的拓客计划，用以指导整个拓客工作的进行。这个计划应该根据项目的差异化，锁定目标客群，根据客户的特性、行业、分布区域等，选择有针对性的拓客方式，并对拓客目标、区域选择、费用预算、推广支持、物料配备、人员架构、考核体系、竞争机制等进行有计划的安排。

二、绘制客户地图

对于每一个具体负责拓客的营销人员来说，客户是谁？他们在哪里？他们有着怎样的工作和生活？只有能清楚地回答这些问题，才能发动企业内外部的一切力量，打通所有渠道，对目标客户进行摸查。

客户地图是营销管理者的“作战”地图，更是拓客工作人员的指南针和导航仪，它可以帮助其更好地制定拓客策略，发现和寻找客户。客户地图要详尽描绘，具体到每个区域、每个行业，具体数量、位置、规模等信息，这样，拓客计划才能准确开展。

关于拓客工作中客户地图的绘制，常规上有以下三类：

拓客地图。也称拓客点位图，通过大数据对项目信息的分析，动态匹配与适合项目拓客的目标点位，涵盖衣、食、住、行、乐、工、贸、金等各类位置点，并智能生成拓客动线。

成交地图。针对成交客户和已有客户的数据分析，制作成交地图，在地图热点区域，说明购买实力和意愿都比较强，这样在推广投放和行销拓客时便有了精准目标，从而做到有的放矢。

报备地图。通过每日外拓报备的客户数据，生成报备地图，即可发现哪些区域拓客效果好，及时对拓客方向和策略进行调整。

案例链接　某知名房企根据多年拓客经验与客户分析，总结出其核心客户的12个渠道来源，并用以指导所有新项目的营销执行。

· 政府部门领导/校长/院长/事业单位负责人等；
· 企业高管、商会/行业协会会长、秘书长；
· 游艇会/越野车/高尔夫/赛车等高端社团会长；
·4S店销售经理/车友会会长；
· 专业市场档口老板；
· 各地平安渠道经纪人；
·"村镇领导"及"老人组"；
· 房地产一手、二手中介人员；
· 区域或项目供应商；
· 当地的媒体从业人员；
· 奢侈品/金融/保险等行业从业人员；
· 区域、项目部及集团各板块全体员工。

三、营销拓客13式

拓客的本质，是找增量市场，就是从传统的坐销等客户上门转变为主动找客户，形成"全城都是售楼处""销售人员走到哪，哪就是售楼处"的全渠道营销场景。

如何高效地获取客户需求和资源，以最低的成本找客户、促成交，是拓客的根本任务。具体来说，就是通过整合企业内外部的优势，构建专属团队，在合适的时间、合适的地点，实现产品与目标客群的一对一精准对接，完成深度展示和终端拦截导流。

1.CALL 客

这是典型的电话营销。CALL客的最大问题是客户缺乏信任感，因此上岗前要对电话人员进行充分的组织培训，并及时调整和修改标准化的销售说辞。

客户的电话信息主要通过内部和外部两个渠道获取到，一是通过会员、前期各阶段进线或到访的登记客户、已成交的老客户等内部资源；二是通过合作代理公司提供资源、竞品客户拦截、企业通信录、各类专业数据服务商等外部资源。

CALL 客通常是采用“小蜜蜂”不断给客户打电话，从而筛选出有效客户。每次 CALL 客分 A、B、C、D 类客户，A、B、C 为不同诚意度的有效客户，D 类为无效客户，然后对 A、B、C 类客户进行 CRM 录入。间隔一段时间后，再重复这个循环。

2. 派单

派单不是满大街见人就发 DM，派单质量有一个很简单的判断指标，那就是派单转来访率。比如某项目制定的目标是派单量 200 ~ 300 张 / 人 / 天，来访率在 3‰的派单属于无效，如表 20–1 所示。

表 20–1　某项目派单转来访率考核指标

低于 3‰	3‰ ~ 5‰	5‰ ~ 7‰	7‰ ~ 10‰
无效	底线	标准	较好

派单分撒网式和定向式两种模式。撒网式派单适用于人流密集，但客户分布比较分散的场景，追求的是派发数量最多派发速度最快，博取信息高覆盖率，在广泛撒网的基础上抓成功率。而定向式派单则适用于目标客户定位相对准确、分布相对集中的场景，追求的是准确度和高到达率。

派单人员要着装统一，比如帽子、衣服、绶带、有特色的道具等，在派单过程中要有简短文字介绍，强化潜在客户的印象记忆。派单是一份邀约，活动是最好的到访理由。因此，DM 单要尽量有礼品券、优惠券、抽奖券、入场券等附加功能。

3. 陌拜

陌拜，顾名思义，就是陌生拜访，俗称扫楼或扫街，这是销售中最传统也很有效的拓客方式。陌拜目标主要是写字楼、商户、企业等，具体流程如图 20–1 所示。

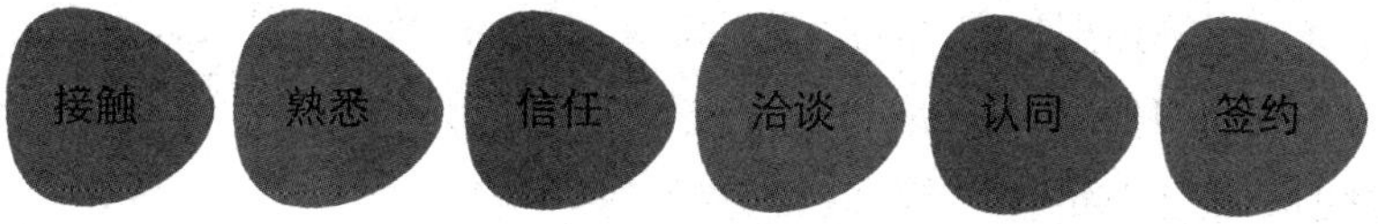

图 20–1　陌拜客户流程

陌拜的主要任务是要寻找关键人物，虽然说是陌生拜访，但在拜访前也要做足准备，对客户的各种背景信息进行搜集，进行周详计划。很多营销新人都比较怵拜访陌生客户，主要是怕被拒绝，因此如果能找到介绍人或推荐人的话，陌拜的抗性就会小很多。在陌拜中，要尽可能携带详细的项目资料，比如产品手册、IPAD 端的营销展示系统等。

4. 竞品拦截

俗话说，客户不在你这里，那就在竞争对手那里。要解决客户资源问题，竞品的准客户就是最准的客户。因此最简单粗暴的方法就是到竞品项目去，对竞品售楼处出来的车辆 / 行人进行拦截拓客宣传，在停车场对车辆拓客，在竞品周边公交 / 地铁站点、竞品周边道路的十字路口对行人、车辆进行拓客宣传、举牌展示。

要做到精准竞品拦截，充分挖掘竞品的客户资源，就要密切关注竞品的销售动态、优惠、特价房等。竞品拦截最直接的成果就是带访至案场，或者留电约访。

既然是竞品拦截，那就不要偷偷摸摸的，而是应该正大光明地去竞争，让客户货比三家。拓客人员要自信、热情、大方，积极主动，不怕丢脸。

5. 巡展

根据目标客群的特征及分布地图，选择在展会、购物中心、社区、步行街、酒店等目标客户群比较聚集的区域进行项目展览与吸客。

巡展有室内和外场之分，因此需要准备不同的物料配合，比如沙盘、灯箱、展板、背景板、帐篷等。比如碧桂园就有品牌盒子和四级展厅的拓客模式，根据项目的实际情况，设置固定展点、高端移动展点、普通移动展点或植入展点。

6. 圈层

圈层是比较精准的拓客方式。圈层拓客的核心是找到有钱的人、有权力的人和有影响力的人，针对不同目标圈层的生活模式、心理需求等特征，组织开展具有针对性的拓客活动。

很多人一说到圈层拓客，就会想到高端、奢华的活动，其实针对普通大众型的客户，一样可以实施。比如工会活动、同学会、年代秀、老友记、生日会，以及和妇联团委联合举办单身派对、集体婚礼等。

7. 团购

团购单位可以从房企的关系单位、合作单位、集团内部员工、积累客户中去选择和寻找，也可以慕名拜访项目周边的企业或片区大型企业。具体实施中，可以按照报名顺序选房，并给予额外的 3%～5% 的优惠折扣。

选择团购单位，要寻找实力较强，客户基数大，同时单位支持、员工踊跃的，这样才能达到拓客效果。某房企统计过，团购效果排序为：银行＞政府＞移动、联通＞医院＞电信＞开发商内部＞周边大型企业＞周边小型企业。

每个企业都有自己的传播渠道，需要在拜访时与企业进行充分沟通。可以通过内部发文或传真、企业 OA、短信发送、宣传栏海报、易拉宝摆放或举办内部专场推介会、企业间联谊活动等建立关系，发掘客户。

8. 跨界

不识庐山真面目，只缘身在此山中。当你跨出行业圈子，就会发现更广阔的客户天地。跨界有产品跨界、生活跨界、服务跨界、营销跨界、传播跨界等，而其中，战略联合、异业联盟等是跨界拓客的最常见方式。

品牌单打独斗的时代已经结束，尤其在移动互联网时代，各行各业的流量都空前稀缺，在海量信息面前，消费者的注意力被切割，传统的营销模式效果大打折扣。跨界跨越的是品牌、行业及场景，目的是在相对独立的两个品牌之间，将各自的圈层打通，交换或联合资源，以创造竞争优势。同时还可以让不同领域、不同行业的销售精英成为项目的“销售员”。

9. 客户会

很多销售人员在日常工作中苦于开发不到新客户，其实根据著名的二八法则，80% 的业绩收入是由 20% 的客户创造的，维护好老客户，服务好老客户，就等于在开发新客户。老带新才是最好的拓客方式，以某大型房企为例，其老业主的重复购买率达到 38%，推荐购买率超过 50%。

要做好老带新、会员营销的最佳途径就是利用好企业已有的客户会等 CRM 系统，常联系、重关怀，培养业主忠诚度和销售信任度，通过活动奖励，用以点带面的方式拓宽客户源。客户会的成员，不仅包括成交客户和现有客户，还包括项目的供应商、合作伙伴、商户、员工、潜在客户等。

10. 互联网

我们每个人都是百度、腾讯、阿里的用户，你的客户也不例外。在客户经常出没的地方布局，就自然能抓住他们。

网络拓客的方法是很多的，比如利用房企和项目官网，通过 SEO、SEM 等方法做基础网络营销；用微信、微博、QQ 等做客户沟通与维护；在今日头条、百家号等做自媒体品牌宣传；在抖音、快手等视频或直播平台做产品展示；在搜房网、焦点网、安居网等行业网站做产品推荐、购房攻略分享等；在知乎、百度知道、贴吧、悟空问答上进行知识讲解等。

11. 中介、分销

一二手的中介机构，大都拥有比较多的客户资源，以及比较强的销售能力，通过与中介的合作，能迅速获取它们的资源，增强竞争力。

在与中介的合作中，一方面要注意激励其积极性，另一方也要注意不要被“绑架”，签署合作协议时，尽可能对客户报备、客户认定、佣金结算等合作细节进行充分考虑。

12. 电商

电商有传统电商、媒介电商、渠道电商、平台电商等。除了通过电商平台进行常规的楼盘展示、业主论坛建设、客户召集外，还可以与电商合作组织团购、秒杀、拍卖、抢购、议价、众筹、二手中介等模式进行拓客。

13. 全民营销

全民营销是近年来出现的一种新的营销模式，通过多渠道、多平台短期内吸收到大量客户资源。

全民营销包括中介代理联动、自由经纪人等，它打通了新老客户、经纪人、渠道、内外部客户、互联网数据，形成线上线下营销闭环。很多房企都搭建了自己的全民营销平台，比如万科的分享家、碧桂园的凤凰通、恒大的恒房通等。

案例链接　某项目位于城市开发新区，是一个普通住宅小区，项目占地 53727m^2，建筑面积 175498m^2，共 1244 户。由于开发商是首次进入该区域，客户基础弱，从 2017 年 7 月～12 月，整整守盘 5 个

月，经历了迷茫扫街、方向摸索到精准挖客的营销之旅，最终越战越勇，实现一期成功开盘，进入正常化销售。

1. 组建销拓一体化团队

好的团队，团结的团队，才能集体作战，百战不殆。

· 团队组建。老销 + 新销，师傅制。

· 规范管理。企业文化培训，制定团队规范制度。

· 熟悉市场。走街串巷，画地图，集中踩盘。

2. 拓客回顾

从 7 月开始扫街，10 月 1 日售楼中心正式开放，到 12 月 18 日项目一期开盘前，1 万认筹客户超 600 组，升筹客户 411 组，拓客效果显著，如图 20–2 所示。

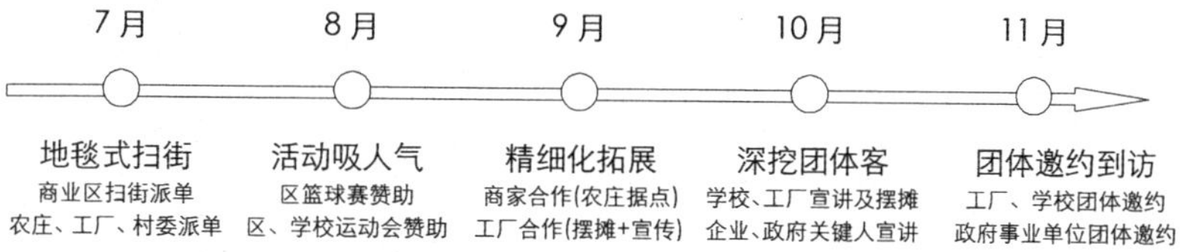

图 20–2　某项目拓客回顾

3. 全面拓展，深耕细作

·7 月，画区域地图，地毯式扫街。分 4 个小组拓展区域，销售一步一个脚印，扫街派单，拓客约 5000 批；走访商家约 800 家，洽谈合作，摆放展架 / 海报；通过工会和招聘途径拜访工厂约 200 家。

·8～9 月，精细化拓点。对周边消费水平高、实力强的农庄 / 酒店、工厂企业、学校和村委会进行精准拓展，累计张贴海报的商家约 80 家，摆展 / 贴海报 / 发资料厂企约 30 家，洽谈学校 7 所，拓展村委 12 个。

·10～11 月，有重点挖掘，多渠道接触客户。赞助篮球赛、区运动会、中学运动会 3 场活动；举行 ×× 中学、×× 学院、×× 小学等 6 场宣讲；与周边顺丰、强力等 4 家厂企达成团购。

| 第21讲 |

大客户营销：如何发展你的20%核心客户

管理学中有个著名的80/20定律，也叫帕累托法则。这是19世纪末20世纪初意大利经济学家帕累托发现的，他认为，在任何一组东西中，最重要的只占其中一小部分，约20%，其余80%尽管是多数，却是次要的，因此又称二八法则。

通常，每个企业都会有很多的客户，但每一个客户对企业的贡献是不同的。众多企业的研究表明，在其产品营销中，同样存在着二八法则，即大约20%的客户创造了80%的销售。

大客户对企业的价值是不可估量的，他们除了有钱，能带来大笔的订单外，他们还具有一定的影响力，他们的名气和信誉都能成为企业最佳的广告。服务好一个大客户，会影响更多的大客户来和你合作。在目前的市场行情下，还有“小追人”的消费心理习惯，你搞定了 个大客户，建立了良好的合作信誉及口碑，那么还能让很多小客户随着大客户过来，也成为消费的一员。

在房地产营销中，大客户同样重要。一个单位、一个协会、一个企业、一个家族买下一个单元或整栋楼的现象比比皆是。同时，大客户还能形成很好的市场效应，比如在北京星河湾，售楼人员只要低声耳语告诉那些来看房的客户，××住在这儿，并且带他们到地库××的豪车前立此存照，剩下的事就简单了。

在市场竞争越来越激烈的今天，谁拥有“钻石级”大客户，谁就拥有核心竞争力。大客户营销越来越重要，很多房企都开始在营销中心设置专门的大客户部或大客户专员，具体负责大客户的发展和维护。

一、房地产大客户

大客户（Key Account，KA），也称重点客户、关键客户、优质客户等，是指消费频率高、消费量大、利润率高，对企业经营业绩能产生一定影响的重要客户。

大客户有两个方面的含义，一是指客户范围大，二是指客户的价值大。

房地产行业的大客户，主要有如下类型：

意见领袖。比如政府官员、专家、社会知名人士、各类会长、董事长、总经理等。

关键人。比如社团秘书长、政府各级部门管理人员、工会领导、办公室主任、营销人员、客服人员等。

团购客户。有共同的圈层，比如同在一个单位、公司、协会、市场、园区等，或有相似的需求，比如优惠折扣、VIP、补贴等。

楼王客户。自身或周边圈层购买力强，能以点带面。

二、大客户营销的五大步骤

很多优秀的案场销售人员去做大客户销售时，往往都很不适应，这其中根本的问题是销售思维的不同。案场做的基本是 ToC，也就是面对直接购房者，而大客户做的则是 ToB，销售对象是企业。这两者的营销方式是截然不同的。

给送子观音烧香求财，给财神爷磕头求子，这就是把路走偏了。可是，在大客户营销中，这样的情形却是很常见的，因为大客户中的各路“神佛”都是隐身的，必须掌握有效的营销技巧，厘清思路，提升成交能力，才能快速找到真正的“菩萨”。

1. 定义目标市场

房子是不动产，客户有很强的区域特征，所以每个项目的大客户是不同的。要想有针对性地搞定大客户，首先要做的是项目的客户定位和分析，以及对区域市场和竞品进行研究，定义出清晰的目标市场。

2. 客户线索收集

巧妇难为无米之炊，潜在客户即是营销的“原料”。可以按政府、泛金融、商会协会、商业联盟、文教事业、科创与大企业等客户类别去搜集客户名单，以及梳理企业股东、高管、员工、下属单位及合作供应商资源，获取比较优质的客户线索。

3. 目标客户选择

在寻找目标客户的过程中，应当遵循“MAN”原则，集中力量于潜在客户的发展和维护上。

M：Money，代表金钱。所选择的对象必须有一定的购买能力。

A：Authority，代表购买决定权。该对象对购买行为有决定、建议或反对的权力。

N：Need，代表需求。该对象有置业的需求。

潜在客户应该具备以上特征，但在实际操作中，应根据具体状况采取具体对策（小写字母代表该方面缺乏）：

M+A+N：是有望客户，理想的销售对象；

M+A+n：可以接触，配上熟练的销售技术，有成功的希望；

M+a+N：可以接触，并设法找到具有 A 之人（有决定权的人）；

m+A+N：可以接触，需调查其业务状况、信用条件等给予融资；

m+a+N：可以接触，应长期观察、培养，使之具备另一条件；

m+A+n：可以接触，应长期观察、培养，使之具备另一条件。

4. 建立客户关系

知己知彼，百战不殆。在大客户销售初期，应该尽快地寻找介绍人或教练，对客户进行全面、细致的分析，了解客户不同层面的需求，确定关键决策人，并对决策影响者采取不同的处理策略，获取他们的支持。

在建立客户关系中，要做好技术营销和关系营销。技术营销是突出为客户提供的组织利益和价值，塑造与竞品差异化的价值；关系营销是突出为客户提供的个人利益和价值，塑造与竞争对手差异化的关系。

常规的房地产大客户销售程序，如图 21–1 所示。

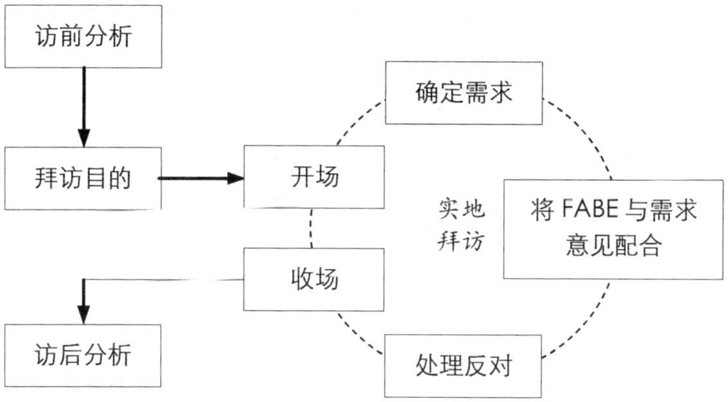

图 21-1 大客户销售程序

5. 获得利益回报

大客户虽然表现出来的是企业行为，但最终的决策还是在少数人手上，无论是报价还是谈判，还是要基于人性去搞定客户。

在一个大客户顺利建立关系或购买成交后，还要善于利用大客户发展新的客户，这也是大客户的价值魅力所在。

链接 **大客户销售必备工具**

大客户销售是典型的顾问式销售，营销大师们在实战中总结出了很多有效的工具技巧，比如 FABE 法则、SPIN 技法、IMPACT 量化法等，熟练运用可以使能力倍增。1.FABE 法则

FABE 法则是郭昆漠博士总结出来的一种非常典型的利益推销法，通过四个关键环节，极为巧妙地处理客户关心的问题，从而顺利地实现销售。

F：Features，特征。产品属性、特点、差异化。

A：Advantages，优点。优势、独特之处，购买的理由。

B：Benefits，利益。能给客户带来的好处。

E：Evidence，证据。保证满足客户需要的证明。2.SPIN 技法

SPIN 技法是尼尔·雷克汉姆创立的，由四种类型的提问构成，每一种提问都有不同的目的，帮助达成客户的产品认同。

S：Situation Questions，有关现状的提问。

P：Problem Questions，有关问题的提问。

I：Implication Questions，有关影响的提问。

N：Need-Payoff Questions，有关需求与回报的提问。

3.IMPACT 量化法

好处，要用数字说出来。这样才能让利益更明确，更便于衡量，并使客户更容易记忆，并形成竞争优势。IMPACT 量化法可以帮助评估产品价值中的六个重要指标。

I：Inventory，库存。包括快速发货、加快存货周转、减少库存等，用以计算能为客户节省的费用或所带来的利润贡献。

M：Money，资金。可以用来衡量利润或销量的增加，也可以用来衡量资金使用成本下降或生产效率提升。

P：People，人力资源。为客户所提供的增值服务原本要由客户自己完成，因此，要将本企业提供此项服务的人力成本计算在内，并加上一定比例的溢价工资。

A：Asset，资产。设备、建筑物、车辆等固定资产。比如为客户提供某项产品或服务时，要考虑需动用哪些资产。

C，Capacity，能力。能多好或多有效地完成某些工作。

T：Time，时间。这也是一个重要的衡量指标，可以用节省出来的时间来衡量你的价值。

三、大客户工作的管理

大客户的拓展，无疑是房地产销售拓客中最复杂的工作。只有充分地对自己、竞品、客户、可用资源进行分析，找到征服大客户的方法，才能展开有效的营销。

1. 拓展方式

拓展大客户的方式有很多，常见的有拓扑图、活动嫁接、发展关键人、商会协会等。

（1）拓扑图

如图 21-2 所示，是 ×× 花园项目的大客户拓扑图。

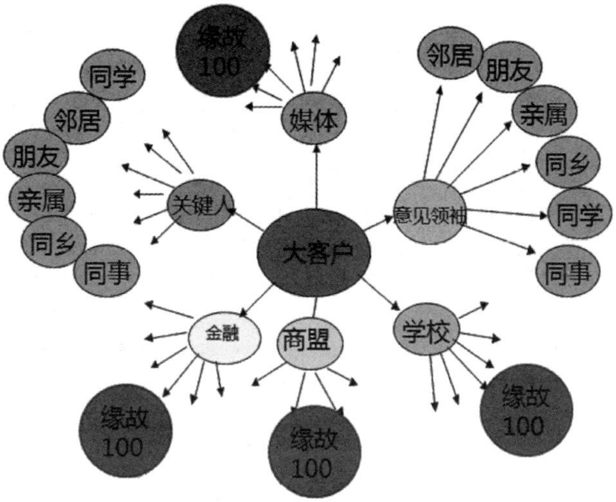

图 21-2　XX 花园项目的大客户拓扑图

（2）活动嫁接

可以通过暖场活动、巡展、联合活动、业主家宴、定制团购、小型产品说明会等走近客户。比如 ×× 国际地产得知附近的某大型医疗集团要举办联欢晚会，便派出大客户经理及策划团队多次上门拜访，最后成功与该集团联办晚会，取得了非常好的效果。

（3）发展关键人

找对人，一个带出一串，找对群，一群带出一群。要学会发展关键人、意见领袖进行大客户拓展。

（4）商会协会

可以通过商会协会会长、副会长、秘书长、外联部长等达成合作意向，采用分销、友情赞助、联合、冠名、案场活动等进行各级会员的营销。

2. 标准动作及物料

房地产大客户的拓展，挖掘关键人、发展下线、活动导入、内部宣讲、物料铺排、团购、私宴、内部邮件、微信群等都是经过验证的有效标准动作。当然，这些都有赖于企业在方案、资源、人财物上的支持。

比如某房企在大客户拓展中，除了常规的名片、DM 折页、楼书、易拉宝、定制巡展桌椅等以外，还备有各种品牌餐具、电饭煲、豆浆机、保温杯、迷你吸尘器、购物袋、鼠标垫、车用防滑垫等礼品供不同场景使用。

3. 工作考核

大客户工作的考核，可以从成交量、来访量、宣讲量、私宴量、活动量、下线量等不同的维度进行，并按项目、进度、目标有所侧重。

大客户销售不同于案场销售，因此管理机制要灵活，只要严控成交量、来访量等目标即可，像上班时间等过程管控可以适度宽松。

案例链接

房地产营销工作已经逐渐细化和标准化，大客户销售人员通常属于渠道线，以企事业、政府、社会团体等群体为团购客户，也有的房企设置单独的大客户部，具体负责核心客户的发展和维护。

和案场销售人员相比，大客户销售人员底薪相对较高，提成以成交金额衡量。当然，对大客户销售人员的要求也比较高，比如专业经验、善于沟通、有一定的客户资源等。

如下是某房企的大客户经理的招聘要求：

1. 岗位职责

· 负责虹桥核心区项目销售现场接待工作；

· 负责挖掘市场新客户资源，并促成成交；

· 负责开拓大客户销售渠道，积极寻找大客户资源，并做好大客户的跟进、维护、谈判等工作；

· 根据项目业务特点，运用多种方式对各类潜在客户进行渠道拓展，开展各类跨界合作、市场推介活动；

· 负责挖掘及联系政府、商会、圈层资源等，维系客户渠道、拓展客户资源。

2. 任职条件

· 全日制大专以上学历；

· 形象气质佳，具备良好的沟通协调能力；

· 有房地产或其他行业大客户部从业经验、豪宅销售经验，普通住宅销售要求主管级以上、楼盘销售冠军或者金融保险业大客户板块从业经验；

· 能够承受较大的工作压力，有团队精神，乐于接受挑战；
· 具有政府、商会及圈层资源者优先。

第22讲

O2O营销：如何打通线上线下的营销链

作为营销人员，现在已经不是讨论 O2O 重不重要的时候了，O2O 营销必须重要。现在更重要的是，了解客户在移动设备上的行为方式。

在 O2O 时代，线上和线下渠道正在融合，客户的消费场景变得细碎化，消费者行为不再是从认知、吸引、询问、购买到拥护的单一循环，而是交叉、重叠、混合在一起，客户体验被细分为无数的“微时刻”。

微时刻（Micro-Moment），是谷歌 2015 年提出的概念，它指的是人们面对想要知道什么、想要做什么、想要去哪里、想要买什么的时刻，反射性地转向手机等智能设备寻求答案的时刻。

数据显示，中国网民每天使用手机的次数达到 108 次，这其中包括很多基本操作，比如查看时间、朋友圈的更新等，但也包括了那些购买动机闪现的瞬间——“我想了解”“我要去”“我想要做”“我想买”……如今客户面对这些不同的需求时刻，只要拿手机点一下，需求就被解决了，这是消费者行为正在发生的改变。

传统的经验里，客户将其消费需求转变为现实需要经历几天、几个星期甚至更长的时间，因此过去的市场营销人员设计和组织营销活动时更专注于培养消费者的品牌意识和忠诚度。然而今天的客户，他们从产生需求到实际购买可以在很短的时间内完成，因为他们可以更快地获取想要的信息，包括品牌危机、产品信息等，同时他们可以更快地采取行动，比如下单以及货款支付。

对于房地产营销来说，对客户进行更为精细的洞察，打通整个线上和线下的营销链，及时提供客户需要的信息和服务，就变得非常重要，直接关乎整个营销行动的成败。

一、房地产O2O

房地产新时代下，客户都很忙，他们喜欢便捷，不愿意为不喜欢的事情等待，他们购物前，上网了解几乎是必不可少的一步。尤其是“80 后”和“90 后”的购房群体，不夸张地说，如果可以，他们都想网购房子。

这也就对房地产营销提出新的变革要求，不只是营销方式的变革，还包括沟通方式、销售场景、客户定义的变革，充分运用互联网和大数据技术，为客户提供无缝的 O2O 营销体验。

O2O，是 Online To Offline（线上到线下）的缩写。O2O 的优势在于把网上和网下的优势完美结合，打通线上线下的信息和体验环节，为消费者提供更加优质的产品和服务。

狭义的 O2O，更多的是被理解为线上引流、线下消费。而广义上的 O2O，则是线下传统行业与互联网的深度拥抱，基于传统行业的产品本质，使用互联网技术，用极致的态度创新改造本行业产业链的规则，快速形成口碑传播，达到符合互联网用户认同的颠覆性改造。

当然，O2O 是近年来才冒出来的新模式，还有待不断完善和升级。但那些勇于吃螃蟹的优秀房企，已经在数字化方面走得很远，并逐渐建立起自己的竞争优势。

案例链接

相比于其他行业，房地产的数字化相对较晚，但却是一个逃不掉的话题。有一些主流房企已经走在了前面，根据业务优势及自身特点，逐步推行数字化战略。

万科是较早开启全面信息化转型的地产类公司，其于 2016 年 1 月启动了沃土计划。结合地产行业变革中呈现出的重塑开发、重塑营销、重塑服务、重塑产品的趋势，万科至今已面向客户推出了移动在线的客服平台“服务家”，有效节省客户报修处理时间，改善客户体验；面向营销团队和潜在客户推出了“在线家”“分享家”“置业神器”等多种数字化营销工具，助力营销推广；通过筑融（ICP）系统全面打通核心业务流程，促进以业务流程为导向的跨部门、跨地域协同和信息共享；通过智慧数据平台慧眼（IDP）系统提升了数据的交互效率，助力业务单元精准分析和快速决策。

此外，万科还应用BIM、智慧工地、智慧案场等技术手段，针对投资、资金、成本、计划运营、销售、客户服务等进行信息化产品的优化迭代，提升产品质量、优化成本管理、提升管理运营效率。在新业务领域，万科通过使用物联网、人脸识别、智能硬件等新技术、新产品，提供线上线下解决方案，助力业务发展。同时，万科还打造了万科数据中台，以整合、沉淀多业务平台内的客户、产品数据，通过数据洞察，为各类客户提供更加精准、个性化的服务体验。

二、全网营销布局

本质上来说，020不是营销手段的升级，而是营销思维的进化。从传统单一的线下营销，变为线上线下融合的全渠道营销，以面对不断增长的客户接触点和不断细化的营销微时刻。

客户在哪里，营销就应该去哪里。面对层出不穷的网络平台和新型社交媒体，房地产营销必须熟练掌握各种工具，根据项目和产品特性，围绕目标客户展开全网营销布局，

1. 官网

如果一个企业连个网站都没有，给人留下的印象就会是，这不是一个现代的企业。如果网站做得好的话，会给客户很好的印象，同时也容易增进客户对企业的信任。

房企或项目建立自己的官方网站，不但可以展示形象、宣传产品，更主要的是有利于业务的直接转化。有了自己的网站，潜在客户在查找相关产品或者服务的时候，就可以通过百度等搜索引擎方便地找到你。常规的房企网站，包括有企业简介、新闻中心、主营业务、社会责任、客户服务、加入我们等栏目导航。如

图 22–1 所示，是中海地产官网首页。

图 22–1　中海地产官网截图

2. 微信公众号

在当下的社交媒体中，微信活跃用户已经超过 10 亿，成为最需要重视的力量。在房地产营销中，设立微信公众号早已是标准动作，楼盘管理、户型介绍、楼盘 VR、按揭计算、预约看房，一键导航，在线与置业顾问沟通等，都可以在一个小小的手机屏幕上完成。

微信营销中，推广二维码是最重要的一步，可以在 DM 单、楼书、户型手册、员工名片、X 展架等印上项目公众号的二维码，也可以通过户外广告、报刊杂志、朋友圈、知名大 V、商业活动等形式来推广。

用好微信，搭建起自己的微信营销平台，是最重要的一步，也是最基础的一步。自有微信平台分为：微信公众号（企业号、楼盘号、销售公号）、朋友圈（员工、准客户、其他）、聊天功能（管理聊天组、准客户群、泛生活群）等。

除了微信，微博、抖音、快手等社交平台也非常重要，如今很多项目在展开营销时，通常都会进行“两微一抖”的布局。

链接　**服务号与订阅号的区别**

微信公众平台，简称公众号，包含服务号、订阅号、小程序、企业微信四种类型。服务号与订阅号的区别如下：

（1）服务号，旨在为用户提供服务；订阅号，旨在为用户提供信息。

（2）服务号1个月内仅可以发送4条群发消息；订阅号每天可以发送1条群发消息。

（3）服务号发给粉丝的消息，会显示在对方的聊天列表中，相对应微信的首页；订阅号发给粉丝的消息，将会显示在对方的“订阅号”文件夹中，点击两次才可以打开。

（4）服务号认证成功后可以建立微信商城，取得微信支付功能；订阅号无论认证与否都不能进行微信支付。

（5）服务号无论是否认证都会有自定义菜单功能；订阅号完成认证才有自定义菜单功能。

（6）服务号支持多个客服后台在线与粉丝们进行及时交流，适合粉丝关注较多的公众号；订阅号不支持多客服服务，适合粉丝关注少的公众号。

3. 房产网站

全国性房产网站，有房天下、焦点房产、新浪乐居、腾讯房产、网易房产、凤凰房产、安居客、贝壳、链家网、58同城、赶集网、我爱我家、房多多、365房产网、淘房网等。地方性的房产网站也有很多，比如长沙0731房产网、成都成房网、云南房网等，这些地方性的房产网站，大都和当地的国土、住建、不动产中心等部门有合作关系，也是当地购房客户上网查询信息的必选项。

房产网站都能提供常规的信息发布服务，因此很多房企会选择放弃自建项目网站，而转向与房产网站深度合作。比如金科的金辉美院在房天下的项目专题网页，开设了楼盘详情、楼盘动态、户型、楼盘相册、楼盘点评、业主论坛、房价走势等栏目，可以通过沙盘查看在售、待售和售完情况，还可以在线房聊、和置业顾问通话，以及在业主论坛发帖、点评等，如图22–2所示。

图 22–2　金科金辉美院专题网页

4. 网络推广

由于房地产的区域性，在网络推广中应根据目标客群，可以选择当地的门户网站、政府网站、行业网站、房产网站的分站、知名自媒体等进行合作与信息发布。除了有偿性的商业合作外，还可以通过百度知道、城市贴吧、同城论坛、知乎等平台进行知识问答和发布项目信息，这些都是项目推广和拓客的有效途径。

5.O2O 工具

对于房地产营销来说，O2O 关键的不是这两个“O”，而是当中的“2”，线上和线下的“O”本来就有，现在需要的是，如何把线上和线下的服务完整连接起来。

第三方的工具有很多，比如房多多、客立方、带客通、仟佰家、好屋中国、明源云客等都是不错的。也有很多房企在自己做，比如碧桂园的凤凰通、万科的万客通、复地的财富云、旭辉的微销宝等。

O2O 工具的核心不是技术的强大，而是在于运营，在于人。技术层面的问题都可以解决，要真正实现线上到线下的转化，就需要具有运营能力与品牌前瞻的人才和团队，而这个恰恰是很多房企最缺乏的。

三、打造移动案场

不管是什么时代，营销都必须解决三个问题：客户在哪里，如何与客户建立连接，如何把客户转化为业主。

因为房地产的特殊性，到线上购房的客户必然会到案场实地看房，会为售楼处带来更多的来电来访，同时案场访客也可以被牵引至网上更高效地成交，这就形成了线上线下互动的流量闭环。

1. 掌上售楼处

过去，只有白天售楼处开门了，潜在客户才能去看房。而在互联网时代，各种新技术已经能够将楼盘展示放到网上，客户只需要使用手机、PAD 就可以查看、购买，更适合年轻客户的使用习惯，从而可以更高效地抢占客户的时间和眼球。

（1）触控式互动电子沙盘

基于科技手段的电子沙盘，描绘更加逼真的项目建成后的场景，并加入交互体验功能，带来全新的视觉新体验。通过触摸控制，可了解项目的整体规划布局，动态展示项目、交通、区位及周边配套，如医院、学校、政务中心等立体形象的展示，让项目建成后的形象跃然呈现眼前。

（2）VR 虚拟样板间

1∶1 真实还原项目户型，室内环境，多维度、多时间的沉浸式、交互式体验。可以“足不出户”进行楼盘虚拟现实的浏览，轻松漫步各区域，浏览 3D 区位、户型 720 实景、阳台景观以及 3D 户型采光通风等。让客户对项目整体信息进行全面综合的了解，优化看房体验。

（3）在线预约看房

客户在手机上了解项目及户型情况，看中意向房源后可以在线预约看房。系统在获得意向客户后，可以在线预约置业顾问、设计交通路线、预约到访时间，形成线上线下的闭环。与此同时，还可以与滴滴、神州专车等合作，为到访客户提供专车优惠券，提升客户到访率。

2. 网上直销旗舰店

过去卖房子，客户跑到售楼处，要和置业顾问经过多次沟通和谈判才能明确房源和价格，整个效率非常低。如果采用网上直销模式，类似超市明码标价，把真房号、真房价公布出来，不仅体现出自信，也可以提升竞争优势，提前锁定意向客户，促进客户转化。

在旗舰店可以在线选房，并且线上支付，通过房源变化获得极佳的在线逼定效果，还可以拿出具体房源开展限时秒杀活动。像中信地产的“微信购房节”，意向购房者通过微信公众号的活动页面，缴纳 2999 元即可参与特惠房源秒杀，在 3 天内卖出了 103 套，秒杀成交超过 1 亿元。

每到项目即将开盘的时候，也就成了营销人最辛苦的时候，不仅加班成了家常便饭，还要 24 小时随时待命，客户由于等待时间太长，也是各种吐槽。而今拼人气的传统开盘时代已经过去，在线认筹、微信开盘等售楼方式已经越来越普遍，用互联网思维优化开盘体验，才是真理。

3. 全渠道拓客平台

互联网模式下的渠道管理就是全渠道整合，除了传统代理，还要整合媒体、全民营销以及圈层拓客，统一进行平台化管理。一个好的平台，可以开放 API 接口，链接全民经纪人、中介、电商等模块，实现全流程的管控，并可以基于拓客效果的地图映射和数据分析，对外拓团队进行实时监管，提升工作效率。

如今，房企自建营销拓客平台是一种趋势，如果前期对于客户量和运营能力要求较高，与明源云客等第三方平台合作也是一种选择。

4. 移动案场管理

营销上半场关注的是流量，能不能带来更多客户，下半场拼的则是转化效率。当销售模式逐步从“坐销”向“行销”“直销”转型，传统纸质管理或 PC 后台管理方式就需要转变为移动案场管理模式。

移动案场管理，可以简单理解为，是为项目销售现场不同的使用人群量身定制的工作平台。比如针对置业顾问的日常工作场景，为其定制随手记、一键拨号、个人工作台、联合跟客等功能模块，帮助更好地拓客、跟客、实现成交；针对销售经理，可以很方便地用手机掌握实时数据，根据需要调整营销方案及客户跟进策略，比如设置客户池、预销控等，精细化管理业绩、团队和客户，提高案场转化率。

PART 7

第七部分

营销节奏

| 第23讲 |

客户池：如何快速积累意向客户

上海中环的某高端楼盘，总共推出 382 套总价从 1000 万元到 2000 万元不等的非普通住宅，引来 751 组客户，仅用了半天便全部售罄，销售金额约 58 亿元；南京某项目，推出不到 500 套房，现场却吸引了 2300 人抢房；成都一个刚需楼盘启动网上登记后，总共 1000 套房子，两天网上登记人数就超过了 4.3 万人；在济南，一个叫 ×× 湖的项目，3 分钟认购 5 亿多元……

这些排队、抢房、“日光”热销现象折射出来的，除了项目本身的地块优势和产品价值外，还有背后看不见的营销动作。最关键的是在前期打造精准客户池，锁定更多的目标群体，并且保证比较高的到场率。

所谓客户池，就是蓄客，也叫蓄水。即从项目售楼中心开放，到正式开盘选房前，接待客户进行项目咨询，大量积累意向购买客户。

在房地产营销中，造客户池是一种比较保险的做法。通过决策前置，将客户摸查等重要的工作在开盘前就进行分解，而到开盘的时候，基本上已经预知到了结果。同时，大量的蓄客不仅保证了项目的成功，还可以通过集中开盘选房形成挤压效应，营造火爆的开盘场景。

深挖成交的根本因素，那就是你的项目有多少来访量，客户池有多少意向客户，转化率有多少，要回答好这些问题，就有赖于造势、蓄客和盘客三大营销战术的有效实施。

一、造势

《孙子兵法》曰："激水之疾，至于漂石者，势也。"其大意是说，湍急的流水，飞快地奔流，以致能冲走巨石，这就是势的力量。

房地产营销同样需要造势。一家刚开张的新企业，一个刚上市的新项目，知名度低，需要造势以提高知名度，以势为其鸣锣开道，让更多的人了解自己，知道自己。即使是实力雄厚的品牌房企或知名项目，虽然已经有了一股势，但仍需继续造势，以提高品牌形象，巩固和扩大市场。

1. 明星造势

为了吸引更多的消费者，房企喜欢花重金请明星代言人，有的还是扎堆请。这也叫明星营销，利用明星的流量和影响力，来帮助产品造势，扩大品牌知名度。比如成龙代言泰禾院子系，正荣·财富中心独家冠名陈奕迅 Life 福州演唱会，同德·昆明广场举办许巍演唱会，范冰冰、方中信、Angela baby 为恒大海上威尼斯站台助威等。

2. 活动造势

通过举办活动，引起社会大众和目标客群的注意，造成对自己有利的声势，进而提高项目的知名度，在公众中建立良好的形象。比如南昌商联中心把活动做成可持续的品牌，每周有"了不起江西人沙龙"，参与人数约 20 人；每月有"赣商大讲坛"，参与人数约 50 ~ 100 人；每年有"全球赣商论坛"，参与人数约 500 ~ 1500 人；除此之外，还有很多跨界营销活动，每次参与人数约 50 ~ 200 人。

3. 事件营销

互联网时代，你若端着，我便无感。事件营销是当下传播最快的品牌策略，通过策划话题，组织制造出具有新闻价值、社会影响的人物或事件，可以快速吸引媒体、消费者的兴趣与关注。比如前两年刷爆朋友圈的"保利是个 P"，其掌门人带头"贬低"自家房企是个"P"，品牌从阳春白雪变成了下里巴人，事件的冲击力和话题感一下子就出来了。其他的还有诸如万科湖南的"你好，师妹"校花评选大赛，成都佳兆业广场的"黄丽娟征婚"事件等，都极大地提升了目标客群对项目的关注度。

4. 跨界营销

产品跨界、思想跨界、营销跨界，如今跨界成为最流行的现象。跨界做得好，不仅能够将品牌印象立体化与纵深化，在众多竞争对手中独树一帜，并且还能更加准确地将信息传递给更加细分的目标客群。比如中海·云鼎大观的南航里程抵房款、保利小楼大院的味央猪肉宴、滨江和城的城南软件园首届电竞大赛等。

5. 媒体炒作

媒体炒作的目的是建立项目的强势形象。在自媒体时代，要整合营销传播，多线多中心并行，充分运用各种话题去触达各类人群。目前虽然电视、报纸、杂志等传统媒体已经式微，但还是有一定的影响力，可以有选择地合作。最主要的是利用好户外和各类新媒体，比如微博、微信、头条、短视频等，搭建起立体矩阵式的传播平台。

二、蓄客

项目正式销售前，要从前期的来访客户中获取诚意度较高的客户，并掌握他们的购房意向、面积需求、价格预期等。根据蓄客的结果制定合理的价格策略及优惠政策，增强客户购买信心，为正式开盘聚集人气。

1. 蓄客策略

如果仅仅是想销售产品，或者迫不及待地告诉潜在客户，我想销售产品，效果通常都不会是很好的。在向潜在客户兜售产品前，最佳的策略是向他们传递价值，并与他们建立亲密的关系。

客户之所以不买你的产品，通常有四种原因：不感兴趣；感兴趣，但没钱；感兴趣，也有钱，但不信任你；感兴趣、有钱、信任你，但觉得不合适。对于前两种，你是无能为力的，但后两种，就需要用科学的营销过程去争取过来。

2. 目标拆分

定出一个蓄客的总目标是不够的，还要进行拆分，把总目标分解成一个个小的蓄客指标，然后对应到各个客户来源渠道上去，并在实施过程中进行调整。

比如重庆某楼盘要推出一个批次的 209 套房源，根据经验预计客户转化率为

13%，于是设定了 60 天实现 2100 组的来访目标，除去 20% 的复合性来访，预计实际到访量在 1700 组左右。然后，其营销中心把 2100 组的来访目标拆分到 8 个渠道上，如图 23–1 所示。

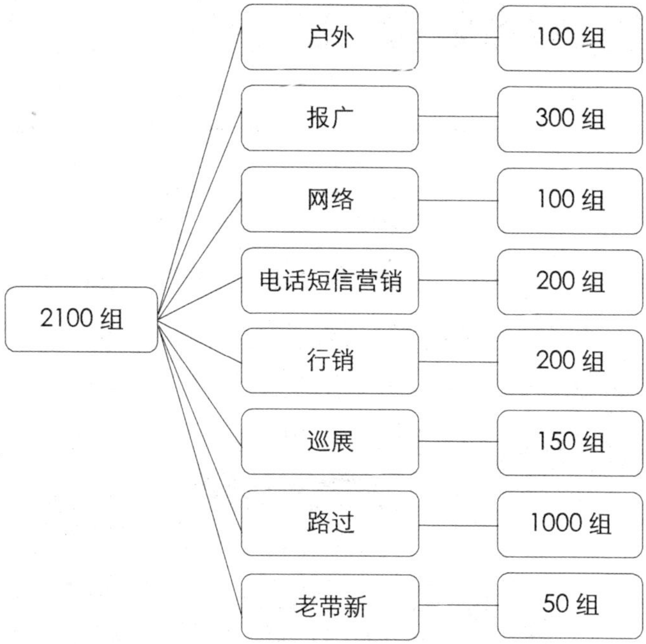

图 23–1　某楼盘来访目标拆分

案例链接

某项目占地 56732m²，建筑面积 161687m²，规划 17 栋建筑共 1408 户，其中有 3 栋商业，8 栋高层，其余均为叠拼别墅。第一批次计划推货 364 套，其中高层 340 套，别墅 24 套，开盘目标为高层 220 套，别墅 20 套。

为了保证开盘任务的完成，营销团队对前期营销计划进行了倒排，制定了分阶段的蓄客策略，按时间进度分为蓄势期、起势期和引爆期三个阶段，如图 23–2 所示。

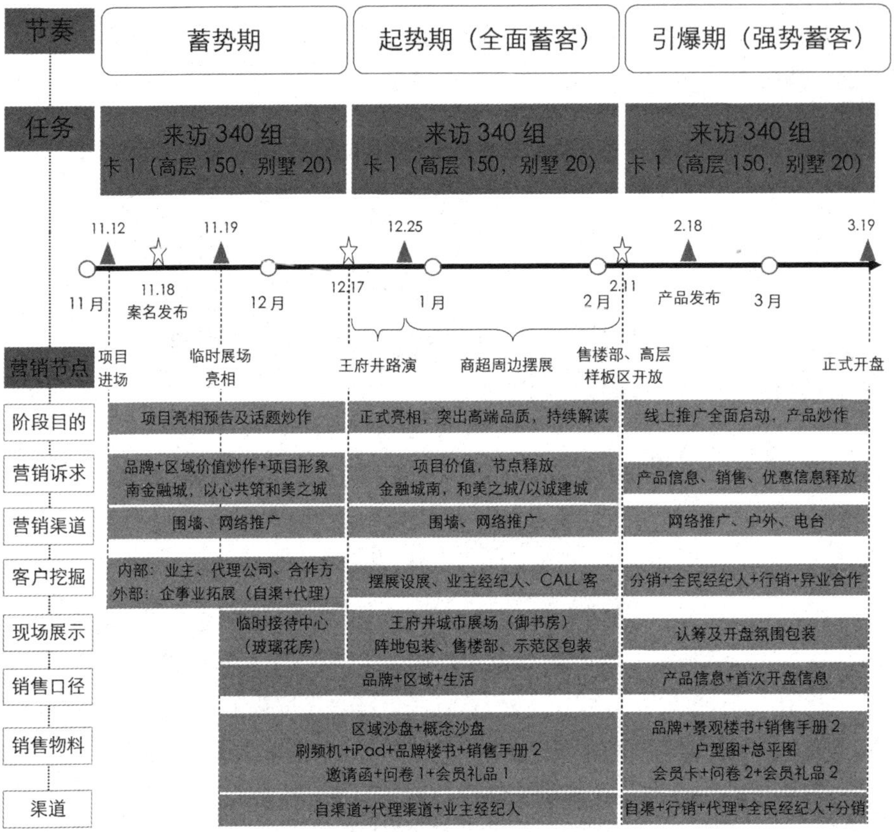

图 23-2　某项目前期营销铺排计划

3. 营销组织变革

常规售楼处的人员配置，大体是策划组 2～3 人，大客户组 2～3 人，销售组 6～8 人，后勤组 2～3 人，另外有案场经理、副总监、总监等。这样的组织架构，只适合市场行情好的时候做销售执行。

在淡市下，客户持币观望的时期，就应该打破传统营销编制，化坐销为行销，从总监到置业顾问都要按照工作安排走出去，寻找客户来访。同时，化策划组为活动组，加大人手每天做活动，用活动带动客户来访。另外大客户组也要做大，根据圈定的客户名单，每天拜访客户。通过营销组织的变革，就能够让案场的来访情况大为改观。

三、盘客

盘客，也称洗客，即客户摸底，了解客户的需求意向、心理价位等信息。盘客是开盘房源和开盘价格确定的基础。其中，客户意向和心理价位摸排是盘客的重点。

盘客是一个持续的过程，通常可以根据客户的到访次数、主动来电次数、看现楼次数等指标来判定诚意度，并以 A、B、C、D 或 0～100 的分值为客户打分。

1. 客户意向

盘客最忌讳的是对客户形成打扰，让客户反感，因此需要设置不同的节点事件来配合客户意向的盘查。比如品牌发布会、产品发布会、园林示范区开放、样板房开放等。

要明确每次盘查的目的，目的不同，方法也就不同。通过客户意向的详细摸排，对客户进行细化分级，有效分流。

2. 心理价位

客户心理价位，也就是客户对意向房源的承受价格，这是盘客中最复杂的部分，通常要经过无价格引导、箱体价格引导和准确价格引导等多轮价格摸排才能做到想要的结果。

无价格引导。通过客户访谈摸查，拿到所有有意向客户的价格底线，指导并验证基础价格表。

箱体价格引导。出具厢体价格（区间价格）配合样板房及部分实景进行排查，用厢体上限进行引导，明确客户真实需求，实现好产品高价值，形成最终价格表。

准确价格引导。给出准确房源价格，按购房顺序排查客户意向及诚意度（0～100 分），及时进行预销控，最大化引导房号重叠客户，确保每位客户按第一意向选房，实现开盘成功。

如图 23-3 所示，是某项目多轮价格摸排示例。

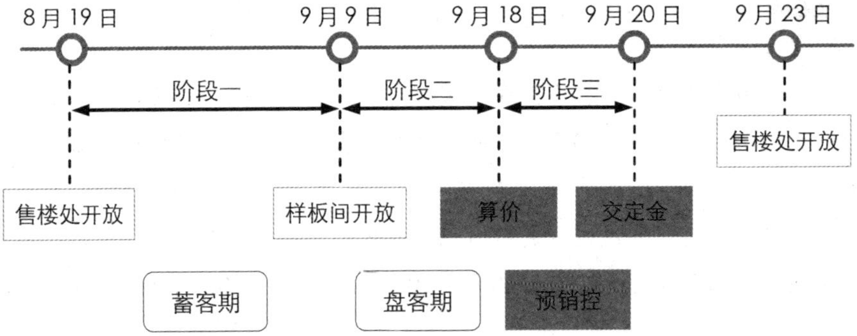

图 23-3　某项目多轮价格摸排

资料来源：房策天下

3. 认筹方式

认筹是在没有取得商品房预售许可证之前，为掌握客户的购买诚意，精准锁定目标客户，为正式开盘做铺垫而进行的一种活动。

传统的认筹通常是采取诚意金或意向金方式，但随着政府部门对诚意金类的收取进行了整治，房企基本上是采取变通的方式来处理。比如以客户会的名义招募会员、与商家联盟、采取第三方标的物、认筹宝、银行联合开卡、验资、团购等。

案例链接

2009 年，中国房地产刚从淡季中走出来，星河湾便在上海推出浦东星河湾项目，总用地面积约 23 万 m^2，总建筑面积约 47 万 m^2。浦东星河湾是真正的豪宅项目，分 3 期开发，配套有小学、幼儿园、商业街、会所、体育馆和超五星级酒店。

浦东星河湾一期推出户型面积在 220～600m^2，主力户型为 200～300m^2 的大三房、大四房，均为套房设计。营销面临的问题如下：

· 一期 323 套房源一次性推出，推量大并需确保热销；
· 所在地段非传统意义上的豪宅地段，地段不被认同；
· 大面积产品，单价总价较高，属于千万级以上门槛；
· 星河湾在上海首次亮相，品牌知名度与影响力不足。

市场热度尚未恢复，高端项目对蓄客要求更高，星河湾以渠道、营销、推广、事件四维营销模式为道，采取了“围”“追”“堵”“截”的主动式客户挖掘方式（见图 23-4），并针对性地通过各种传播渠道发布信息，在市场中形成极为强势的社会舆论导向和业内价值导向，快速完成蓄客 10000 人。8 月 8 日开盘当日，到场车辆 1 万多次，形成“万人看星河湾”的轰动效应，6 小时销售超 40 亿，创造中国楼市奇迹。

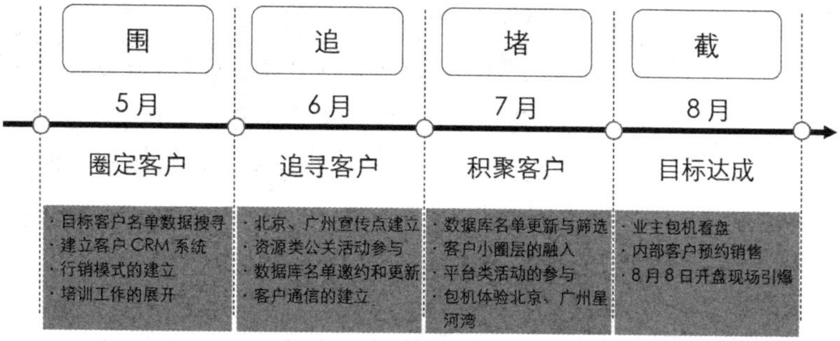

图 23-4　浦东星河湾蓄客战略

（1）“围”：圈定客户。客户数据库建立，展开渠道宣传、口碑传播的舆论攻势。

•5 月 1 日，参加五一房展会；

•5 月 18 日，启动客户名单及梳理，包括星河湾老业主名单、易居会钻石级会员名单、沪上高端物业业主名单、沪上 CLUB 会员名单、车友会会员名单、奢侈品 CLUB 会员名单、终端运营商 VIP 顶级客户名单、EMBA 商学院名单等；

•5 月 21 日，浦东星河湾跨界招聘会。

（2）“追”：追寻客户。新闻炒作计划启动媒体攻势，公关活动全面展开客户攻势。

•6 月中旬，新闻炒作方案启动，五条新闻炒作线，进行全方位舆论宣传；

•6 月中旬，荷兰银行 / 大师杯马球赛等公关活动，获取客户资料，加入客户数据库；

•6 月中旬，冠名参与高尔夫巡回赛，借助异地公关活动，拓展长三角客户资源。

（3）“堵”：积聚客户。广告全面投放，北京、上海、广州三地同步推介会。

·7月上旬，平台类资源活动客户邀约参与，比如法拉利豪门夜宴活动，邀约已建立沟通客户参与，体验星河湾社交平台，并进入客户“圈子”；

·7月17日开始，电视、纸媒和网络硬广正式投放；

·8月1日，北京、上海、广州三地同行推介会进行，联动老业主/客户。

（4）“截”：销售目标达成。8月8日万人看星河湾。

·8月4日~7日，认筹开始，客户预约登记，收取诚意金；

·8月8日~10日，核爆日，邀请前期积累意向客户、业内客户等共享公开盛宴；波士堂星光会会所落户浦东星河湾酒店；举行中国首届高端地产峰会。

| 第24讲 |

开盘制胜：如何打响营销的第一炮

当客户池的客户积累到一定数量，项目销售相关的法律手续完备，就可以对外集中公开发售了，也就是大家常说的开盘。

最常见的开盘形式，就是把前期经过蓄客和盘客过程梳理出来的客户统一起来，在项目现场或大型公共场所举办一个盛大的活动，集中进行选房、交款、签约的流程，并对目标市场做有针对性的宣传推广。

开盘是营销的大事，是房地产开发的里程碑节点，承担着引爆目标市场、营造市场关注、制造热销氛围、形成口碑效应、实现开门红的任务。项目开盘一旦失败，不仅将前期的所有努力化为乌有，还会向市场传递出项目差、不好卖的负面形象，让后续的营销工作变得更加困难。

要组织好开盘工作，成功打响营销的第一炮，就需要进行严谨、扎实的开盘准备，包括开盘策略制定、意向客户装户、计划倒排演练等。

一、确定开盘策略

项目的推售策略不是一成不变的，在具体操作中，要结合市场环境及自身的产品因素、回款要求、销售周期等设计相应的策略，并及时根据客户反馈情况做出调整优化。

1. 开盘目标

这个目标指的是开盘当日预期的成交套数或成交比例。在设定开盘目标时，要充分考虑企业的销售指标、项目规模与周期、产品属性、蓄客情况，以及要达到的市场轰动效应等多方面因素，经过严谨的推算和论证得出。显然，过低或过高的开盘目标，都不利于项目的整体销售。

比如某项目的第四季度销售指标是10亿元，营销团队就根据销售周期和市场淡、旺季，将季度指标分解为两次开盘指标，分别为10月3日住宅首次开盘，推85～125m^2产品，销售额5亿元，12月24日住宅二次开盘，推125m^2产品，销售额5亿元。

2. 入市时机

在项目开发前就要定下项目的入市时机，并以市场为导向对项目开发进度进行设计和管理。通常每年的5、6月和9、10月是两个销售旺季，但不同地区客户的消费习惯有所偏差，开盘时间要根据目标客群的购房习惯进行考量。

当然，一个项目开盘的合规前提是预售房许可证的取得，在此基础上，再结合工程形象进度、销售筹备、市场环境、竞品情况等，确定项目的最佳入市时机。

链接

商品房预售许可证取得条件

取得当地房地产管理部门颁发的商品房预售许可证，简称预售证，是一个项目得以开盘或正式对外销售的前提。如下是某地区住建局根据《城市商品预售管理办法》，制定的关于颁发预售证的具体事项。

1. 办理商品房预售许可证应当具备下列条件

· 预售人已取得营业执照、房地产开发资质证书；

· 按照土地管理部门有关规定交付土地使用权出让金，已取得国有土地使用权证书；

· 持有建设工程规划许可证和建设工程施工许可证，并已办理建设工程质量和安全监督手续；

· 已确定施工进度和竣工交付使用时间；

· 七层以下（含本数）的项目，已完成结构工程并封顶；七层以上的项目，已完成三分之二结构工程；

· 已在项目所在地商业银行开设商品房预售款专用账户；

· 预售商品房项目及其土地使用权未设定他项权。

2. 申报材料

· 商品房预售申请书、审批表
· 企业法人营业执照；
· 房地产开发企业资质证书；
· 建设项目立项批准文件；
· 国有土地使用权证；
· 建设用地规划许可证；
· 建设工程规划许可证；
· 规划设计方案（总平面图，户型平面图、剖面图）；
· 规划设计方案中公共配建部分的证明；
· 人防工程许可证；
· 施工图审查合格证；
· 工程建设施工合同；
· 建筑工程施工许可证；
· 规划放线、验线证明；
· 已完成基础以上部分工程质量验收合格证明；
· 符合预售条件的工程进度和投资情况证明；
· 商品房预（销）售方案；
· 房屋面积预测报告；
· 预售房屋明细表；
· 商品房预售资金监管协议；
· 维修资金收取方案；
· 前期物业管理方案；
· 商品房购销合同文本；
· 住宅质量保证书、住宅使用说明书。

3. 开盘方式

在实际销售中，所谓的“通宵排队”“万人抢房”的场景是比较难出现的。更多时候，营销团队要面对的，大都是到场客户不足以支撑销售目标的窘境。客户来之不易，因此选择什么样的开盘方式就很重要。

明开。对外公开宣告开盘时间，邀约全部意向客户集中选房，以排队或摇号的方式确定选房顺序，依次进行选房认购。同时，在选房现场举办开盘仪式活动造势，营造热销氛围，形成现场挤压效应，进而促进销售。

暗开。不对外公开宣传开盘，仅邀约前期意向客户分时段、分批次到场直接选房，相当于内部认购。淡市之下适用“暗开”方式开盘，可以避免客户过少造成的冷场现象，同时可以有效把控选房节奏，灵活使用优惠促销手段。

4. 价格策略

利润最大化是每个企业最关心的事，因此价格策略是重中之重。在整个价格策略中，开盘定价是第一步，也是最为关键的一步。事实证明，好的开端往往也意味着成功了一半。

（1）低价开盘

低价开盘是指项目在第一次面对购房客户时，以略低于市场行情的价格公开销售。其优点是便于迅速成交、回笼资金，同时容易营造现场的热闹气氛，树立项目良好形象。在后期销售中，可以根据市场反应情况，低开高走，逐步提高价格，形成价升热销的良好局面。

（2）高价开盘

如果在市场需求旺盛、企业品牌力强、项目体量适中、产品综合性能佳的情况下，就可以进行高价开盘，以高于市场行情的价格公开销售。高价开盘的意义显而易见，不仅可以帮助企业获取最大利润，还能树立项目高端形象，增加品牌资产。

（3）优惠折扣

在开盘期间，提供赠送、折扣等优惠，不仅可以活跃销售气氛，还能对意向客户的购买行为进行直接刺激，促进成交转化。常见的开盘优惠折扣活动，包括一个星期内的限时折扣，买房送装修、送大宗家电，购房抽奖等。

二、意向客户装户

开盘是一场输不起的战役，作为营销管理人员，一定要把控全盘，容不得半点不确定性。

开盘策略是否有效，摸排客户的反应才是验证的真谛。比如××国际项目，所在区域市场较为成熟，由于回款压力比较大，就迎合市场推出小户型低总价产品，市场反应还是很不错，售楼中心开放1个月后，到访登记客户就达

3200 组。由于时间紧迫，企业高层决定尽快开盘，设定开盘目标为 600 套，开盘当日到场客户 800 组，实际认购 350 套，仅完成 58%，和预期效果有明显的差别。

在开盘后对以前标记为强意向的客户进行回访时发现，这些客户未到场或未成交的原因主要有三个，一是说自己想要的户型被别人选走了，二是表示单价太高不能接受，三是产品不是自己想要的。

从上述案例可以看出，在开盘前对意向客户进行梳理，也就是“装户”的意义。

只有充分了解客户的购买动机、资信以及意向房源，掌握热销户型和滞销户型的分布，在开盘前及时调整价格、折扣等策略，对热销户型进行挤压，用性价比引导滞销户型的去化，尽量把意向客户一对一地装到你所推售的房源里，才能确保最大的成交率，避免意向客户流失。

“装户”的方法有很多，比如会员升级、提交存款证明、直接办理认筹（有预售证）等，根据意向客户的落位找出难点房源，准备专门说辞引导客户。对于像认筹量大的住宅项目，无法做到逐个“装户”，则可以采取抽样法提取样本客户来验证价格和户型，并进行多轮摸排。

案例链接

房地产定价需要很多的技巧，而制定合理的开盘价更是一个高超的诀窍。某房企是大型国企，其对开盘定价有一套标准的流程。

1. 定价原则

· 收益最大化；

· 市场化。

2. 定价流程（见图 24–1）

3. 项目首次开盘价格制定

· 客户测试价格表确定；

· ×× 项目上市价格表确定。

4. 对外放价战术

· 前期推广阶段；

· 认筹蓄客阶段；

· 开盘前 1～2 天。

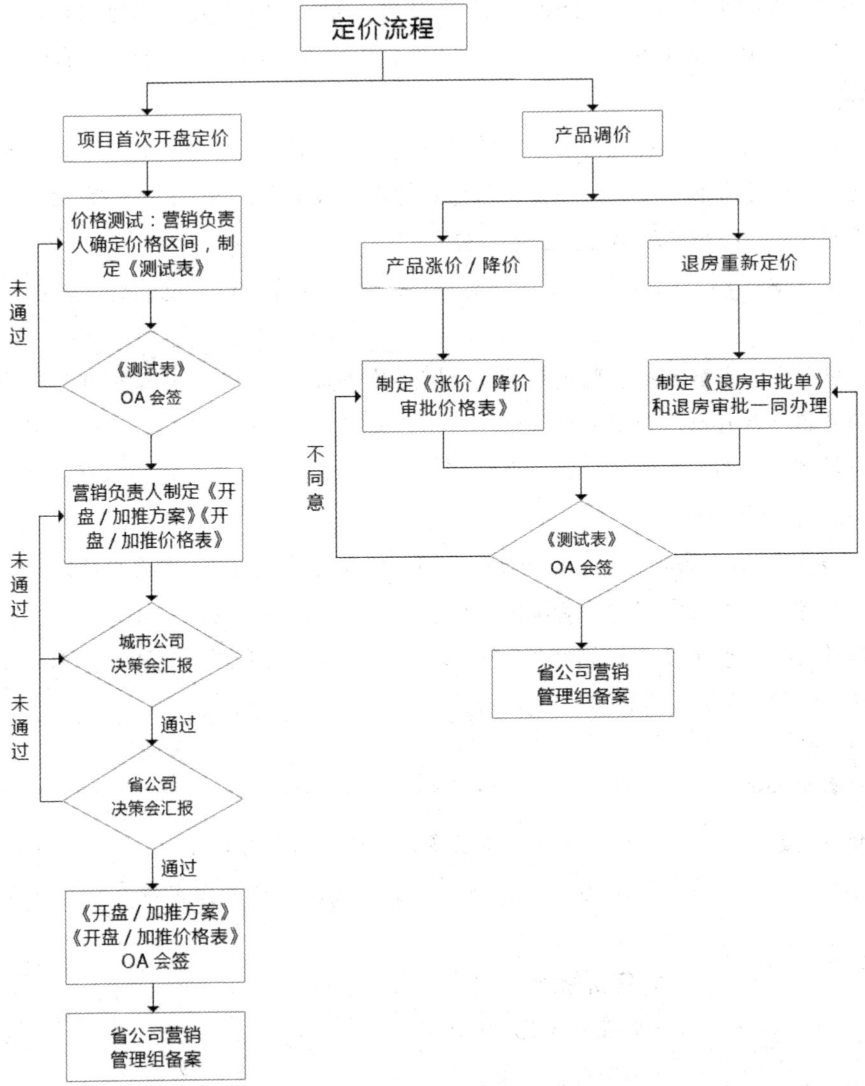

图 24-1　某房企开盘定价流程

三、开盘组织及管理

在项目已经取得预售许可，工程形象良好、现场包装到位、宣传资料和销售资料等一切就绪，那就万事俱备，只欠开盘的东风了。

1. 开盘方案

一个完整出色的开盘方案，是确保顺利开盘的重要基础。通常是以房企的总经理或主管销售的副总经理为主要领导，成立开盘筹备活动组委会，制订前期工作的计划，并分配任务到个人以及限定各项任务的完成时间。开盘活动是一个系统工程，几乎涉及内部的所有职能部门，而且还要有策划公司、销售代理公司，广告公司或活动公司参与策划执行。开盘方案一般包括：

· 开盘目标；

· 开盘时间、地点、形式、排期；

· 开盘组织流程图及人员分工；

· 开盘促销（优惠）方案；

· 开盘销售氛围营造；

· 开盘空间组织图（交通路线、功能分布、动线导视、内场布局）；

· 主持人串词、领导讲话稿、节目单、抽奖细则；

· 开盘物料清单；

· 突发事件应对措施。

如图 24–2 所示，是某项目 1 期开盘功能分区及人员布局图。

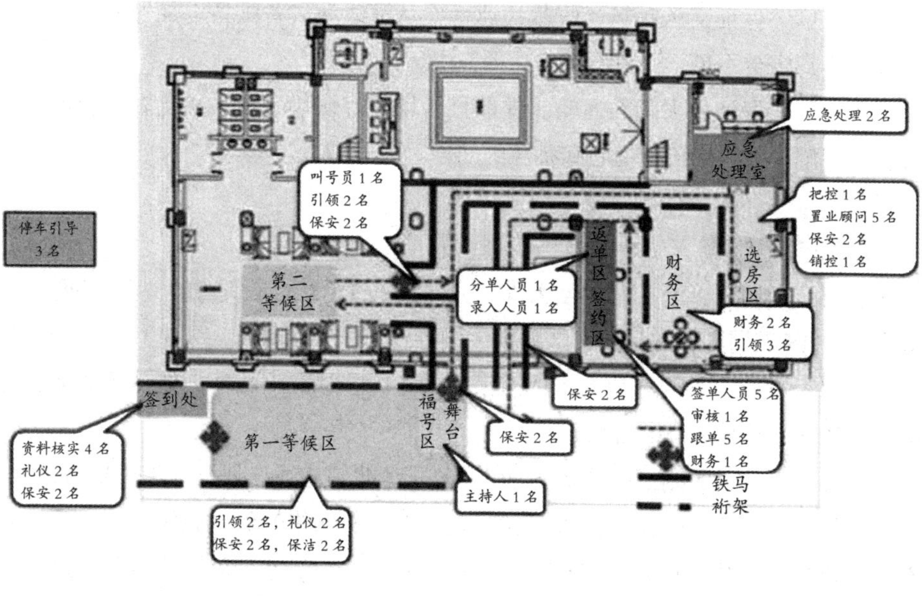

图 24–2　某项目 1 期现场开盘布局图

2. 关键流程点控制

开盘活动中，要营造和保持良好的销售气氛，同时控制销售速度，确保开盘目标在一定的时段内完成。因此，要做好开盘的分区管理，并设计保证已成交客户和其他客户不相交（利用信息不对称策略），主要涉及以下 7 个区域。

签到区。确认客户身份，及时检查选房客户是否到场。如果客户较多须分组签到，不因流程拖延时间。签到区物料包括分组签到水牌、客户签到表、号码胸贴、开盘手册（区域布置图、选房流程、选房须知、抽奖须知、节目流程等）。

休息区。有序组织客户，营造良好氛围。通常是以文艺舞台表演为客户聚焦点，由主持人现场反复播报相关流程事项。休息区需要配置餐点，延长客户的等候时间及耐心。

选房等候区。为选房区预备适量的客户，并且能让客户看到选房区的销控板（同步销控或电子大屏），通过喊号、放号、身份核验等流程，调节选房区进度。

销控区。准确记录，避免卖重房。要设置专人负责销控排队，顺序销控，还要有主副销控互相核对。

选房区。这是开盘最核心的区域。要保持选房区域的私密性，避免选房区过于开放，以便于进行调整和销控。通常可以设定三分钟选房规则，以及使用客户逼定、假销控等技巧制造紧张气氛，引导客户快速选择。

财务区。保证交款顺畅，收款快速。要从流线和设备配备上加速交钱，并提前设计客户定金不足、资料不足的处理方法。

签约区。保证最大化的通畅。提前打印填写好认购书，最小化客户现场填写环节，并解决好客户可能担心和犹豫的问题。

3. 开盘强销期

项目开盘期间，除了开盘当天外，开盘后的 1 ~ 2 周是所谓的“强销期”，而开盘前的 1 ~ 2 周则经常是内部认购期或引导期，这期间往往需要进行大量的宣传推广，以及举行一系列的活动，以使项目的意向客户和潜在客户能持续关注，从而达到留存、转化客户的目的。

比如某项目就策划了一个为期 30 天的开盘冲刺作战计划，分为企划、渠道、活动、销售 4 个组合，采用户外拦截、电视电台、网络炒作、微信事件、活动导客、渠道拓客、现场包装、销售物料、销售杀客九大战术手段对目标市场进行攻击，有效提升了产品价值形象，保持开盘销售热度，帮助项目在开盘一周后顺利实现清盘。

四、在线开盘

传统的集中开盘，虽然有助于把控客户情绪，通过氛围营造、实景冲击、现场逼定等手段提升去化率，但这个模式受政府高压政策影响，并且开盘前的筹备工作极其烦琐，若准备和演练不充分，反而容易影响选房效率，从而让开盘效果大打折扣。

随着时代的不断进步，房地产的信息化进程也在加快。大的房企都十分注重信息化的管理，像碧桂园、万科、恒大等标杆房企早已采用互联网售楼模式在线开盘、在线抢车位，可以实现上千甚至上万人同时在线选房，几秒钟时间就能完成购房流程。例如，武汉绿地·国际理想城项目第五次开盘采用在线开盘，2000 组客户同时在家手机抢房，仅仅用了 16 秒，364 套房源售罄；成都人居·盛和林语在线开盘，1883 人在家秒杀 766 套房源，80 秒就销售一空。

传统的开盘模式，客户需要在开盘前到达现场，在等候区排队等候，被叫到号后才能到选房区挑选房源和询问价格。这一系列流程下来，至少要花费大半天时间，客户体验感很难得到保障，如果选不到自己心仪的房型，客户大概率都会流失。而选择在线开盘的话，客户只需要在正式开盘之前，登录线上查看房源，确定自己想购买的房源，在真正开盘的那天，在手机上进行签到，然后一键选房。付款流程也都能在网上完成，只需要商量好一个指定的时间进行线下的合同签署就可以了，如图 24–3 所示。

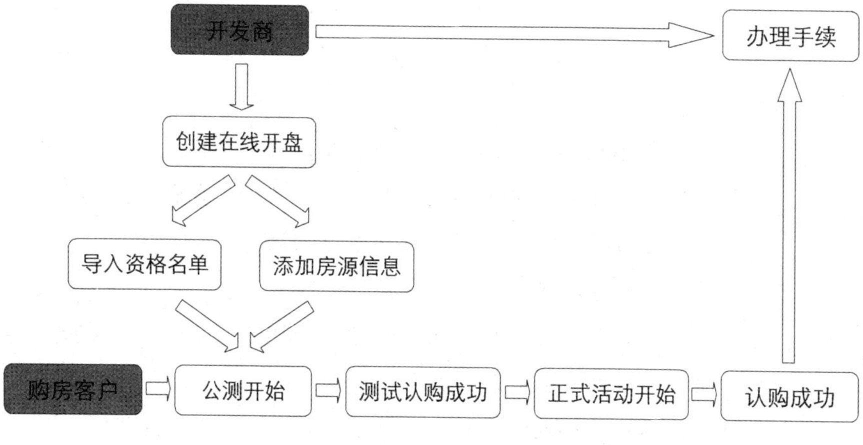

图 24–3　在线开盘流程示意

在线开盘完全实现客户在家使用手机一键选房，极大提升了客户的购房体验感。同时，选择在线开盘可以在短时间内快速开盘，节省了线下开盘很多不必要的营销成本。

更有价值的是，在线开盘之前一般都会进行公测，公测会进行 2 ~ 3 次，客户在公测时收藏自己的意向房源，后台就会生成一张房源收藏热力图，可以开放权限让客户在系统上查看每套房源被收藏情况，对于意向过于集中的房源就及时引导客户错开，尽量做到装客到户。据统计，约 40% 的客户在公测后都会调整他们的第一意向。

案例链接

某楼盘 3 期共推出 8 栋小高层，共 285 套房源，户型面积为 140 ~ 240m^2。该项目采用在线开盘，开盘选房使用的是新浪乐居在线选房系统。

如下是该项目发布的开盘抢房攻略。

1. 选房流程

正式在线选房时间：2018 年 11 月 23 日 10:00 ~ 11:00。

① 登录在线选房页面；

② 登录成功后，点击选房模块；

③ 浏览并收藏意向房源（最多可以收藏 8 套），方便抢房操作；

④ 进入秒拍页面，等待抢房正式开始；

⑤ 注意活动倒计时为 0，出现“立即抢拍”按钮即可点击开始抢房；

⑥ 抢拍后会出现“确认出价”的页面，点击“确认”即可；

⑦ 中拍后会提示抢房成功，可在系统中查看中拍信息；

⑧ 如未中拍，可选择其他房源继续抢拍。

2. 注意事项

· 关于公测。本次在线选房，系统会在正式开始前进行 2 次公测，让购房者提前熟悉系统操作。

第一次公测时间：

11 月 22 日 10:00 ~ 10:30，第一次模拟收藏房源；

11 月 22 日 10:30 ~ 11:00，第一次模拟选房。

第二次公测时间：

11 月 22 日 13:00～13:30，第二次模拟收藏房源；

11 月 22 日 13:30～14:00，第二次模拟选房。

· 正式在线选房时间：

11 月 23 日 10:00～10:30，正式收藏房源；

11 月 23 日 10:30～11:00，正式选房。

注：手机网上选房时间为 30 分钟，11:00 选房系统自动关闭、本次选房结束。

· 关于网速；

· 关于手速；

· 关于技巧。

3. 常见问题

4. 项目信息

第25讲

活动营销：如何让你的案场人气爆棚

通常，一个客户的购房过程会经历知道、了解、好感、购买的四个阶段。对此，营销中采取的最佳动作是广告与活动，用广告造梦、吸引眼球，让潜在客户产生美好联想和期待；用活动与客户零距离接触，进行充分展示和体验，直接刺激客户的购买行为。

一个好的活动营销不仅能够吸引目标市场的注意力，还能够传递出品牌的核心价值，打造品牌的影响力。通过为目标客户打造专属的、值得回味的活动，让客户愿意主动参与其中，从而能够深度影响客户，快速提升客户对品牌的美誉度和忠诚度。

活动营销是房地产营销最重要的传播和推广手段，是吸引人气、积累客户的不二之选。尤其是在淡市营销中，针对不同的营销节点，匹配与之对应的活动，能更好地促进销售转化。

一、贯穿全销售周期的活动营销

在市场行情好的时候，房地产的活动营销主要集中在蓄客期和开盘强销期。而在市场行情不佳，也就是淡市时，开盘成交量很低，营销重心就被迫向后移，活动营销作为最重要的营销手段往往会贯穿整个销售周期，如图 25–1 所示。

图 25-1　房地产销售周期

1. 预热期

在售楼处暂未开放时，可以事件营销、评选、征名类活动为主，吸引眼球和社会关注度，树立企业及项目的品牌形象和影响力。比如奠基仪式、开工仪式、品牌发布会、产品发布会、高峰论坛等。

2. 蓄客期

打造项目美誉度，让客户改变态度，对项目产生偏好，并开展意向客户积累。尤其是存在缺陷的项目，更需要通过活动解决现场人气不足问题，消除客户抗性，增强项目吸引力。比如项目园林示范区、样板房开放，公开选房前的客户登记、会员征集，节庆活动、圈层活动、公益活动等。

蓄客期活动要与销售节点、工程展示紧密结合，充分利用自身配套及采购资源，注重活动的多样性和客户参与性。如果条件允许，要尽可能放在项目现场举办，让客户充分体验项目的展示部分，促进客户认筹。

3. 开盘强销期

为吸引客户，维持现场人气，开盘期活动通常规模都比较大，类型也很多。通过现场高人气的保持，营造紧张销售气氛，从而提高开盘成交率。比如开盘大型文艺演出、焰火晚会、音乐节等，还可以辅以特价房、优惠折扣、现场抽奖、买房送家电等促销活动，刺激客户成交。

4. 持续销售期

在项目持续销售期、平销期，就需要不间断地举办各种营销活动，维持销售旺势，有效避免销售速度锐减。

持续销售期的活动，以聚集现场人气、促进成交的促销活动为主，活动的目的就是“上客”，通过活动将“等你来”变为“带你来”。比如少儿才艺大赛、业主运动会、跳蚤市场、户外烧烤、蛋糕 DIY 等小型低成本暖场活动，与其他商家联合举办活动，以及跨圈层的营销活动等。

5. 尾盘期

尾盘期的活动，以提高客户满意度、促进老带新为主。业主圈层才是最精准的圈层，因此，业主客情维护非常重要。比如结合工程节点（封顶、验收等）、节庆举办大型活动，举办中秋联欢晚会、客户答谢会、业主家宴等，定期让业主了解项目情况，促进老带新，顺利实现清盘目标。

案例链接

阳光华府是××华庭项目3期，为3栋33层的高层住宅，共504户。为促进项目认筹，在农历惊蛰日举办“手绘春天”亲子嘉年华活动。

活动时间：3月5日（周六）9:00～12:00。

活动地点：项目售楼处。

活动内容：

1. 手绘春天

· 手绘中国团扇，画出了自己的“春天”；

· 手绘“春季新款”手袋，作为送给妈妈的节日礼物；

· 美术老师专业辅导，帮助孩子放飞想象，尽情描绘。

本次活动孩子们的作品还将进行网络投票，人气最高的作品将有机会获得由阳光华府送出的惊喜大礼。

2. 趣味游戏

参与现场套圈趣味游戏，赢取欢乐好礼。

3. 精致美食

供应精致茶歇，在味蕾中留下春的记忆。

惊蛰，代表着仲春时节的开始，寒冬中蛰伏的万物都欣欣然张开了眼。阳光华府的“手绘春天”活动吸引了100多组客户参加，小朋友们不光玩得高兴，还给父母当起了参谋，陪着家长参观沙盘、样板间，尤其是阳光充足的儿童房，让小朋友们喜欢不已。仅3月5日一天，现场就有近40组客户成功认筹活动推出的120m^{2}三房户型。

二、好活动的4个原则

既然是活动营销，那活动一定是具有销售导向的。比如品牌宣传、产品发布、增加来访量、强化客情关系、激发客户活跃度等。

有些项目，一年 365 天，几乎每天都在做活动，节庆活动、圈层活动、暖场活动，各种活动不断。很多营销人员因为自己搞的活动效果不佳，开始质疑活动营销。

当然，活动营销本身是没问题的，有问题的是很多营销人员缺少对活动的整体思考与创新，导致活动针对性不强，陷于同质化和简单化。

1. 符合客户需求

一个好的活动，不是自娱自乐，它首先要符合目标客户的需求，是客户需要或感兴趣的。比如节日，客户有配偶有孩子，在售楼处了解项目的同时，还可以陪家人一起过个开心的节日；比如工程节点，真正有意向的客户会对项目的工程节点非常关心，包括工程封顶、景观示范区开放等；比如生活场景，这需要资源嫁接，像少儿才艺大赛、文艺汇演等。

2. 体验感要强

活动营销也是一把双刃剑，如果对现场把控、活动内容设计以及跨界资源整合的能力不够，反而会引起到场客户的吐槽。因此，要对活动现场进行主题包装，做足氛围感、仪式感，在活动的各个细节注重增加客户体验感，同时活动内容线上线下相结合，增强趣味性和客户黏性。

3. 使用社交货币

社交货币是一种可以诱发传播的因素，使用社交货币也已成为房地产营销的主要传播策略之一。在策划新鲜、有创意的活动的同时，也要造势，让市场听到项目的声音，除了常规的线上线下推广，还要助力客户转化，覆盖到场和认筹客户的朋友圈、微博、短视频，达到口碑传播的目的。

4. 无社群，不营销

任何营销活动最后都要落地，要实现销售增长。对于通过活动获得的客户资源，要进行有效的维护和转化，而社群就是最好的关系维护利器。比如可以针对参加活动的客群，建立微信群，由专门的人员管理，不定期地发送项目销售及活动信息、并通过发红包等来维持客群黏性。

链接 **房地产活动营销集锦**

1. 销售节点活动

· 造势活动。发布会、开幕式、奠基仪式、峰会论坛。

· 事件营销。快闪活动、豪车游、包机游、寻找 ×××。

· 开盘活动。明星见面会、沙龙、音乐节。

2. 节假日活动

· 元旦节。跨年狂欢、新春音乐会、新年送福、砸金蛋。

· 元宵节。汤圆 DIY、猜灯谜、灯展灯会。

· 情人节。玫瑰派送、集拍情侣合照、相亲派对。

· 妇女节。瑜伽秀、旗袍秀、插花 DIY、美甲。

· 端午节。包粽子、吃粽子大赛、香包 DIY、糖人 DIY。

· 劳动节。健步行、城市跑、植树、捕鱼达人。

· 儿童节。风筝 DIY、T 恤衫 DIY、游园嘉年华。

· 中秋节。中秋联谊会、梦幻灯会、汉服会、答谢宴。

· 国庆节。认购送 / 抽大奖、一元拍、国庆嘉年华。

· 圣诞节。圣诞树 DIY、美食节、神秘礼包、假面舞会。

3. 周末暖场活动

·DIY 类。蛋糕 DIY、手工品 DIY、陶艺 DIY。

· 亲子类。才艺大赛、萌宝走秀、宝宝爬大赛。

· 讲座类。风水、投资理财、健康养生、减肥、美妆。

· 美食类。啤酒烧烤节、美食嘉年华、红酒品鉴。

· 运动类。趣味运动会、滚床单、室内高尔夫、广场舞。

· 艺术类。书画展、模特秀、小型音乐会、读书会。

· 公益类。捐赠、爱心义卖、社区集市。

三、暖场活动的策划

暖场活动是房地产活动营销中使用最多的手段，在市场比较成熟的城市区域，几乎每天都能在各个商圈、广场、售楼处看到各种各样的暖场活动，通过活动带动人气，吸引目标客户关注，最终达成产品销售。

暖场活动说起来简单，却又是最难做的，主要原因是频度太高，导致活动缺乏新意，客户也就没有新鲜感，所以活动策划最关键，要有创意和话题性。

1. 时间与地点

活动时间必须选在周末或节假日这些客户都有空的日子，尤其是在节假日，举办一场节日主题的活动更能吸引新老客户的参与。

活动地点最好选择在销售现场，这样才能直接地宣传展示项目内容。如果销售现场不具备活动举办条件，那么也可以选择合适的酒店宴会厅或者户外广场等地点。

2. 活动对象

活动对象主要包括新老客户、业内人士和媒体朋友，同时也要邀请他们的亲朋好友。对于意向客户来说，老客户的口碑、业内人士的建议和媒体的宣传报导都有着很大的参考价值，在这些“意见领袖”的影响下，意向客户就比较容易做出购买决定。

孩子也是非常重要的活动对象。一个家庭的未来就是孩子，客户买房很大程度上会考虑孩子的发展，孩子的意见对他们的决策有很大影响，这也是很多暖场活动围绕亲子展开的原因。

3. 主题与内容

活动主题是一场活动的核心，合适的主题可以淡化活动的商业气息，使活动参与者更容易接受。活动的内容必须足够吸引人，让参与者乐在其中，有所收获。当然活动也不是纯粹的盲目创新，而是应该结合项目自身的特点，定制客户喜欢的、契合项目的暖场活动。

4. 活动服务

一场成功的暖场活动，需要创意的主题与形式，更需要精心的内容和服务。活动服务涉及活动的各个环节，从客户的邀约到接送、指引和接待，活动主办者要衔接好各个环节，并且要始终围绕促进成交的目的，用心服务好客户，让客户在参与活动的同时，加深对项目的理解，增强对品牌形象的认可。

案例链接

暖场活动也是有思路有生命的，需要结合市场行情，综合考虑客户性质、项目配套和产品属性等来进行策划。

××城市花园通过分析1期成交客户，发现项目被不少中老年客户所偏爱，于是根据客户性质，投其所好，追溯他们的童年生活，策划了“奔跑吧·小猪”××首届赶猪大赛。

1. 活动主题

“奔跑吧·小猪”××首届赶猪大赛。

2. 活动目的

· 增加曝光率，聚焦人气，为2期开盘蓄客奠定基础；

· 向前期认筹客户释放项目信息，提升项目形象；

· 借助年关的营销节点，吸引返乡客群的参与；

· 结合乡镇巡演，通过活动进行定向资源导入。

3. 活动时间

2016.12.24～2017.1.14（每周六下午14:00～16:30）。

4. 主题宣传词

· 肆意挥洒，快乐迎春；

· 随猪奔跑，青春不老；

· 随猪奔跑自由是方向，追逐青春梦想的力量；

· 带你装酷带你飞，带你钻进稻草堆；

· 这个冬天猪都在奔跑，兄弟你呢？

5. 活动推广

· 电话邀约；

· 宣传车；

· 线上广告；

· 微信推广；

· 贴片广告。

6. 活动奖品

7. 具体准备事项、排期表

| 第26讲 |

滞销破局：如何成功解套滞销楼盘

对于所有从事地产行业的人来说，楼盘滞销是最让人头疼的事情。走进那些滞销楼盘的现场，总能感觉到一股“丧”的味道，没有客户，没有成交，就像站在悬崖边上，每过一天都是煎熬。

从产品的周转程度来看，周转快者为畅销，周转慢者为平销，无周转者就为滞销。滞销的标志性特征，就是购买量为零或几近为零。

在房地产行业中，若一个项目在开盘后一个月内所推出房源去化率不到30%，或三个月内去化率不到50%，或一年内去化率不到90%，就可称其为滞销楼盘。

大家都知道，房地产成本极高，资金占用金额巨大，一旦发生滞销，不只是市场关注度下降，拉长销售周期，还会由于资金无法回笼导致工程进度缓慢甚至停工，让项目陷入困境，把开发企业拖垮。时间就是金钱，如何找出对策，尽快摆脱滞销，成为营销工作的重中之重。

一、楼盘滞销的主要原因

几乎每个城市，都能看到楼盘滞销的案例，有的甚至变成烂尾盘，教训可谓惨痛。楼盘之所以出现滞销，有外部环境的问题，比如区域板块看衰、周边商业配套欠缺、市场形势低迷、供求关系失衡等，但更多的问题则是出自企业内部，比如定位失误、产品不佳、价格过高、渠道不畅、传播不深、操盘水平低下等。

链接　**滞销盘、尾盘与烂尾盘**

很多人会把滞销盘等同于尾盘，这是不对的，从概念大小来说，滞销盘包括尾盘，但不只有尾盘一种表现形式。

1. 滞销盘

滞销盘主要是指由于自身存在多种不易调和的矛盾，而无法被市场接受的项目，常常会以整盘滞销的现象出现。

2. 尾盘

尾盘一般是指楼盘的去化率达到 70% 左右时剩下的房子。尾盘一般分为两种：

- 朝向、采光、楼层、户型等较差的；
- 定价过高、定价不合理的。

3. 烂尾盘

烂尾盘也称死盘，是指已办理用地、规划手续，项目开工后，因开发商无力继续投资建设或陷入债务纠纷，停工一年以上的房地产项目。烂尾楼形成的原因较多，比如正在建设的楼盘开发商破产、缺乏建设资金、项目涉及经济纠纷、开发商违法违规导致工程停工等。

随着房地产市场竞争的日益激烈，很多项目都存在着不同程度的销售压力，一旦处理不当，就会出现滞销。目前，项目定位失误、产品设计落后、营销传播与销售组织不当、客户感知价格过高、房企品牌力弱是造成楼盘滞销的主要原因。

1. 项目定位失误

房地产开发项目的市场定位，应该是在详细的市场调研和分析的基础上，进行市场细分、选定目标市场、确定客户群体、明确项目档次、设计建设标准的有序过程。错误的市场定位，会让项目后期的经营陷于被动甚至失败。像前面第 6 讲中的 H 楼盘和 J 楼盘，就是因为项目定位造成了产品与土地、产品与客户的错位，最终发生滞销。

项目定位中，最忌讳的是不熟悉市场，市场调研深度不够，尤其是那些自负自信、主观臆测、拍脑袋的行为。这些行为将直接导致产品定位过高、定位过宽或定位超前的失误。

2. 产品设计落后

品牌房企一般都有专业的研发团队，对产品不断优化，追求更符合现代人的居住习惯，而一些实力较弱的开发商，大多是请第三方设计单位一次性就解决了几年的户型设计。

但无论哪一种设计，都要满足当地市场和客户需求。比如近年来一二线城市普遍滞销的刚需房，就是因为房价的持续上扬，当地刚需群体的购买力下降，传统的 90m^2 左右两房、120m^2 左右三房由于总价太高，反而成为淘汰型产品。很多产值过 10 亿，乃至上百亿，销售周期长达 3 ~ 5 年的项目，产品研发只花 3 ~ 5 个月，研发费用也就 20 万 ~ 30 万元，可谓心真大。

产品设计落后、脸谱化、同质化，在竞品众多的城市区域，很容易就败下阵来。很多滞销的楼盘，往往不是中小开发商，而是那些大型品牌房企，其原因就是忽视不同地区、市场、地块的差异性，大打产品线的标准化，以及城市对标的畅销品复制。

3. 营销传播与销售组织不当

任何一个房企，都不可能做到让一个对项目一无所知的消费者产生购买行为。尤其是在竞争如此激烈的买方市场，要在众多房地产项目中脱颖而出，成为市场追捧的宠儿，需要用心地策划包装和市场推广来引导。口碑是很可怕的，尤其是新媒体当道的今天，如果营销不加把劲，可能购房者听到的那些曾经的“故事”就已经给你判了“死刑”。

除了营销传播，销售组织不当也是很多楼盘滞销的主要原因，比如拓客渠道单一、案场执行力弱、抓客能力不强等。

4. 客户感知价格过高

只要是购房者，都会考虑房子的价值，看产品是否有自己要求的特征，看产品能为自己提供效用的大小，从而形成自己的期望价格。当楼盘的定价高于客户的期望价格时，就会让客户感知价格过高，无法实现销售。

比如昆明的某个大型楼盘，位于城市老城区，所处区域涵盖了基本的生活配套，但该盘临近环城路，周围环境杂乱，大型批发市场、物流中心环伺左右，所以就出现了购房者宁愿买那些现阶段配套缺失的潜力区域，也不愿入手一个生活配套可见但质量不高的老城区项目，导致楼盘的销售压力一直比较大。

5. 房企品牌力弱

随着市场不断成熟，急功近利的思维方式和行动取向越来越受到市场的抵制。那些注重积累品牌资产的房企，就会赢得更多购房者的青睐，而那些诚信差、实力弱的开发商，在与品牌房企短兵相接时，如果项目和产品没有明显的特色，大都是要落于下风的。

比如西安某楼盘，该项目曾与绿城管理合作，推广案名为绿城·××江南，2018年9月28日，该盘推出10、11、13号楼精装房源，开盘当天去化率79%。后面在无绿城品牌的支撑下，2019年4月29日，又一批次产品产盘，去化率降至53%。

链接

常见的20个楼盘滞销因素

楼盘滞销的原因很多，有外部环境的，也有企业内部决策和管理的，研究分析市面上出现的各类滞销楼盘，以下20个因素是最常见的：

· 楼市政策调控；
· 市场形势低迷；
· 区块发展看衰；
· 商业配套欠缺；
· 供求关系失衡；
· 市场调研粗浅；
· 项目定位失误；
· 产品设计落后；
· 工程质量低劣；
· 负面口碑传播；
· 产品价格过高；
· 策略设计不狠；
· 营销推广不深；
· 推盘节奏不稳；
· 销售渠道不多；
· 抓客能力不强；
· 决策者沟通不透；
· 操盘手信心不足；

· 开发商诚信差；

· 开发商实力弱。

二、打通销售的任督二脉

在房地产营销中，项目出现滞销是难免的。只要能在逆境中保持冷静，深入调研、认真诊断、实时调整策略，变不利为有利，也是能够让项目“起死回生”，重新变为畅销的。

一个楼盘滞销，直接反映出来的就是来访量和成交率低。在房地产销售中，来访量就是“任脉”，而成交率就是“督脉”，要解决滞销问题，首先就要打通任督二脉。

1. 来访量分析

也就是来电和到场客户量，来访量分析包含以下方面：

· 自然来访量；

· 渠道来访量；

· 老带新量。

2. 成交率分析

成交率不能简单地用成交量 / 来访量来得出，而是应该从项目的价值体系、价格体系和销售力三个方向来诊断，可以简化为如下的公式：

$$成交率=\frac{项目价值}{价格}\times 销售力$$

其中，项目价值包括土地价值、产品价值和品牌价值。

· 土地价值。交通、商业和生活配套、环境、未来发展等。

· 产品价值。建筑、户型、建筑质量、装饰装修、园林景观、小区配套、物业服务等。

· 品牌价值。企业品牌、项目品牌、社区文化、邻里关系等。

通过对项目的来访量、成交率分析，细化诊断楼盘滞销的原因，才能对症下药找出解决办法，然后回到房地产营销蓝图，从客户价值的理解、创造、传播、交付四个维度进行重新定义。

三、滞销盘的破局与突围

滞销并不可怕，麻烦的是没有厘清病因，采取不恰当的措施，反而使项目陷入更不利的境地。

商场如战场，它不允许有太多的浪漫与柔情，没有销售便无法支撑将来。不管你的故事有多动人，没有核心产品、良好的服务和信用做依托，再美的故事也将成为自欺欺人的童话。

1. 重新定义产品

重新审视市场环境，细分目标市场，重新界定客户群，在情况允许的条件下对产品进行重新设计或二次改进。具体实践中，可以通过产品改进、优化、转型带动批量去化，比如两房变三房、大房改小房、户型功能完善等；另外可以升级园林景观、交通、社区配套，打造圈层、社群活动场地，引进优质物业服务，提升楼盘整体素质，增强产品价值与客户黏性。

2. 价值体系重塑

重塑项目价值体系，并对形象包装进行优化，充分表现项目的优势，并把优势转化为销售力。比如某楼盘在出现滞销后，果断进行封盘，对项目价值体系进行重新梳理，确定了“英伦风尚高尔夫果岭生活”的新品牌广告语，从规划价值、配套价值、产品价值三个维度梳理出 20 多条核心价值，然后从中精选 11 条进行系列化宣传，并对户外、纸媒、工地围墙等相关的品牌形象重新包装，让整个项目焕然一新。

3. 创新营销推广

滞销楼盘更要造势，除了制订切实可行的营销方案，保持市场的关注热度外，还要注重寻找概念，事件营销，为项目造势。在媒体选择上，充分发挥自媒体功能。比如 ×× 府项目，为了增加客户的信任感和真实感，推出“×× 市首家试住楼盘，×× 府，diss 你”的样板房试住活动，并在线上线下进行广泛宣传推广，引起了当地市场的高度关注，形成了自来水式的口碑宣传，项目一下子从滞销变为热销。之前 ×× 府项目广告也打了不少，但市场几乎没有反应，策划“试住”这一营销活动后，仅两周时期便完成了全部销售，同时平均单价比原来还上涨了

10%。

4. 深化渠道拓客

在售楼处来访客户量不足的情况下，就需要在行销和渠道拓客上下功夫。拓客的方法有很多，比如老带新、编外经纪人、异业联盟、圈层营销、中介分销等。要实现有效的拓客，拟定客户地图是第一步，然后进行区域划定、资源分配、任务分配，通过矩阵式的拓客铺排，实现纵深结合、城乡结合、重点突破、以外打内。在拓客过程中，还要关注竞品市场，推陈出“新”，及时调整项目、样板房、景观说辞、抗性说辞、竞品说辞、政策引导说辞等。

5. 特殊资源嫁接

幼儿园，这看似“小”问题，却成为困扰很多家庭的大问题，每天繁忙工作外还得为接送孩子发愁。近年来，引入优质幼儿园、小学等教育资源成为不少楼盘解决销售问题的重要手段。除了教育资源，健康医疗、智慧社区、城市社群等特殊资源的嫁接，也是滞销破局的有效途径。

6. 全员营销贯彻

滞销楼盘要成功突围，不是营销部门一个部门的事，需要企业所有部门为一线服务，全员为客户服务。树立全员营销和全程营销的思想意识，对售前、售中、售后的每一个环节进行周密设计，对来访来电的每一个问题都预先设计规范说辞，特别是在销售案场，既要营造一个热烈的氛围，又要创造一个宾至如归的环境。

案例链接

位于杭州西郊临安市青山镇的青山湖板块，距离杭州市中心 40 千米，拥有优质的自然资源，是典型的旅游度假类产品聚集地，2014 年有 15 个楼盘在售、2 个楼盘待售，占地千亩以上的大盘项目就有 10 个，但该区域一年仅卖出 197 套房子，有些楼盘全年销量为零。

金基·青云山居就位于这一板块内，总占地面积为 1500 亩，规划建设 660 栋欧式大独栋，容积率仅为 0.24。该项目一期在 2011 年下半年开盘后，与周边其他旅游大盘一样，陷入了滞销窘境。

2015年4月10日，绿城收购金基项目51%股权，启动了桃李春风生活小镇计划，在规划、配套、建筑形态等诸多方面，尤其是服务内容上，进行了新的构想与实施。

2015年5月8日，桃李春风官微首次公布了项目的的产品细节，就是那条轰动全国的《杭州史上最小别墅仅83方！户型刚从绿城流出……》，重点介绍了83m^{2}极小精装别墅，并通过“全精装带地暖，一套才200万元”成功吸引了一众人等的眼球。该条微信推送24小时，阅读量达280多万，其中31万来自浙江。从5月8日到11日，桃李春风销售热线每天接到电话200多组，关注热点集中于价格、开盘时间，以及实景样板房何时开放。

1. 深刻理解区域客户需求，重新进行项目定位

青云山居之前规划的是欧式风格，户型面积为350～400m^2，因此总价比较高，绿城通过对目标客群需求进行调研，把产品定位为极小面积中式庭院别墅，户型面积为81～183m^2，总价控制在180万～220万元。据了解，打动桃李春风购买者的正是“距离杭州半小时、总价200万左右的优质别墅”。

2. 强调全龄化颐乐生活，引领全新生活方式

桃李春风是绿城首个“全龄化颐乐生活小镇”，也是绿城学院式养生养老模式的一次变革。桃李春风的主要客群为杭州市的中产阶级，购房者基本都是五六十岁上下的中老年人，为父母养老或自己十年后做打算而置业，配合现在流行的“5+2”生活方式，客群覆盖至全龄化的人群，满足全家人的生活。

3. 创新产品设计，注重每一处细节

虽然桃李春风是以极小精装别墅吸引了大众的眼球，实际上桃李春风创新性地开发了11种户型，庭院面积和建筑面积近1∶1，拥有360°景观视野，户型设计紧凑实用，还有多进式的庭院以及可供耕种的菜园。同时，为了能包容全年龄段、全家庭的生活，以前瞻性设计考虑后续的居住需求，产品设计上还充分考虑了老年人的需求，比如乘坐电梯座椅、起夜灯、升降式衣柜、紧急呼叫按钮和安全扶手等人性化的细节。

4. 以优质的配套服务，满足业主的理想生活

项目配套的小镇中心为深具杭州风情的水岸生活街区，同步建立了优生活、慢生活、逸生活三大配套体系，是业主消费、休闲、交流、文化、静养的主要场所。同时还以绿城颐乐学院为基础，从健康无恙、身体活力、身心愉悦三个不同等级，打造不同的服务模块，实现 360° 的智能化颐养服务。

5. 搭建“桃李社”平台，构建邻里关系

2016 年，逐步搭建项目社群“桃李社”，并分出运动、农耕、宠物、摄影、高尔夫、禅茶、钓鱼、歌舞、文艺等不同的生活兴趣群，营造形成睦邻、友善的社群文化，以及和谐、美好的小镇生活氛围。

截至 2017 年年初，两年时间桃李春风一、二期共约 800 套别墅全部售罄，冲破了所在青山湖板块的天花板，成为知名的地产“网红”楼盘。

PART 8

第八部分

营销组织与管理

第27讲

赢在案场：如何提升案场销售转化率

营销通过包装、推广、造势、线上线下全渠道拓客，其终极任务就是把目标客户导入到销售现场，也就是常说的案场，然后进行转化。

中国的移动互联网发展到今天，几乎所有的商品都可以在网上交易，但房地产却一直做得不好，不是因为房子交易金额巨大，而是因为房子是不动产，是非标准产品，世界上没有两套一模一样的房子。即便是现在已经有很好的在线售楼系统，但几乎所有的客户还是要亲自到现场，实地考察感受，才会最终确定购买。

案场就是战场。尤其是市场行情低迷的时候，每一个到访客户都来之不易，因此，提升案场的销售转化率至关重要。如何展示项目优势，传递产品价值，给到超越客户期待的体验感，直接决定了销售的成败。

一、打造情景体验区

与很多发达国家现房销售不同，中国实施的是商品房预售制度，允许项目投资达到一定比例就可以进行提前销售回笼资金。随着市场竞争的加剧与技术的不断进步，通过打造景观示范区、样板房、品牌体验馆等情景式体验区，向客户勾画未来美好生活，展示企业实力和形象，越来越受到广大房企的重视，并逐渐成为案场营销活动中的重要组成部分。

俗话说，耳闻不如目见，体验区是客户感受产品最直接、最全面、最近距离的方式。客户在体验区不仅能看到居住的硬件标准、工程质量、房屋结构，还能体会到入住后的物业服务、生活环境和生活方式。体验区营造得好，就能将项目和产品价值更准确地传递给客户，感受度更高。在各种真实景观场景的代入下，客户就更容易做出购买决定，也免去了销售人员繁复低效的价值灌输。

像龙湖就很擅长为客户创造“全景体验”过程，其体验区的设计范围包括售楼处、样板房、示范区等。由于体验区打造需要花费较多的时间，所以龙湖开始启动宣传的时间通常是以体验区的开放节点倒排，开盘时间则根据开放时间顺推半个月。在营销中以品牌导入为先，接着推广项目产品形态、项目信息与项目价值，让客户形成期待，然后以示范区的惊艳开放引起全城轰动，获得客户的高度认可，达到推广宣传的一大高潮，紧跟着开盘，水到渠成地取得首次开盘的良好业绩，如图 27-1 所示。

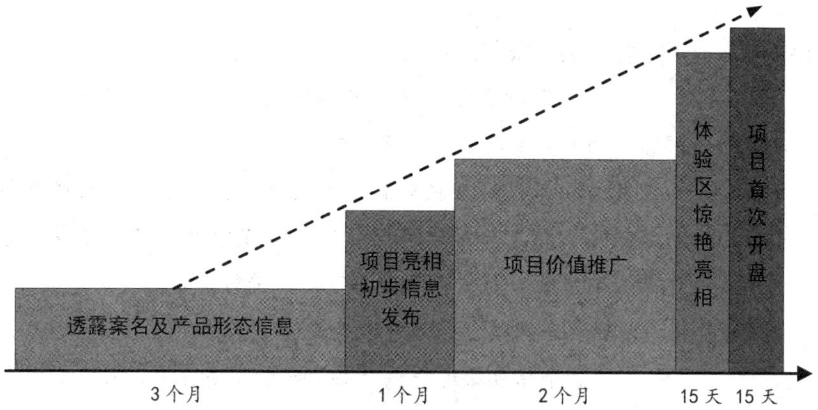

图 27-1　龙湖体验区开放计划

二、销售动线设计

通常在卖场中都会对客户的流动路线进行设计，使得顾客在消费时拥有清晰的方向感，不迷路，不产生疲劳感和压抑感。好的动线设计能引导和方便顾客购物，延长顾客在店的停留时间，从而带动品牌人流量和购买率的提升。

案场虽然没有大型购物中心那样复杂，但也需要进行精巧的销售动线设计，有计划地引导客户的流动方向，并在动线中通过颜色、灯光、记忆点的设置，让客户产生购买欲望，辅助达成销售。

常规的销售动线，要涵盖出入口、来访接待区、沙盘区、园林景观示范区、样板房、体验馆、洽谈区、水吧等不同的功能区域。如图 27-2 所示，是某楼盘制定的销售动线。

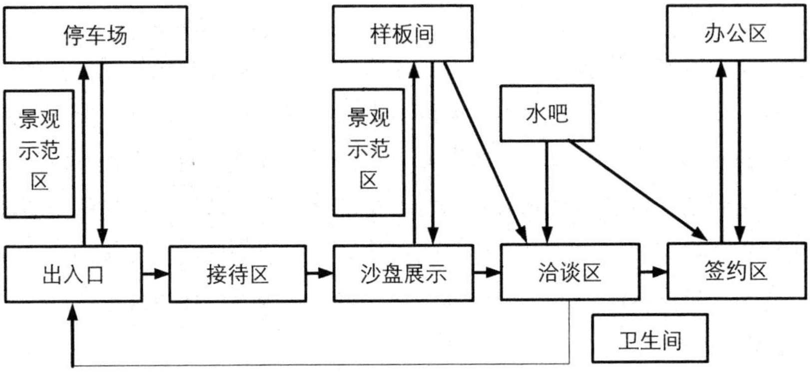

图 27-2　某楼盘销售动线

链接

客户购房服务满意度调查

通过定期对来访客户进行抽样调查的方式，可以很直接地了解客户的痛点和堵点，并进行针对性的改善优化。

常见的客户购房服务满意度调查表，包括客户购房服务中的打消疑虑、信息传递、顾问营销、激发想象、贴心服务、保障得体等 6 个方面，具体可参考以下内容进行设计。

· 如实介绍楼盘的销售进度；
· 从多个信息渠道提供产品资质和质量保证；
· 清楚地回答与竞争楼盘相比的优劣势；
· 在沙盘中指明意向户型的具体位置；
· 宣传材料明确传达出企业的文化和历史；
· 清楚介绍景观设计的理念与特色；
· 针对户型不足提出合理建设；
· 结合客户需求，有针对性地推荐户型；
· 如实介绍户型的优势与不足点；
· 介绍装修对空间布局的修饰作用；
· 生活化的样板间布置；
· 通过户模直观展示未来的生活空间；
· 对陪同的亲友给予适当关注，提供有针对性的服务；

· 耐心解答客户疑问；
· 主动了解客户需求信息；
· 参观小区环境时提供适当的交通工具；
· 保安接待礼仪得体；
· 保安服务热情周到。

三、一致性体验

一致性实在是太重要了。在案场中，来访客户基本上都是处在一种非常敏感的状态，他们对现场看到或听到的内容有着下意识的怀疑，因此，即便是一些细小的不一致都会引起他们的警觉，让他们更加不信任。

通常来说，一致性有两个层次，低层次的是流程上的一致性，这是刚性的，包括环境空间、着装用语、业务流程、客户习惯、交互逻辑等。高层次的一致性则表现在品牌构建和客户认知层面，比如品牌的调性是什么，给客户提供的核心体验是什么，所有的设计、传播、销售和服务都要围绕品牌体验来展开，虽然企业各个部门的职能和分工不同，但都要保持一致性的目标。

因此，案场所有人员都必须经过严格的礼仪、业务流程、专业知识、法律法规、公司规章制度、接待技巧、客户生活方式、客户售后服务等方面的培训，并经过严格考核方能上岗。在营销过程中若有内容或策略的调整，案场管理人员需要及时安排，统一销售说辞并督导执行。

比如某项目就制定了案场服务 8S 管控体系，具体包括案场接待、案场 VIP 接待流程，以及空调及照明管理、音乐及喷香管控、大厅布置、前台物品设置、卫生间、定位物品复位等标准，确保案场的标准化服务。

华润深圳湾，是深圳滨海大道的高端豪宅项目，要求案场整个团队在接待过程中对客户豪宅感知进行潜意识渗透，除销售专业接待外，案场内包括礼宾、客服均以高素质、高形象以及统一的服务标准，形成统一的豪宅印记。从客户进门开始的尊称与微笑接待，全流程保证客户尊重感，即使是物业服务人员，也均经过项目说辞及理念的相关培训，增加客户对全体服务人员的专业度的信任。深圳湾瑞府公寓开盘当日，均价 15.8 万元，总价 2400 万元起的 146 套房源销售火爆，其中面积为 400m^2 的 D 户型直接被“秒光”，多套上亿豪宅被当场认购。

案例链接

某大型房企为统一品牌形象，解决流程标准化，实现成果可控的目标，制定了详细的《价值体系梳理指引》《销售说辞编写指引》等模板文件，要求所有项目严格遵照实施。

1. 项目价值体系梳理

外部价值：城市规划＋配套价值＋地段价值；

内部价值：品牌价值＋产品价值＋至美园林＋物业价值＋社区文化。

项目价值体系经区域总、项目总等负责人确认后，须在销售案场，包括区位模型、总规沙盘、现场包装、销售物料、体验馆等充分体现。

2. 销售说辞编写

以项目价值体系为基础制定销售说辞，并设置三级考核机制严格考核。

项目层面：销售团队全面考核，考核通过才能上岗。

区域层面：设立抽检小组，对每个项目按比例进行电话/现场抽检，须全部通过，否则通报批评，并重新培训考核。

集团层面：对项目按比例进行电话/现场抽检，须全部通过，否则通报批评，并要求区域及项目再次培训考核。

四、案场精细化管理

影响销售转化的除了客观环境，还有主观因素，而主观因素就在于案场的精细化管理。

案场的日常销售工作，不外乎就是客户导入→客户接待→客户管理→成交推动的流程化循环，作为营销管理人员来说，要审视的是这些日常工作中还有哪些业务执行得还不够精细。

1. 重视来电接听

很多案场都存在一个问题，不太重视来电接听，比如来电接听不邀约、来电资源不跟进回访、来电登记表不准确等。

客户来电，是建立在对项目信息有一定了解的基础上，意向级别更高，因此需要更加重视和珍惜。来电管理中，要提高 3 个核心数据：

· 留电率；

· 来电转来访率；

· 来电转来访周期。

可以提前准备 1 分钟、2 分钟、3 分钟的产品和卖点说辞，加强留电、邀约意识、方式、技巧等的来电互动训练，从而增加留电率和到访率。

如今，购房客户通过楼盘官网、公众号等进行线上咨询的现象也越来越普遍，案场需要设置专人负责进行线上到线下的引流。

2. 提高来访接待质量

从业务接待执行角度，提高来访客户的接待质量，让客户感受到专业、贴心的服务，加深客户对项目、产品和团队的认可和信任。

（1）产品销讲

树立足够的产品高度，清晰表述产品的卖点，拒绝平庸化说辞，针对不同客户，对说辞重点和沟通方式做灵活调整。

（2）互动沟通

必须重视细节，通过互动沟通了解客户的购买动机、来看理由、看盘经历、关注重点等核心信息，帮助分析购买需求、购买抗性、成交机会。

（3）实景体验

这是客户评判产品最为核心的环节，一定要做好充足的准备，介绍要有重点，有渲染力，并在带看途中借机与客户深度交流。

（4）及时总结跟进

对未成交的意向客户要及时总结，对客户意向、机会、问题做客观分析，并制订下一步跟进计划、节奏和目标。

链接　**购房客户的成交信号**

在客户的购房过程中，客户往往会在经意或不经意间释放出一些购买信号，作为案场销售人员要及时发现并积极应对。

1. 口头语信号

· 客户问题转向有关商品的细节，比如付款方式、税费等；

· 详细了解售后服务；

· 对销售人员的介绍表示赞扬和肯定；

· 询问优劣程度；

· 对目前使用的商品表示不满；

· 向销售人员打探交房的时间可否提前；

· 接过销售人员的介绍提出反问；

· 对商品提出某些异议。

2. 表情语言信号

· 客户面部表情从冷漠、怀疑、深沉变成自然、大方、亲切、附和；

· 眼睛转动由慢变快，眼睛发亮而有神采；

· 由若有所思变为明朗、放松，嘴唇开始抿紧，好象品味、权衡着什么；

· 开始仔细观察商品；

· 转身靠近销售人员，进入闲聊状态；

· 忽然用手轻敲桌子或身体某部位的动作来帮助自己集中思维，做最后决定。

3. 客户分级管理

对客户意向较好的、犹豫的、观望的、机会不大的等不同的客户要进行分级管理，分别制定维护目标、强度、频率。尤其是对意向较好，短期具备成交机会的重点客户，要实施强力、高频的政策，并制订一对一的跟踪计划。

4. 提升工作效率

无论是管理人员还是一线销售人员，对于每天的工作都要做到事先计划，当天完成的工作要做到逐一反馈，每天的各项业务数据及时登记管理，并对阶段性数据进行评估分析，自我检讨，帮助成长。现在有很多不错的营销云系统，可以很好地辅助销售，条件允许的项目应该尽量配备。

案例链接

××花园项目为了全面提升销售案场管理水平，进一步增强每一位销售人员的业务能力和服务素质，编制了××花园销售案场管理手册。

1. 管理目标

通过对案场销售人员行为规范、销售接待工作规范的管理，以及销售案场管理制度的进一步强调，促进销售过程中的客户引导与把握，化解抗性，增加认同，促进成交。

2. 规范管理内容

· 销售人员行为规范；

· 销售案场接待规范；

· 销售案场工作规范；

· 销售部门管理制度；

· 客户资源管理重点；

· 开盘前准备工作管理重点；

· 开盘热销期管理重点；

· 销售管理考核细则参考。

附：客户权属确认办法；客户信息资料表；销售周例会会议纪要；项目销售月度分析报告。

| 第28讲 |

要利润更要销售速度，来看销控怎么做

说到销控，很多人肯定会马上联想到各个楼盘售楼大厅贴满各种“已售”标签的房源表。

没错，这就是常说的销控板，是给购房客户看的“明控”房源表，用以公示楼盘的销售进度，帮助购房者了解楼盘的销售计划以及在售房源的情况，从而方便客户进行购房选择。

而在案场内部销售管理中，通常是使用销控表，对未售、小定、大定、签约、换房和退房等销售情况进行管理，如图 28–1 所示。

B1 户型	C1 户型	C1 户型	B1 户型	B2 户型	D1 户型	B2 户型
17-401	大定	签约	小定	签约	大定	大定
小定	小定	17-503	大定	签约	17-506	小定
签约	小定	17-603	17-604	17-605	小定	大定
小定	17-702	17-703	签约	签约	17-706	签约
签约	大定	签约	大定	签约	小定	签约
17-901	小定	签约	大定	小定	大定	小定

未售××套　小定××套　大定××套　签约××套

图 28–1　××玺樾 17# 部分销控表

上述销控表其实和商家的存货盘点表是一个道理，它让营销管理人员对房源的销售情况一目了然，同时也方便置业顾问查询未售房源情况，有针对性地进行销售促进。

所谓销控，是销售控制的简称。从营销策略结构上来说，销控策略属于营销4P 策略中的价格策略，如图 28–2 所示。

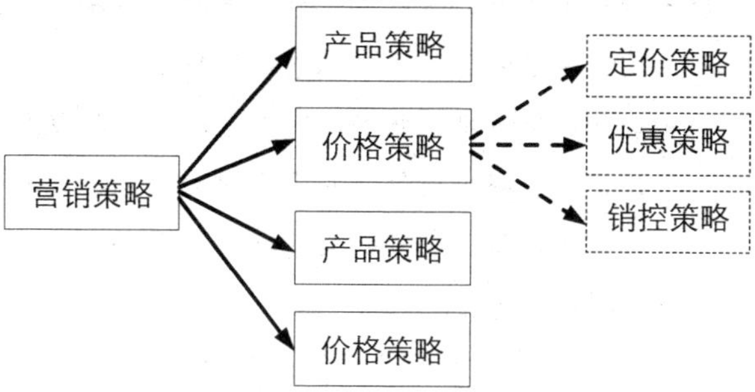

图 28–2　营销策略结构关系

在价格策略中，定价是主观策略，优惠是刺激策略，销控则是应变性和实操性最强的，通过销控，可以有效调整产品主观价值与客户价值之间的差距，从而实现量价齐升，为企业创造更大的利润。

随着房地产营销的实践和发展，销控的意义有了更多的延伸，不再只是简单的销售信息的记录，而是通过对房源和价格的干预，掌控整体销售过程与销售行为，从而帮助项目造势，均衡销售，实现利润最大化。

一、房源销控

由于户型、位置等因素的不同，一个项目的产品就会出现优劣好坏之分。房源销控，简称控房，其目的就是要让好房次房都能卖出去，实现整体清盘，而不是把好房子卖完了，剩下不好的房子，最终发生滞销。

控房可以从产品结构、产品数量、销售速度、热销房与滞销房等不同的方面来进行销控，通过直接控制可售房源来达成销售目的。

比如某类型房源去化过快，可用公司保留、大客户团购等名义直接销控，把房源保留下来后续提价；如果房源去化出现不均衡，也要及时进行销控，同时配合现场促销、逼定等销售动作，引导房源去化。

案例链接

在日常销售过程中，案场应严格按照公司制度对房源进行销控计划管理，避免出现一房多卖和销售计划外房源。某项目为此制定了一套房源销控管理办法。

1. 日常销控管理

· 当日小定或大定房源，须第一时间对房源进行销控；

· 及时对已销售房源在销售群进行通告；

· 告知案场秘书已售房源客户情况，及时做好电子档；

· 每天晚会将当天销售房源再次比对，确保万无一失；

· 次日早会将上一天销售情况进行通告。

2. 每周销控管理

· 每周一将上周所售房源进行整理，并制订新的房源表，将原房源表备案存档；

· 结合当月销售任务，有针对性地将未售房源进行销控，并在周会上对置业顾问宣布，保证及时销控房源；

· 每周一和财务部进行房源比对，保证房源统一。

3. 月度销控管理

每月初对在售、已售、已退房源进行完整销售统计，整理提交销售统计表、房源销控表、提成表、未售房源的可销售面积和可实收均价等月度报表文件。

4. 退 / 换房销控管理

· 客户退房严格执行退房审批流程；

· 客户换房，需由客户提出书面换房申请，经置业顾问、案场经理、营销总监签字确认后执行；

· 每天晚会与置业顾问进行房源变更通告；

· 退出和换出房源价格须与最新销售价格统一执行。

5. 加推房源销控管理

案场加推新房源销售，需由策划部、销售部对所加推房源信息进行全面审核，由营销总监和公司总经理签字确认后，再进行销售，须审核的信息资料包括：

· 加推房源面积表；

· 加推房源配套房比例；

· 加推房源销控表；
· 加推房源价格表；
· 加推房源的价格营销策略说明。

二、价格销控

价格销控，也就是常说的控价，即通过价格变化，调整房源的性价比，从而有计划、系统地控制房源的去化顺序。控价最常见的手法是拉开部分房源的价差，使房源去化能集中在主推房源上来。

在每个批次产品上市前，需要根据不同产品对项目利润的贡献能力，进行产品划分。

A 类：最好的产品，具备最稳定获取利润的能力；

B 类：较好的产品，销售压力小，能够获取额外的利润；

C 类：较差的产品，有销售压力，有机会获取额外的利润；

D 类：最差的产品，有销售压力，无机会获取额外的利润。

通常可以根据位置、楼层、朝向、户型、面积、景观等因素来对产品进行研判，并对不同的产品进行差别化定价。比如小高层或高层的住宅楼盘，楼层处在 1～3 层间的产品，就属于 D 类产品，利润贡献能力非常弱，一提价就会出现滞销的情况，因此定价上一定是最低的。

价格销控的本质在于通过调整价格，引导客户购买主推的房源，确保一定资金的回笼，为优势房源的提价留出时间和空间。

在销售的过程中，价格不是一成不变的，要根据需要采用不同的技术手段，打破各个产品间的性价比关系，形成新的性价比关系，从而获得新的销售机会。比如某文旅大盘，其推出的春风小院组团开盘后，面积较大、总价较高的三房户型销售不佳，于是就在优惠幅度上采取不同的折扣政策，对两房产品仅优惠 1 个点，对三房产品则优惠 3 个点，该项价格调控推出后，成效非常明显，三房产品去化率一下子就上来了。

链接

假销控操作技巧

所谓假销控，就是把某些未售的房源控制起来，对外宣传已定或已售，造成销售很好的假象。假销控在销售过程中是最常用的，它其实是一种引导型销控，目的是建立客户信心，利用客户的从众心理，引导客户购买主推房源。

1. 楼层去化不均时

如果出现部分楼层销售很好、部分楼层销售很差或无销售时，要分析是因为定价时的楼层跳价问题，还是位置、景观问题，抑或是客户对楼层数字的喜好问题，然后有针对性地对销售不佳的楼层做假销控。

2. 户型去化不均时

如果出现某些户型去化很快，其他户型几乎停滞时，要分析是产品力的问题，还是置业顾问推荐的问题，然后对去化不佳的户型做假销控，使其重新获得客户的重视或认同。

3. 销售推荐或逼定时

置业顾问在给客户做房源推荐时，可以适度封杀房源，减少客户选择面。进入逼定环节，可以封杀客户意向房源上下两层内的同类房源。在实操中，还可以配合假客户、假成交，以及报假销控等手段营造现场气氛，引发客户冲动。

三、整体推售销控

对于绝大多数的期房项目来说，越是接近现房，价格就越高。如果在项目认购或开盘阶段就把大部分房子都卖掉，就很有可能让企业预期的利润受损。通常的处理是把户型、位置等条件不是很好的产品优先出售，把位置、户型好的产品留到价格达到更高水平的时候再进行销售。

这就是整体推售销控，也称控盘。通过控制项目的推售次序和货包，使项目实现利润的最大化。但每个企业的实力不一，滚动开发是先行房地产开发的主流模式，如果控盘处理不当影响回款速度，反而有可能让企业面临资金链的危机，因此在策略上要慎之又慎。

1. 把握量价关系

每个房企在项目开发上，追求的都是绝对利润，也就是最大的利润额。关于利润额，有个简单的经济学公式，即：

利润额＝利润率（价格）× 销量

对于一个项目来说，销量是锁定了的，在容积率指标的限制下就只有那么多的房源与可售面积，要想提升利润额，就得从价格上下功夫，在相对条件下实现最好的价格。

但在实际操盘中，价格和销量是相背离的，量价关系就像一个跷跷板的两端，价格提高，当期销量就会下降，销售速度变慢，影响项目资金回笼，如图 28–3 所示。

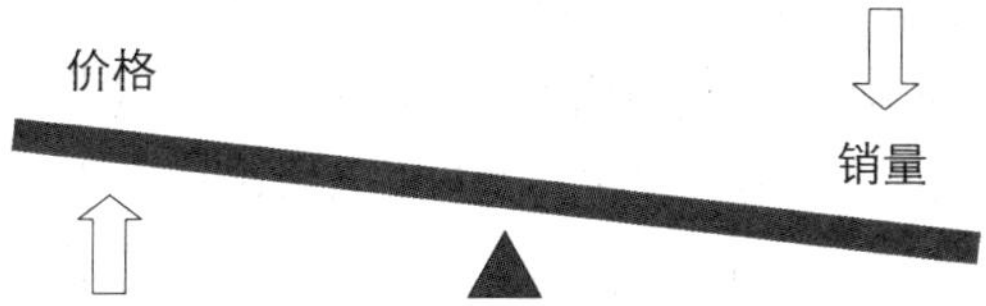

图 28–3　价格与销量关系

因此在制订整盘推售计划时，重点要考虑的就是如何在价格与销量的跷跷板中找到平衡点，在实现价格期望的同时，保持稳定的销量。

2. 控制价格走势

控盘的首要任务是控制价格走势，通过对项目整体价格走势的控制，从而完成利润最大化的目标。

通常来说，一个销售良好的项目，其整体价格增幅应该是要高于区域市场的平均价格走势的。同时，一个销售良好的项目，其各个批次产品的价格应该是呈现出稳定、匀速的增长走势。持续连贯的价格增长趋势，不仅为后续批次产品留足价格空间，而且对已成交客户及持币待购的客户都会形成良好的心理预期。

在实际操盘中，可以通过下面这些手段来实现价格的不断提升：

- 与市场、区域及竞争对手进行比价；
- 设置长期的标杆产品，比如楼王、经典户型等；
- 稀缺性较强的产品，尽力提升单价；
- 频繁提价，以小步快跑方式连贯提升价格；
- 在每期销售的最后阶段强势提价，为下期产品造势。

3. 控制推货节奏

每个房企的战略定位不同，对现金流、销售周期、利润率的要求自然也就千差万别。要很好地匹配企业战略，就需要在推货节奏上下功夫，对每个批次进行精准的房源控制、价格控制和时间控制。

项目单一批次上市时，主要通过价格销控手段，利用性价比引导房源均衡去化，在实现基本的销售任务后，辅以房源销控，把优质房源留到尾盘期进行提价销售，以获取更多利润。通常来说，如果开盘就售罄的话，那就要反思是不是价格可能定低了。

与其他消费品不同的是，房地产的生产周期很长，市场需求变化后供给是不可调节的，只能通过控制销量来实现微调。所以要在城市区域的大环境下，找准自己的位置，控制好推货节奏，在销售周期的不同阶段，安排合理的货包，每个货包在位置、户型、楼层中保持一定的好坏、大小、高低的比例，实现均衡销售。

案例链接　××园项目，共有11幢小高层住宅，总户数982户，是一个青年的互动型社区，配套有比较多的运动活动场所。如图28-4所示，是该项目的总平面图。

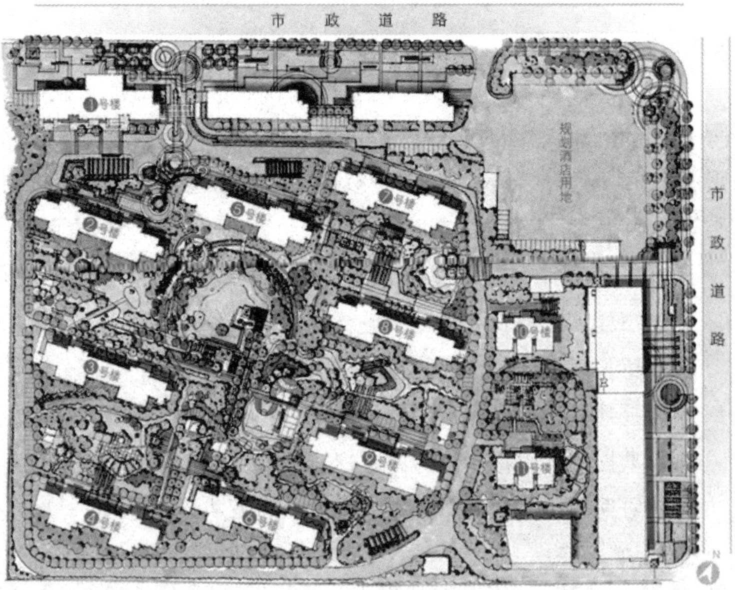

图28-4　××园总平面图

从总平面图上可以看出，项目东北两侧为市政道路，西南两侧为空地。其中，1 号楼靠近北侧道路，为全复式，10、11 号楼靠近东侧道路，为三房大户型，5 号楼在项目中部，景观享受度最高。

1. 按位置、景观划分

5 号楼最优，定为楼王；7/8/10 号楼较优；1/2/3 号楼较好，4/6/9/11 号楼稍差。

2. 按房型、面积划分

根据市场热销度，排序为两房 > 三房 > 复式。

3. 分批开盘货包

根据产品划分，制订分批开盘计划及货包安排。

| 第29讲 |

入住才是营销的开始，交房也需要营销

交房作为房地产开发的最后临门一脚，也是影响客户满意度最关键的一环，历来广受关注。在市场行情好的时候，交房的各种问题往往被价格上涨所掩盖，但在淡市下，交房难度和风险大大增加，如果处理不当，就很容易诱发群诉甚至退房，成为压垮房企的“最后一根稻草”。很多以前口碑不错的房企，都因为在交房时栽了跟头，导致声誉一落千丈。

随着业主的接房入住，营销堆砌的“美梦”全部变成眼前的“现实”，如果说一套做一套，前期承诺打折后期不予兑现，让业主从买房时的“将军”变为交房时的“奴隶”，那结果肯定是不敢想象的。尤其是在移动互联网当道的今天，一个负面的信息可以很快地得到传播，并对企业的整个营销局面造成毁灭性的打击。

交房对业主来说，是幸福生活的开始，而对房企来说，入住才是营销的开始，进入了下半场的客户价值竞争。把每一分钱都花在业主的心坎上，让交付给业主的社区比示范区更震撼，让交付给业主的房子比样板房更漂亮，这比任何高超、花哨的营销方式都更加有效。

都说“金杯银杯不如客户的口碑”，面对日益严峻的市场，每个房企都要以过硬的产品为基础，通过交房营销化，增强客户黏性，把客户变为用户，提升业主满意度及转介绍率，通过用户口碑的传播发酵，为后续产品的入市加油助力。

一、产品是最好的营销

近年来，互联网行业流行这样的一句话："产品是 1，营销是 0；如果离开了产品这个 1，那么后边加多少 0 都毫无意义。"

这就很形象地喻示了营销的本质。在营销 4P 中，产品就排在第一位，无论是价格、渠道还是推广，最终都要靠产品说话。如果产品平庸，那么做再多的营销也是无效，甚至还会放大产品的缺点。将产品打磨，再打磨，打磨到极致，才是最聪明的营销。

孔子曰：仁者安仁、知者利仁。这不仅仅是一种企业责任，更是品牌可依赖的商业策略。所谓商业之道，其实就是价值"交付"，通过不断提供更加完善优质的产品，满足客户需求或超越客户需求。那些优秀的品牌房企，一直在交付优质产品上下功夫，自然也就赢得了市场的追捧。

链接

法定交房条件

按国家房地产开发相关条例，房地产开发项目竣工，经验收合格后，方可交付使用。不同地区在交房条件执行上略有出入，但大致都要满足"三书一证两表"的条件：

1. 三书

· 建筑工程质量认定书；

· 住宅使用说明书；

· 住宅质量保证书。

2. 一证

· 房地产开发建设项目竣工综合验收合格证。

3. 两表

· 建设工程竣工验收备案表；

· 房屋实测面积表。

二、交房营销3件事

交房虽然是一个程序化的事情，却有着很高的技术含量，尤其是在项目集中交付期，牵涉到工程、营销、客服、物业及外部施工单位等多个部门，工作接口多，协同难度大，交付事情杂。在交房那几天，更是聚集成百上千的工作人员在现场为客户服务，审核资料、收取各类费用、带客户验房、交钥匙、处理各类房屋问题，忙得是一塌糊涂。

但不管如何忙乱，只要做好交房前的分户验收、交房中的贴心服务和交房后的持续关怀，交房营销就算成功了。

1. 交房前分户验收

要确保交房工作第一次就做对，就需要把交房工作前置，在交房前组织相关专业部门，对工程进行初验、复验，及时对发现问题进行整改。在验收中，各个专业部门要严格把关，标准苛刻到极致，通过分户验收、模拟验房、联合验房、预验房等多种手段相结合，以“发现缺陷→跟踪整改→销项”的流程形成整改闭环。只有通得过内部的严格检阅，才能够禁得起业主的最终检验。

比如某大型房企，在交房前 3 ~ 4 个月，就会在内部组建交房领导小组和跨部门交付工作小组，负责交房期间的统筹及日常工作推进。另外会与物业公司、外部施工单位联合组建分户验收小组，提前做好风险排查，还会在交房时组建快速维修小组，快速解决业主反馈的质量问题。同时，在集中交房前会进行细致的交房培训，明确各部门责任分工。

2. 交房中贴心服务

对于很多购房客户来说，买房是他们人生中的大事，接房拿钥匙更是他们幸福的高光时刻。因此，对交房现场进行完美包装，为客户提供交房导示、验房指引和房屋手册等一站式贴心服务，会让客户的体验感更好，也更容易形成良好的口碑传播。

比如南昌 × × 园 4 栋高层电梯房举行盛大集中交房活动，就对交房活动现场进行了精心的包装布置，安排有休息区、儿童游乐区，还设置了业主抽奖环节，各部门联合办公，一站式交房，整个现场井然有序，交付过程充满幸福的欢声笑语。

链接　　**交房费用收取**

按国家商品住宅销售价格构成相关文件，对于新建住宅，所有基础配套设施的成本费用和安装费用都应包含在房价之内。因此，交房时要收取的费用是非常清晰的，都会在《商品房购销合同》中予以明示。

1. 开发商收取的费用

· 房屋尾款：根据双方合同约定；

· 面积差额款：根据商品房面积实测报告书；

· 装修变更费用：根据业主与开发商的补充协议。

2. 代收费用

· 契税：非普通住宅 4%；普通住宅减按 1.5%；个人首次置业 90m^2 以下减按 1%（各地具体标准略有不同）；

· 住房维修基金：分高层、多层、低层及非住宅等，各地收费标准不一；

· 房屋产权登记费：住宅 80 元 / 套，非住宅 550 元 / 件；

· 证照印花税：5 元 / 本。

3. 物业管理收取费用

· 物业服务费用：以合同约定为准；

· 水、电费周转金或保证金；

· 北方城市供暖费；

· 停车管理费。

4. 装修管理收取费用

· 装修保证金：没有明确规定，无特殊原因必须退还；

· 装修管理费；

· 垃圾消纳费；

· 装修施工临时出入证制证费。

3. 交房后持续关怀

从房地产全生命周期的视角来看，交房才是客户与房企真正建立连接的入口，是客户真正口碑形成的开始。

不是每一个房企或项目都能做到像那些标杆房企一样，天生自带优秀品质，从来不怕交房大考。可以通过做好交房后持续的客户关怀，来赢得客户的认可和拥护。很多人都惊叹阿那亚能把社群玩到极致，形成业主自组织、自管理，让所有人为所有人服务，被誉为“神盘”，却不知道阿拉亚社群的起点是项目一期交房时开发商组建的 200 名业主投诉群，是开发商积极、主动、迅速解决了第一期交房期间的各种问题，才有了阿那亚营销的起死回生，和后来“神盘”的传奇。

对于房企来说，建一座好房子并不难，难的是建好房子，并让业主可以一直美好地生活在其中。拥有温馨的家园，是业主最大的心愿，同时也应该是每个房企的使命。

链接　**交房通知书**

交房通知书，一般又称收房通知书、入住通知书、邀请函等。无论使用什么名称，其主要目的是以书面形式履行双方买卖契约中所约定的告知义务。

交房通知书内容应明确，避免业主最终以地点不明、材料不齐备、相关费用未准备等原因纠缠其未能及时收房，推卸责任，交房通知书文末可注明具体询问电话，以防有所疏漏。如下是 ×× 名都二期的交房通知书。

尊敬的 ×× 名都业主：

您好！首先感谢您选择“×× 地产”物业，同时我们热忱欢迎您成为“×× 名都二期”小区的业主，并希望通过我们共同的努力，将 ×× 名都建设成为您的理想家园。

凡购买了 ×× 名都二期 3、4、5 号楼的客户，您所购买的房屋已达到收房条件，请您携带以下证件到集中交房地点办理相关收房手续。

（1）业主身份证原件、商品房购销合同原件、购房发票。

（2）若委托他人前来办理收房手续，除携带以上证件外，另请携带业主授权委托书和受托人身份证原件及复印件。

（3）交房日期为 2019 年 8 月 30 日前，以实际寄发的交房通知单为准，时间为上午 8：00～11：50，下午 14：00～17：00，未按规定时间前来办理收房手续的，视为已交付。

（4）集中交房地点：×× 物业办公室、×× 名都营销中心。

（5）其他事项可现场咨询或致电：××××－×××××××。

×× 房地产开发有限责任公司

×××× 年 × 月 ×× 日

三、集中交房活动策划

通常在集中交房活动中，每个房企都会确定多级管控目标。最基本的是要求一次交房成功率，进一步的是希望通过交房赢得业主口碑，带动尾盘销售。如果项目涉及多个分期，还会希望通过交房提升项目品牌和形象，促进后续的分期销售。

为实现上述目标，就需要做好集中交房活动策划。

1. 交房小组与人员分工

要做好交房工作，通常需要成立由企业总经理亲自挂帅，客服、营销、工程、设计、物业等多部门参与的交房领导小组和工作小组，讨论并制订交房方案，通过科学合理的分工，让交付阶段的人员配备形成一个系统。

2. 交房时间选择

为了保障交房现场秩序，确保现场场面可控，一般是采取多批次交房方式，通知业主在不同时间段来进行收房。通过控制交房节奏，避免出现客户扎堆的现象，提升客户的尊贵体验。同时，要规避开工、开盘等节点，保障各部门有足够人力和时间投入，防止资源冲突。

3. 统一说辞

在交付前，不仅人员要提前到位，培训更要到位，否则人越多越容易出乱子。针对交房时可能存在的问题，比如与前期的销售承诺不一致、房屋质量、装修、物业收费、小区配套等，为防止不同工作人员回答不一致引起不必要的纠纷，需要在企业层面统一口径，形成统一说辞或业主百问，并在交房前针对所有现场人员进行规范培训。

4. 交房现场布置

做好现场布置，营造温馨交房氛围。通常可以“温馨回家”为主题展开现场交房工作，对交房现场以及通道进行包装，并为业主准备一些精心的小礼品，赢取客户芳心。另外，在交房时视营销需要，还可以举行适当的暖场活动，并邀请相关媒体进行推广。

比如浦东星河湾三期首批新业主交房，适逢上海迪士尼乐园即将开业，于是就以迪士尼乐园为主题进行布展，把大家耳熟能详的卡通人物造型放在随处可见的迎宾点，营造特别轻松的交房现场氛围，业主及家人可以现场抓迪士尼玩偶，体验高科技的9D电影等。把交房当作一次营销事件，让业主在整个流程中快乐收房，客户满意度自然提升。

5. 风险应急预案

针对项目集中交房可能存在的投诉隐患，比如不具备交房条件的法律风险，以及销售承诺风险、工程质量风险、设计变更风险等，要做好前置的风险排查。如因客观原因导致某些预知风险无法在交房前排除，应组织相关部门制订相应的风险应急处理预案，以防业主以维权为名闹事。另外，针对交房期间可能出现的停电、停水、火灾、电梯困人等突发事项，也要在预案中充分考虑到。

案例链接

旭辉集团根据以往交楼后评估、客户投诉、缺陷等反馈信息，建立起项目全周期风控机制，内部称为“客户风险预控十步法”，共涉及290项客户敏感点，是项目设计→销售→建造→交付各阶段的内部风险检查标准，如图29-1所示。

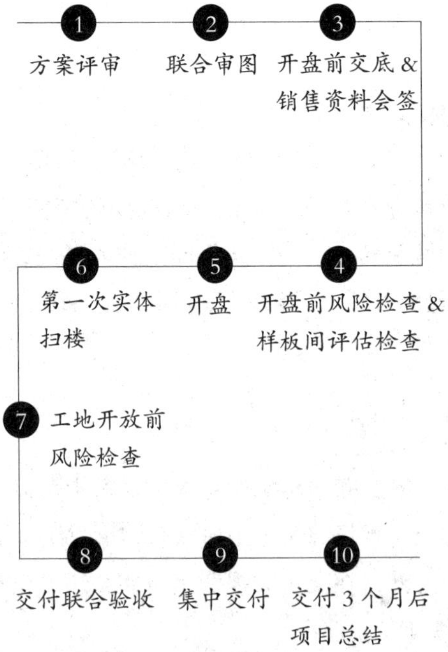

图29-1　客户风险预控十步法

· 风控前置：紧扣项目运营节点，客户风控动作前置；
· 明确标准：提炼客户敏感点，规范各节点风控标准；
· 缺陷闭环：跨部门智慧联动，实现缺陷问题闭环反馈。

| 第30讲 |

如何打造一支执行力超强的营销团队

当下，很多房企都是采用结果导向式的管理模式，采用最刺激的激励机制以保证营销团队高效运作，用数字和结果评估销售团队的业绩。最常见的就是，选择或招募最优秀的营销人员，用高额的佣金提成进行刺激，用数字与成果对销售人员进行考核。

毫无疑问，以结果为导向的营销模式将营销人员的精力和努力指向共同的方向，并使个人目标和公共利益相协调，可以将个人的力量和责任心充分发挥出来。然而，在过程粗放的营销管理方式下，其弊端逐渐被暴露无遗，比如唯“销冠”是从、销售团队缺乏战斗力、增人不增效，团队和企业扩张都出现瓶颈。

企业管理者经常说的一句话是：“请给我结果”，但得到的往往是：员工做事了，但却没有结果；员工思考了，但却没有行动力；员工有苦劳、有疲劳，但就是没有功劳。

在移动互联网时代，销售人员与购房者之间的信息不对称被打破。如今客户在购房过程中，可以通过房产网站、社交平台、购房群等查阅了解项目和产品的相关信息，对销售人员的依赖性大大降低，有些客户甚至比售楼处的置业顾问还要专业。

以结果为导向的营销管理模式，在经济发展的新常态下，越来越难以满足房企精细化的运营需求。那如何打造执行力超强的营销团队呢？

一、营销管理体系化

任正非曾经说过："我们可能不是最好的，但是我们的核心竞争力就在于，市场没有选择你而选择了我。"华为营销人员的故事，经常被国内外企业拿来激励自己的营销团队。的确，华为营销的核心就是华为营销铁军，华为的市场，就是由前线的营销铁军一点点打回来的。

华为的营销人员数量之多、素质之高、分布之广、收入之高都是中国企业史上前所未有的。华为的销售队伍超过 6000 人，占全部华为员工的 33%。他们大部分是国内名牌大学的毕业生，都是经过华为的魔鬼训练之后再投入到市场第一线去的。

华为有一套针对销售人员的标准化流程，细致到销售人员在接待客户时选择餐厅、娱乐场所规格，销售人员的吃饭礼仪、讲究等。销售新人通过系统学习这一套流程，就能够快速掌握销售精英们多年滚打摸索出来的成功经验。同时，"狼性"企业文化、良才选择、制度化用人、高效激励等体系化和流程化的运作，保证营销的每一个环节精细化、标准化，极大提升了华为的核心竞争力。

和华为一样，那些取得巨大成功的品牌房企，都有一个共同的特点，那就是有一支执行力超强的营销铁军，而建立这支铁军的秘诀就在于营销管理体系化。比如碧桂园就在 20 多年的经验基础上，进行提炼与整合，制定出集指引、预警、监控于一体的营销全流程管控体系，从而实现营销工作快速复制、高效执行、保证效果，达至快速销售的目的。

在碧桂园集团营销中心负责人程光煜看来，标准化流程，可以指导项目开盘全过程的营销动作。必须用好营销标准化的工具，虽然做了不一定成功，但不做一定不成功。

碧桂园采取的是总部—区域—项目的三级营销体系管控，在营销体系内，项目销售人员是一线执行人员，营销管控标准的制定权与监督权则牢牢地掌握在营销总部手中，如图 30–1 所示。

碧桂园营销中心总部的各部门除了做好日常管理、计划管理、制度建设外，还有一个很重要的职责，那就是知识管理与专业能力培育。总结本专业业务工作开展过程中的成功经验和失败教训，形成案例和知识库，及时分享和传播。组织进行区域专业培训，协助区域专业人才培养，提高区域专业能力水平。

军团作战是碧桂园营销的一大特色。每逢有重点项目开盘，销售人员在跨区域调度时甚至可以做到当天下命令，当天就出发。碧桂园的营销团队保持着一种时刻要求超越自我的氛围，这种团队文化让每个人都像打了鸡血似的，拼了命也一定要把工作在最短时间内做好。

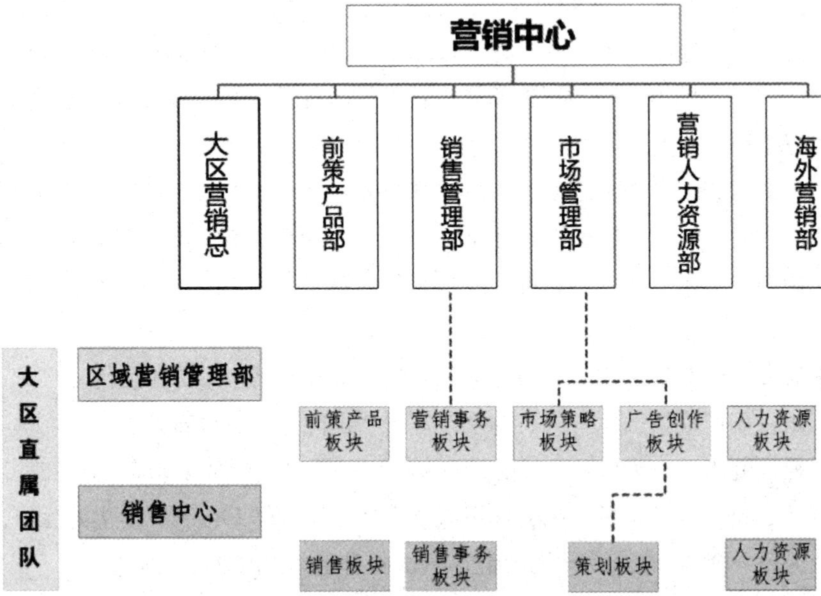

图 30-1　碧桂园三级营销体系

比如碧桂园十里金滩的开盘大会战，这是一个山东海阳的海滨旅游度假项目，定下了“1＋6＋3＋N”的全国拓客布局，以青岛为据点（一个中心城市），覆盖山东省内6个辐射市及3个旗舰展厅（北京、上海、沈阳），全国众兄弟楼盘发动为支撑的客户收集布局。营销中心在2个月内从全国各地集结1800人次的销售人员，在全国铺开318个展厅，1个月内共召集30万人登岛，实现认筹近1万组，在开盘前一周更是调集超过10位区域营销总经理参与协调配合。十里金滩集中开盘当日，现场邀约5000组客户到访，异地12个城市同步开盘，创造单日去化4800套的销售奇迹。

链接　　**《销售铁军》方法论**

《销售铁军》是阿里铁军灵魂人物贺学友的著作，他在该书中提出：销售铁军的打造和培养，既是一种体系、又是一种文化；既需要一套方法，更需要一种决心。

1. 阿里巴巴六脉神剑

· 客户第一（面对利益冲突时的思考顺序）；

· 团队合作 + 拥抱变化（个体与外部环境的互动原则）；

· 激情 + 诚信 + 敬业（员工应具备的素质）。

2. 阿里铁军可以复制

· 销售管理流程：树目标、追过程、拿结果；

· 销售管理方法：我做你看，我说你听，你做我看，你说我听；

· 销售培训体系：价值观、心态、能力。

二、从雇佣到合伙

如何定义员工？从管理成为一门学科时起，学者和专家们就运用了各种概括和比喻来解释企业作为雇主与员工之间的复杂关系。

今天的员工，不再只是人手、成本或工人，他们是助手、资产和思想者，他们不是工业机器上的齿轮，他们是客户价值链上的关键环节。

传统的企业里，员工更多的是依赖组织，只有那些谨守流程，不做任何创新、不犯任何错误的人才有生存空间。在互联网时代，每个人都可以通过搜索自己想要获取的知识与资源并加以使用，使个人的专业能力得到极大提升。员工的个体价值变得越来越强大，有了很大的机会来表现个人的能力，展现自己的价值创造。

雇佣时代正在远去，合伙时代正在来临。越来越多的员工不希望陷入一种传统的雇佣关系中，一方面是因为雇佣关系本身伤害了创造能力的发挥，另一方面是技术的发展带来了更多的机会和挑战。

合伙是大势所趋，因为知识员工已成为企业价值创造的主体，他们要有两个权利：一个是剩余价值的索取权，参与利益分享；一个是经营的话语权。在合伙制上，华为、阿里、万科等企业都做了很多有意义的探索，并取得了很好的效果。

案例链接

早在 20 多年前，万科创始人王石就提出人才是万科的资本，这在资金密集型的房地产行业是很少见的。万科在推行职业经理人制度多年后，从 2014 年开始推行事业合伙人、项目跟投等多项员工激励制度，把员工变成合伙人。

2014 年 4 月 23 日，万科召开事业合伙人创始大会，首批 1320 名万科员工在摄像头见证下签署《授权委托与承诺书》，他们包括：

· 在公司任职的全部8名董事、监事以及高管；

· 集团公司总部一定级别以上的员工；

· 地方公司一定级别以上的员工。

万科合伙人持股计划超越了一般的股权激励，管理层身份转变为职业经理人和事业合伙人二合一，不仅“共创、共享”，还要“共担”，管理层不仅要自己掏钱买股票，还要引入杠杆扩大风险和收益，承受比股东更大的投资风险。

事业合伙人制度的参与人群主要是管理团队，大量员工没参与进来，万科随后推出了与PE相类似的项目跟投制度，要求除旧改及部分特殊项目外，所有新项目配套跟投计划，项目操作团队必须拿出自己的钱和公司共同投资。

1. 项目跟投的参与人员

· 项目所在区域公司管理层必须跟投；

· 项目所在城市公司管理层必须跟投；

· 项目的管理团队必须跟投；

· 其他员工可自愿参与跟投。

2. 跟投的资金占比

跟投总额不超过项目资金峰值的10%。

3. 项目跟投的具体操作

万科在集团内建立内部项目通报平台，任何一个地方公司若有新的可跟投项目，在集团内网展示项目情况，启动认购程序，员工可自愿选择跟投或不跟投，跟投者交钱至负责人处，系统公示→认购→交钱→等待收益分配。

4. 实施项目跟投的效果

实行项目跟投制度后，员工变身合伙人所带来的改变是显而易见的，比如：

· 投资项目更优化；

· 决策效率提高；

· 运营效率大幅提高；

· 部门扯皮少了，员工主动跨界了；

· 主动帮公司节约成本；

· 员工人人变销售；

· 员工主动加班了；

· 员工成为义务监督员。

万科的公告显示，在万科股权之争激烈时，公司销售依然持续增长，一线公司的人员依然保持稳定，事业合伙人和项目跟投制度起到了凝聚团队的重要作用。

三、从控制到激励

德鲁克说过：管理的本质是激励不是控制。激励是很重要的工作，同时也极具挑战性，如果没有学习和掌握有效的方法，可能费力不讨好，甚至会出现反作用。若想激励员工，就要从工作给员工带来的价值进行系统的思考，才能设计出有效的激励因素。

在行为学家弗雷德里克·赫茨伯格的双因素激励理论中，他提出有两类因素会影响员工的工作情感，分别是激励因素和保健因素。其中，激励因素包括工作本身、认可、成就和责任。保健因素包括政策和管理、技术监督、薪水、工作条件以及人际关系等。激励因素的改善，往往能给员工以很大程度的激励，产生工作的满意感，有助于充分调动员工的积极性。保健因素如果处理不当，或者说得不到基本的满足，会导致员工的不满，甚至严重挫伤其积极性。

因此，在激励设计中，首先是员工基本需求的满足，包括薪水、福利、工作场所、技术、工具、制度规范等；其次是包括职业发展、个人成长、额外福利等激励机制；最后是企业和员工共同的价值观。

虽然物质和金钱的激励作用不可忽视，但要处理适当，必须与员工的绩效挂钩，以发挥其激励作用，防止其变成保健因素。房地产营销是销售人员个人技能发挥的大舞台，同时又是一项团队的活动，它更需要相互间的支援合作，适当的激励机制应该是着重鼓励这种个人努力，同时又要能保证这种个人努力与团队间的良好配合。

四、员工生命周期管理

在体验经济时代，赢得客户的美好体验已成为每个房企提升市场竞争力的重要武器，而客户体验的重要载体就来自员工。要让员工心甘情愿地付出努力，除了营销管理体系化，更为重要的是员工生命周期的系统管理。通过创造卓越的员工体验，激发员工的认同感、参与感和归属感，从而驱动他们与企业共同努力、共同成长。

员工生命周期，是对一个企业而言，由员工与企业关系中参与的所有步骤或流程组成，按时间顺序排列，包含了员工首次与企业产生联系到最后一次互动所进行的步骤，具体有招聘 / 面试、入职 / 培训、员工发展、晋升与奖励、离职等过程。

企业可以从运营的每个流程、每个环节与员工的接触点进行分析，从中甄选和定义出关键点和优先改善方向，然后将资源集中投放在这些员工关注和重视的范畴。比如面试管理、入职期新人融入、员工成长和发展、差异化绩效、离职情感关怀等，如图 30–2 所示。

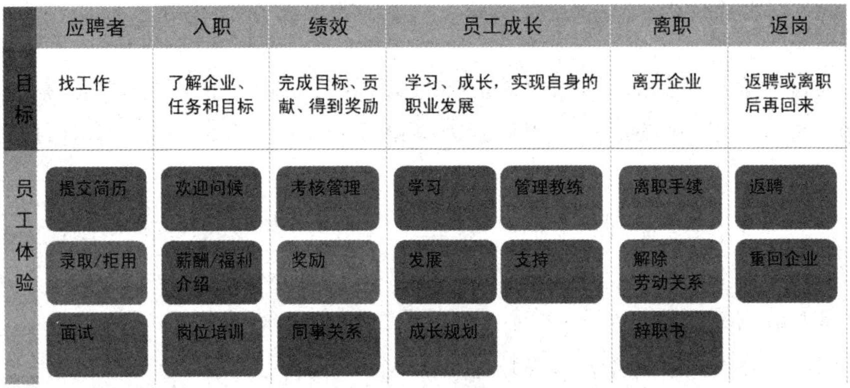

图 30–2　员工体验旅程示意图

当然，员工生命周期管理并非一劳永逸，需要持续更新迭代，使体验与员工诉求变化、企业战略发展等相匹配。只有为员工创造与时俱进的职业成功机会，才能持续吸引和保留优秀的人才，保持企业长久的竞争优势和持续稳健发展。

参考文献

[1] 科特勒，凯勒 . 营销管理 [M]. 上海：上海人民出版社，2016.
[2] 阿克 . 管理品牌资产 [M]. 北京：机械工业出版社，2012.
[3] 麦肯锡公司 . 中国房地产：越冬取胜 [M]. 上海：上海交通大学出版社，2017.
[4] 里斯，特劳特 . 定位：争夺用户心智的战争 [M]. 北京：机械工业出版社，2017.
[5] 奥格威 . 一个广告人的自白 [M]. 北京：中信出版社，2015.
[6] 所罗门 . 消费者行为：决定购买的内在动机 [M]. 北京：中国人民大学出版社，2015.
[7] 汪吉，汪豪 . 体验感：品牌 3.0 的营销革命 [M]. 北京：经济管理出版社，2018.
[8] 贺学友 . 销售铁军 [M]. 北京：中信出版集团，2019.
[9] 贝恩公司，阿里 . 新零售下品牌消费者为中心的数字化转型 [EB/OL].[2018-08-19]. http://www.100ec.cn/detail--6466219.html.
[10] 闵新闻 . 房地产销售成交实战：从培训课堂到销售案场的客户征战术 [M]. 北京：中国经济出版社，2014.
[11] 陈利文 . 房地产营销 19 讲 [M]. 广州：广东经济出版社，2010.
[12] 唐安蔚 . 房地产渠道营销一本通 [M]. 北京：中国建筑工业出版社，2017.
[13] 赛普管理咨询 . 大运营：房地产运营管理体系 3.0[M]. 北京：中信出版社，2019.
[14] 倪哲迟 . 我的地产社群观 [EB/OL]. 房地产广告精选，2017-07-18.
[15] 王忠 . 操盘：二线城市豪宅如何营销 [EB/OL]. 地产操盘手，2019-6-12.
[16] 明源地产研究院 . 跟投之潮 : 房地产行业跟投趋势与典型房企实践 [M]. 北京：中信出版社，2018.
[17] 余源鹏 . 房地产项目精确定位与前期策划实务 [M]. 北京：机械工业出版社，2016.
[18] 姚育宾 . 中国地产四十年（1978-2018）[M]. 北京：经济管理出版社，2018.
[19] 天火同人房地产研究中心 . 房地产营销策划分步实解 [M]. 北京：化学工业出版社，2015.
[20] 张嘉卿 . 房地产传统营销与网络营销实战全案 [M]. 北京：化学工业出版社，2018.